ALBERT CAISE

LA JEUNESSE
D'UNE FEMME

AU QUARTIER LATIN

PARIS
LIBRAIRIE MARPON & FLAMMARION
E. FLAMMARION, SUCC^r
26, RUE RACINE, PRÈS L'ODÉON

LA JEUNESSE
D'UNE FEMME

OUVRAGES D'ALBERT-CAISE (¹)

ROMANS

Les Victimes du Mariage. . . . . 1 vol.
La Jeunesse d'une Femme. . . . . 1 vol.

OUVRAGES MILITAIRES

La Vérité sur la Garde Mobile de la Seine et
   les Combats du Bourget. . . . . 1 vol.
Les Corps spéciaux organisés en armes
   (Douaniers, Forestiers, Pompiers). . . . . . 1 vol.
Organisation de la nouvelle Armée française. 1 vol.
Appel de l'Armée territoriale. . . . . 1 br.

HISTOIRE

Histoire de Saint-Vallier. . . . . 1 vol.
Cartulaire de Saint-Vallier. . . . . 1 vol

INSTRUCTION PRIMAIRE

Le premier Livre du Jeune Républicain. . . 1 br.

THÉATRE

La Famille du Conscrit, drame en 5 actes (représenté
   à Paris).
Le Volontaire d'un An, comédie en 1 acte (à Paris).
Un Homme de ménage, comédie en 1 acte (à Paris).
Le Cantaloup, comédie en 1 acte.

BULLETINS DE LA SOCIÉTÉ DES GENS DE LETTRES

L'Appui moral.
Frères et Soldats.
Kradoudja bent Sédik.
Le Marabout Mohannd ou Rokia.
Douze heures à Alger.

---

(1) Reproduction autorisée par tous les journaux ayant des traités avec la Société des Gens de Lettres.

Paris. — Imp. Vᵛᵉ ALBOUY, 75, avenue d'Italie.

ALBERT CAISE

LA JEUNESSE D'UNE FEMME

AU QUARTIER LATIN

Nouvelle édition

PARIS
Ernest FLAMMARION, Éditeur
26, RUE RACINE, PRÈS L'ODÉON

Tous droits réservés

VICTOR HUGO A ALBERT CAISE

EN RÉPONSE A L'ENVOI D'UN EXEMPLAIRE DE

LA JEUNESSE D'UNE FEMME

Bruxelles, 19 août 1869.

C'est de Bruxelles, Monsieur, que je vous réponds, et bien en retard, mais j'ai voulu lire votre livre et j'ai dû attendre un peu de loisir. Le noble but que vous m'indiquez dans votre lettre, vous l'avez atteint.

Votre livre intéresse par le drame, et émeut par la leçon. Le roman de nos jours est, ou l'œuvre la plus vaine, ou l'œuvre la plus grave. C'est, par excellence, le livre populaire, il faut donc que ce soit le livre utile; sinon l'écrivain abuse de la foule et manque à son devoir. Le présent donne le succès, l'avenir seul donne la gloire. Ayons donc les yeux fixés sur l'avenir. La minute passe, l'avenir juge.

Le devoir de l'écrivain, vous le remplissez, Monsieur, avec talent et avec succès ; je vous félicite.

Recevez mon cordial serrement de main.

Victor Hugo.

LA JEUNESSE D'UNE FEMME

I

ÉTUDIANTS ET ÉTUDIANTES

> « Plus de travers et de ridicules que de vices. »
> *Horace.* — GEORGES SAND.

Nous ferons connaissance, sans plus de préambules, avec un des personnages importants de ce récit :

Fortuné Rigobert, fils d'un obscur pharmacien de Saint-Malo, venait d'arriver à Paris, non point pour s'initier, comme on pourrait le supposer, aux mystères du codex et à l'interprétation des formules de l'akologie auprès des maîtres, mais pour suivre les cours de la Faculté de médecine. En effet, bien qu'ayant grandi dans le laboratoire d'un pharmacien, Fortuné professait un mépris inconcevable pour tout ce qui sentait l'apothicaire. Selon lui, la mixtion des drogues n'était qu'un métier et l'officine une boutique; et puis, aujourd'hui, les enfants ne voulant plus embrasser la carrière de leur père, l'ambition les pousse particulièrement vers l'inconnu.

Fortuné Rigobert ne faisait donc que suivre les tendances du jour.

L'honnête pharmacien de Saint-Malo, avant d'expédier son fils à Paris, s'est préoccupé de lui aplanir les difficultés d'une installation, en l'adressant à l'un de ses confrères de la capitale avec un mot de recommandation. Mais le jeune homme, ayant perdu en route la lettre paternelle, jugea plus simple de pourvoir, soi-même, à sa direction. Tant il est vrai qu'à peine échappé à la tutelle de la famille, une soif irrésistible de liberté porte, sans cesse, l'homme à s'affranchir de tout ce qui peut entraver son libre arbitre!

Fortuné s'est dit :

— J'entends faire mes affaires moi-même. Maintenant que je suis libre, je n'ai besoin de personne.

S'il avait eu l'expérience, son raisonnement n'eût pas manqué tout à fait de sens commun.

En débarquant à Paris, Fortuné a pris un fiacre et dit au cocher :

— Menez-moi au *quartier latin*.

Sur ce vague indice, le cocher arrête ses chevaux en plein boulevard Saint-Michel et demande au voyageur où il veut descendre. Fortuné indique un hôtel quelconque aux environs de l'École de Médecine.

C'en fut assez, l'intelligence d'un cocher va jusqu'à comprendre des désirs ainsi manifestés : il conduit notre jeune homme rue de l'École-de-Médecine, à l'hôtel du Périgord.

Au premier coup d'œil, les garçons de l'établissement jugent qu'ils sont en présence d'un étudiant frais débarqué, et le bagage de Fortuné est transporté, incontinent, dans un cabinet, au cinquième étage, la dernière pièce qui restât vacante dans l'hôtel.

Il n'y avait pas à choisir. Fortuné se récrie sur l'exiguïté du lieu, sur son peu de clarté, mais on lui prouve que, chaque chambre étant ainsi disposée, il ne gagnera guère au change ; en conséquence, il arrête le local et prend aussi sa pension dans la maison.

Nous ne nous appesantirons pas davantage sur les fades péripéties de l'installation de l'étudiant, c'est au milieu de ses futurs commensaux que nous le retrouverons.

Dès l'abord, notre néophyte fut tout bête lorsqu'il prit place à la table d'hôte de sa pension. Il regarde ces figures de jeunes gens, les unes après les autres, en se demandant s'il a réellement devant lui des étudiants.

De fait, ces messieurs confabulaient de bien d'autres choses que de leurs études. Il sembla même à Fortuné entendre certains propos qui le firent rougir jusqu'au bout de ses chastes oreilles. Ce fut bien pis lorsqu'une dame, fort élégamment mise du reste, et qui s'était assise juste à ses côtés, lui demanda, avec un sans-gêne inqualifiable, la cuillère avec laquelle il venait de manger son potage.

Fortuné était confondu.

Dans chaque réunion d'hommes, il y a toujours un intrigant, ou un fat, plus intrigant, ou plus fat que les autres, qui vise à la dictature. Une fois reconnu, cet oppresseur ne tarde pas à choisir sa victime, c'est-à-dire un plastron, et, par suite d'une fausse direction de l'esprit humain, le plastron d'un seul ne tarde pas à devenir la risée du plus grand nombre.

Or, parmi les habitués de l'hôtel, il y avait un tyran et un martyr.

Les tyrans de cette espèce n'éprouvent jamais un besoin plus violent de torturer leur victime que lorsqu'un récipiendaire est admis dans leur cénacle. C'est une manière de souhaiter la bienvenue à l'étranger et de se poser.

Depuis le commencement du dîner, le bourreau épiait le moment propice pour frapper le patient.

— Vous ne soufflez pas mot, aujourd'hui, cher M. Agnelet; vos lauriers d'hier soir vous ont-ils, à ce point, empêché de dormir, que vous devanciez l'heure où Morphée vous tend habituellement ses bras?

— Tiens, tiens, répètent en chœur nos jeunes gens, quelle est donc cette énigme? Une aventure piquante. Brisebois? nous sommes tout oreilles.

— Priez le héros de l'anecdote de vous ouvrir son cœur, continue l'oppresseur; s'il y met de la franchise, vous rirez.

— Messieurs, c'est une plaisanterie, dit à son tour la victime.

— Or ça, reprit Brisebois, puisque l'honorable préopinant se retranche derrière une modestie outrée, je vais vous conter le fait, oyez et savourez la chose : Hier, au sortir de cette salle de nos festins pantagruéliques, le tendre Agnelet...

Un rire homérique de l'assistance accueillit ce détestable ana.

— ...le tendre Agnelet, dis-je, suivait, recueilli et pensif, le chemin du Luxembourg, lorsque, près des eaux limpides de la fontaine de Médicis, je le vois saisir par le bras, le croiriez-vous, messieurs? une faible femme... Vous narrer le sujet de l'entretien n'est pas mon affaire. Mais, ce que je sais et ce que j'ai vu, de mes yeux vu, c'est la fin tragique de ce petit mélodrame.

— Voyons, voyons, répètent toutes les voix.

— J'ai vu, messieurs, le poing de la belle Omphale s'abattre vigoureusement sur le chapeau d'Hercule, de telle sorte que la tête de notre pauvre ami, transformée, sans qu'il s'y attendît, en dynamomètre, rentra dans le susdit chapeau comme dans un étui, et l'inconnue de courir, rapide et légère, et d'échapper à son infâme séducteur, après cette aimable coquetterie.

La dame bien mise, qui mange son potage avec la cuillère de Fortuné, se tient les côtes, tant son hilarité est grande. C'est un feu roulant d'éclats de rire, à droite et à gauche.

Fortuné seul ne trouve pas l'histoire d'une gaîté

folle ; il lui semble que M. Agnelet est peut-être bien malheureux et, à coup sûr, fort confus. Quant à M. Brisebois, il lui apparaît sous la forme d'un gredin de la plus dangereuse espèce. Le sourire de ce despote lui faisait froid dans le dos et chacune de ses paroles alambiquées lui donnait la chair de poule.

— Maintenant, Agnelet, reprit un des étudiants, grand diable à poils roux, nous diras-tu quel est ce minois charmant? j'admets qu'il doit être tel pour avoir pu fixer ton choix, dont le goût n'est douteux pour aucun de nous.

— Messieurs, puisque vous me mettez au pied du mur, je n'hésiterai pas à vous ouvrir mon cœur, comme on l'a dit si cruellement... N'avez-vous donc jamais aimé ?

— Ah! jamais, mon cher, au point de sacrifier au sentiment le moins neuf de mes chapeaux, interrompt Brisebois ; mais à propos, Agnelet, mon ami, dites-nous donc ce que vous entendez par amour.

— Pour moi, messieurs, l'amour ce n'est pas cet instinct bestial qui porte naturellement deux êtres de sexe différent l'un vers l'autre ; je nie l'existence de l'amour chez les individus de l'espèce animale. Il est inné, au contraire, dans l'homme, un besoin constant d'épancher son cœur auprès d'une femme qui éprouve, vis-à-vis de lui, le même désir ; lorsque ces deux êtres se sont rencontrés et qu'ils se sont compris, ils s'aiment. Alors l'homme prend, à perpétuité, sous sa protection, la créature faible, et la créature faible, la femme, signe un bail à vie avec son défenseur.

L'amour, à la façon des bêtes, c'est de l'animalité.

— Oh! oh! de la morale transcendante! Mais dans quelle communauté de cénobites avez-vous fait vos humanités, mon pauvre Agnelet? Savez-vous que votre définition de l'amour serait à sa place dans une conférence de père jésuite, lancée entre deux anathèmes à l'adresse de la société moderne?

Je plains la jeune fille qui s'amouracherait de vous, si votre amour se borne à des épanchements du cœur et à de vaines protestations. Mais la famille, pauvre Agnelet, qu'en faites-vous? et la culture de ce jardin de l'hymen, le « multipliez, » c'est, palsembleu, un article important du bail!

Il se trouva des thuriféraires pour applaudir la tirade de Brisebois.

Durant le débat, Fortuné a lié conversation avec son voisin de droite, et la dame à la cuillère, assise à sa gauche, trouve le moyen d'adresser au nouvel étudiant une foule de questions auxquelles ce dernier répond, non sans embarras, mais assez galamment, sans doute, car la dame devient de plus en plus communicative.

Une chose étonnait considérablement Fortuné, c'est la façon cavalière avec laquelle ces messieurs traitaient cette dame. Presque tous la tutoyaient, elle appelait l'un *mon chat*, l'autre *mon ange*, celui-ci *mon bébé*, celui-là *vieux monstre*.

Au moment où l'on désertait la table et où Fortuné se levait, la dame à la cuillère regarda si tendrement le pauvre garçon, qu'il fut comme pétrifié. Il avait un pied en l'air, ce pied retomba. Et dire que si ce pied ne fût pas retombé, une partie des destinées de Fortuné ne se fussent pas accomplies !

— Vous êtes pressé, monsieur ? murmura doucereusement la sirène.

— Oh! non, madame, seulement je suis arrivé depuis peu de jours à Paris, où je ne connais personne, et, à cette heure, je remonte chez moi, pour me livrer à la lecture.

— Pauvre jeune homme, vous devez vous ennuyer à mourir. Comment, vous n'allez pas à *Bullier*? Je suis sûre que vous n'avez même pas encore de maîtresse ?

C'en fut trop ; au contact de cette tangente, Fortuné, de rouge qu'il était, devint écarlate. Notre drôlesse se réjouit intérieurement du trouble qu'elle jette dans cette âme toute neuve et ses paroles tombent comme autant de gouttes d'huile sur le brasier qu'elle vient d'allumer.

— Allons, allons, dit-elle, je veux être votre *cornac*, menez-moi à *Bullier* ce soir, je vous promets que vous y serez plus gaiement que dans votre petite chambre.

Fortuné n'était pas habitué à une telle privauté de la part d'une femme ; il n'eut pas le courage de refuser l'aimable invitation et suivit son *cornac*.

— Je tiens mon jeune homme, pensa la belle ; à présent tâtons le terrain, la bourse d'abord.

Aline, c'était le nom de l'enchanteresse, avait dix-neuf ans à peine. Grande, élancée et brune, l'incarnat de son visage se mariait agréablement avec le beau noir de ses sourcils arqués sous lesquels brillaient, ombragés par de longs cils, des yeux mutins et spirituels. Deux ou trois petites mèches assassines se jouaient en tire-bouchons sur le front de la jeune femme. A tout prendre Aline était jolie, et les veilles et la misère n'avaient pas encore creusé leurs rides profondes sur son visage.

Elle se pendit au bras de son cavalier et, tout en remontant la rue de l'École-de-Médecine et le boulevard Saint-Michel, pour se rendre à Bullier, elle fit causer Fortuné.

— Ah çà! dites-moi, comme nous sommes destinés à nous voir fréquemment et que peut-être nos relations revêtiront un caractère plus intime, vous ne trouverez pas étrange que je vous appelle par votre petit nom... moi, je me nomme Aline.

— Et moi Fortuné.

— Un joli nom, pour un jeune homme. Eh bien, Fortuné, puisque vous vous en remettez à moi du soin de votre conduite, je veux, ce soir, vous mettre en rapport avec la meilleure société du *quartier;* au bal, je vous présenterai.

En devisant de la sorte, ils ne tardèrent pas à atteindre le bal Bullier,

II

BULLIER

> « Pomaré, Maria, Mogador et Clara,
> « *Les reines de Mabille.* » — NADAUD.

Un Anglais, Tinkson, ouvrit à Paris, l'an de grâce 1788, un bal en plein vent, entouré de cabanes où l'on débitait des raffraîchissements. L'enfant d'Albion s'associa postérieurement avec un nommé Fillard et substitua aux baraques en chaume (d'où le nom de *Chaumière* donné dès le principe à l'établissement), un aménagement moins primitif. Sous l'empire, la *Chaumière* fit les délices du troupier; en 1814, elle joignit à ses attraits un tir au pistolet et des montagnes russes; en 1830, étudiants et étudiantes s'y établirent et y décernèrent la palme des danses échevelées à Clara Fontaine, la véritable créatrice du cancan. M. Lahire fut le dernier propriétaire de la *Chaumière*, il y conduisait les danses; mais tout fait bas a une fin, même la *Grande Chaumière*, qui disparut après soixante années de vogue.

Si tout le monde n'a pas connu la *Grande Chaumière*, tout le monde en a entendu parler. Bon nombre d'étudiants d'il y a 30 ans, qui siègent, graves et solennels aujourd'hui, sous la toque et le rabat d'un juge de canton, maints disciples d'Esculape, à présent docteurs à barbe grise, pourraient nous avouer, s'ils osaient, que les cours de la *Grande Chaumière* étaient suivis quelquefois bien plus assidûment que ceux de l'école de droit ou de l'école de médecine. Mais laissons-les en paix. Le diable, en devenant vieux, ne se fait-il pas ermite ? La *Grande Chaumière* est la sœur aînée du bal où nous allons introduire le lecteur.

Ce bal, on l'appela, tour à tour, *Prado*, *Closerie des Lilas* et plus communément *Bullier*, du nom de son fondateur : Théodore Bullier

Je ne suis pas un de ces autoritaires qui, persuadés de l'infaillibilité de leur jugement, veulent imposer une volonté, mais j'ai toujours déploré, et je déplorerai toujours, ces sortes de réunions populaires connues sous la dénomination de bals publics. Malheureusement ces tumultueuses assemblées ont trouvé sans cesse en France grâce et protection ! Si vous prétendez encore qu'on peut refuser à certains savants, à quelques philosophes, à des littérateurs, l'autorisation d'ouvrir un cours d'adultes ou de faire des conférences, je crierai à l'arbitraire, car « *liberté pour tous* » c'est ma devise. Mais libertés absolues pour le dévergondage, et libertés restrictives pour la diffusion de la science, oh ! alors, tout mon être se révolte en face du droit méconnu et de la violation de la morale.

En effet, savez-vous ce qu'est une réunion populaire du genre de celle de *Bullier*? Elles se ressemblent toutes, à peu de chose près :

Dans une vaste salle, du gaz, de la musique à tour de bras, d'épais nuages de fumée de tabac, étendus d'une forte dose de poussière, que soulève une nuée d'épileptiques sautant, cabriolant, se heurtant, levant les jambes, les bras, se tortillant le corps, avec des éclats de voix à vous faire perdre l'ouïe, voilà! Et, dans ce pêle-mêle de convulsionnaires, c'est à qui inventera les grimaces les plus effroyables, les gestes les plus cyniques; ici, l'un cherche à se donner l'air d'un idiot accompli, comme si la nature ne l'avait déjà parfaitement doué à cet égard; là, une femme, en manière de minauderie, fort goûtée dans ces parages, exécute le grand écart, au risque de se rompre les reins. Mais, franchement, ces farouches sauvages des îles de l'Océanie qu'on nous représente, en gravures, formant des rondes infernales autour des cadavres de leurs ennemis crépitant sur la broche, ne sont pas d'un aspect plus repoussant, au costume près; et pourtant j'aime à croire que les *sauvagesses* bien élevées sont plus réservées dans leur maintien que certaines dames de Bullier ne sont curieuses de leur pudeur dans le *cavalier seul* et *l'en avant deux*.

La danse une fois terminée, cette foule immonde, avinée et surexcitée par la chaleur, se rue du côté des buveurs; on réclame les garçons avec des hurlements qui n'ont rien d'humain et à grand renfort de coups de poings et de bouteilles sur le marbre des tables. La gent de la serviette ne sait plus auquel entendre; alors les flots de bière ruissellent.

C'est entre deux danses qu'Aline et son compagnon pénétrèrent dans le bal. Fortuné, dès l'abord, est ébahi et ne sait plus s'il doit avancer ou reculer.

— Mais que faites-vous là, Fortuné? arrivez donc, sinon nous ne trouverons pas une table libre.

En disant ces mots, Aline entraine son interlocuteur.

— Tiens, c'est Aline! s'écrient plusieurs jeunes gens en coudoyant Fortuné.

— Ohé! *Brunette*, je te retiens pour la première valse.

— Pas possible, mon ange, je suis avec mon protégé, je ne le quitte pas.

Ton protégé... oh! c'te blague! Une *touche* comme ça, ton protégé! Il a l'air d'être ton père, il en remontrerait, j'en suis sûr, à Satanas en personne... Pas vrai, mon vieux, que tu me cèdes *la Brunette* pour la valse?

Fortuné, peu familier avec des procédés de ce genre, était devenu blême de colère et s'élançait sur l'entêté valseur pour lui faire un mauvais parti lorsque Aline le retint par le pan de sa redingote.

— Ah! mon Dieu! Fortuné, restez donc tranquille; vous n'êtes pas convenable du tout en société. Oh! que je vais avoir de mal pour vous former... Gustave n'a pas voulu vous insulter et.....

— Comment! interrompt Fortuné, vous ne voyez pas qu'il nous couvre de ses sarcasmes, au contraire, ce particulier..... Monsieur, vous m'en rendrez raison.

— Volontiers, cher monsieur, repartit l'autre, en riant, et le verre en main, si vous permettez.... Garçon, un moss... Aimez-vous la bière ? Allons, venez tous deux, il y a là-bas une table que garde mon épouse.

Fortuné était atterré.

— C'est bizarre, pensait-il, je voulais, à l'instant, sérieusement me battre avec cet individu, qu'à son jargon je prenais pour un malotru, et, en l'observant maintenant, il me semble avoir affaire à un garçon assez bien élevé et tout-à-fait bon enfant.

On approche de la table de Gustave.

— Madame, dit Aline, en s'adressant à la personne que le valseur a désignée sous le nom de mon épouse, j'ai l'honneur de vous présenter M. Fortuné, un frais débarqué de Bretagne, qui vient ici pour *faire sa médecine*.

— Monsieur, je vous offre mes civilités ; mais vous allez être des nôtres ; Gustave achève sa deuxième année, nous suivons les cliniques à présent.

— Comment ! vous aussi ! Madame est sans doute élève sage-femme ? répond Fortuné.

— Grosse bête ! dit Aline en se penchant à son oreille, sache que tu as devant toi : Olympe, une femme très-*chic*, qui n'a jamais fréquenté que les carabins, de sorte qu'elle a fini par en connaître sur la médecine de quoi vous en dégoiser jusqu'à demain.

Fortuné, dans cette circonstance, vit encore qu'il ne faut pas être trop prompt dans ses jugements, car justement cette Olympe qu'il a prise, en arrivant, pour une femme très-distinguée, lui apparaît maintenant sous les dehors d'une blondinette frisée, maquillée, fumant le cigare et buvant force rasades.

Le moss commandé est enfin venu.

— A votre santé, mon nouveau camarade, s'écrie Gustave, voici le moment de me rendre raison et sans rancune.

On trinqua, on but, et comme les jeunes gens se lient facilement, au second moss on se tutoyait, au troisième on s'embrassa.

Fortuné et Gustave ont eu le temps de se faire de mutuelles confidences. Gustave, grand et beau garçon de vingt-deux ans à figure énergique et intelligente, appartenait à une bonne famille de province. Son père était médecin. Moins ses longs cheveux noirs lui tombant au milieu du dos, moins surtout un énorme feutre à larges bords ombrageant sa tête, Gustave eût eu assez bon genre. Mais les jeunes gens prennent à tâche parfois de se rendre ridicules et ils appellent cela de l'originalité.

« Le pire estat de l'homme, dit Montaigne, c'est où
« il perd cognoissance et gouvernement de soy. » Or, Fortuné ne s'étant pas encore livré, de sa vie, à de tels débordements, l'hésitation fit place chez lui à une assurance factice provoquée par de copieuses libations, si bien qu'il fut aussi bruyant que ses nouveaux amis.

Les mœurs malsaines se communiquent vite.

Et la musique emplissait toujours la salle Bullier de ses accords, et les danses devenaient de plus en plus hideuses, et les clameurs de plus en plus assourdissantes.

Aline et Olympe, pendant que Gustave et Fortuné s'entretiennent, folâtrent dans le bal.

— Laissons-leur le temps de lier connaissance, s'étaient-elles dit, mais avant de partir, il faut faire danser le petit provincial.

Ces dames revinrent prendre place auprès des deux étudiants, comme ces derniers en étaient à leur sixième moss; à six choppes par moss, total trente-six choppes.

— Voilà un joli début, s'exclame Olympe, en montrant à sa compagne les verres vides encombrant la table des jeunes gens ; mais ce n'est pas tout, nous voulons danser, c'est le dernier quadrille. Allons, à cheval, Messieurs.

— A cheval! c'est cela, répètent en chœur Gustave et Fortuné.

Tandis que Gustave et Aline s'élancent, bras dessus bras dessous, dans l'hémicycle, Fortuné essaie de se lever. La bière l'a rendu lourd, il lui semble que le plancher se dérobe sous lui, en un mot, il n'est plus dans son assiette; toutefois la crainte du ridicule l'emporte, il reprend, tant bien que mal, son centre de gravité et Olympe le remorque à sa suite, en disant :

— Dépêchons, notre vis-à-vis est déjà en place.

L'ouverture du quadrille est terminée, la masse de femmes et d'hommes s'ébranle. Fortuné se croit encore dans les salons de la sous-préfecture de sa ville natale, il hasarde cependant un entrechat dont toute la ville de Saint-Malo eût rougi, pompiers en tête, lorsque Olympe lui crie dans les oreilles :

— Dansez donc, vous marchez ! mais levez donc la jambe plus haut, et vos bras, qu'en faites-vous ? Allons, un jeté-battu, comme ça.

Et la danseuse lui porte une botte, non, un de ses pieds, dans la région du nez.

Si Fortuné avait connu l'habileté d'Olympe, il eût su que ce pied ne devait même pas l'effleurer ; au contraire, il croit à une facétie, il a peur, fait un soubresaut en arrière et glisse avec ensemble sur ses deux talons ; par un mouvement instinctif, il cherche à se raccrocher aux branches ; au lieu de branches, sa main gauche saisit le bras d'un spectateur et sa main droite harponne le chignon d'une femme. L'homme tombe sur Fortuné en jurant et la femme pousse des cris à fendre l'âme d'un procureur. Olympe veut dégager Fortuné de la bagarre, Aline et Gustave joignent leurs efforts aux siens, mais plus on tire le pauvre garçon, plus la femme dont il étreint le chignon remplit la salle de cris étourdissants du genre de ceux-ci :

— Au voleur ! au voleur ! on m'arrache mes cheveux, on me dévalise !

Tout le monde s'est rassemblé vers le point d'où part le bruit, on forme cercle autour de Fortuné et de ses compagnons d'infortune, étendus et enchevêtrés les uns dans les autres. Les *huissiers-satrapes* du bal surviennent, ils se font jour à coups de poings, et se saisissent immédiatement de Fortuné, qui s'est enfin relevé.

— Qu'est-ce que vous faites-là, vous ? du tapage ?

une manifestation? nous connaissons ça, vous allez nous suivre.

— Mais, messieurs, s'écrie Fortuné...

— Allons, ne jouez pas le malin.

— Mais, messieurs...

— Taisez-vous, vous parlez trop, vous.

— Sur les entrefaites une voix s'écrie : *à la porte !* On ne sait d'où cette voix est partie, mais toute la salle, comme un formidable écho, répète : *à la porte ! à la porte !*

— Allons, sortez, hurlent les gardiens de nos plaisirs publics, sinon, nous vous conduisons au poste.

Tout-à-coup un mouvement s'est manifesté dans la foule. Fortuné se sent comme enlevé de terre et transporté en un clin-d'œil, avec ceux qui l'entourent, à l'autre bout du bal. C'est que Gustave n'est pas resté inactif ; durant l'algarade, il a recruté des amis pour donner une poussée et délivrer le mystifié !

— Ohé ! ohé ! Fortuné ! par ici, par ici.

Fortuné reconnait la voix de ses alliés.

— Vite, vite, sauvons-nous, ces messieurs de tout à l'heure nous cherchent, ils seraient trop heureux de nous colloquer au violon, épargnons-leur cette satisfaction.

Ils s'esquivent en hâte, et l'on se retrouve sur le boulevard, en face de cette vieille grille du Luxembourg, aujourd'hui disparue, hélas ! avec les arbres séculaires qu'on voyait à travers.

III

UNE NUIT AU QUARTIER LATIN

> « Puis le hoquet du vin et la tête qui vacille ;
> « voilà tout. »
> *Contes fantastiques.* — JULES JANIN.

— Ah çà ! j'espère bien que nous allons nous restaurer maintenant, demande Olympe, mon œsophage est dans un état de vacuité complet.

— Tiens, c'est une idée, interrompit Aline, moi aussi, je mangerais bien un morceau. Va pour le restaurant et vive la Restauration !

— Allons, pas de cris séditieux, dit Gustave. Monsieur Fortuné, mettez-moi la belle Aline sous votre bras et de ce pas venez au *Grand Café Mazarin*, la soupe à l'oignon nous réclame.

Les deux couples se dirigent du côté de l'Odéon ; jamais Fortuné ne s'était trouvé à pareille fête.

— Si je m'étais permis, se disait-il à part soi, dans cette bonne ville de Saint-Malo, la millième partie des incartades de ce soir, j'étais un homme perdu de réputation, les mères de famille eussent défendu à leurs filles de danser avec moi ; mais à Paris, ni vu ni connu ; ce soir je me vautre dans le ruisseau, demain je m'adonise, je papillonne, sémillant, fraîchement ganté et cravaté coquettement, dans un salon du meilleur monde. Cependant, je n'en serai ni plus ni moins mauvais sujet que je ne l'eusse été à Saint-Malo.

Aline avait ses vues sur Fortuné, et, tandis que celui-ci savoure le bonheur d'être enfin libre de jeter son bonnet par-dessus les moulins, elle songe que ce jeune homme remplacerait bien *l'autre*. L'autre avait définitivement quitté Paris aux vacances. Reçu avocat, il était retourné dans son département, disant adieu aux *caboulots* du quartier latin et à l'inconsolable Aline.

En peu de temps on parvint sous la colonnade de l'Odéon. Ce soir-là on jouait le *Marquis de Villemer*, et messieurs les étudiants étaient en train d'élever sur le pavois l'auteur de la pièce.

La place de l'Odéon est encombrée de monde, et les cris : *Vive Georges Sand ! rue Racine !* (Georges Sand demeurant rue Racine) dominent tous les autres cris.

— Évitons cette cohue, avise sagement Gustave, il y aura bientôt de ce côté un affreux gâchis, et comme nous voulons nous amuser ailleurs qu'au dépôt de la Préfecture ou dans le cloaque du corps-de-garde de la place Saint-Sulpice, passons outre.

Bien leur en prit d'agir ainsi. Quelques minutes

plus tard, la place de l'Odéon se transformait en un vaste champ clos où les horions pleuvaient de toutes parts, vainqueurs et vaincus roulaient dans la poussière. Mais, comme est de raison, l'autorité mit fin au désordre qu'elle venait de causer, en arrêtant quelques tapageurs.

Dans la rue Dauphine, au fond d'une cour, est situé le *Grand Café Mazarin*. En plein jour on n'y voit pas clair, mais le soir, en revanche, on peut y lire son journal, grâce à de nombreux becs de gaz qui vous tirent la langue.

Nos quatre jeunes gens entrèrent là comme chez eux. Gustave donne un formidable coup de pied dans le bas de la porte vitrée pour l'ouvrir, façon de pénétrer quelque part qui dénote un habitué. Ces dames se précipitent dans la salle où l'on soupe, on renverse deux ou trois chaises en passant, Fortuné marche sur les pattes d'un chat de l'établissement, qui se plaint à sa manière, et des quatre coins du café, on entend :

— Ah! les voilà... Par ici, Aline... Bonsoir, Olympe. Tu viens bien tard, Gustave.

Ces dames, ces messieurs se secouent les mains mutuellement à se démancher les poignets, Fortuné serre les phalanges de tout le monde, sans oublier le garçon, car c'est une habitude passée dans les mœurs de l'endroit.

— Une soupe à l'oignon, messieurs?

— Oui, garçon, et une *absinthe*, *avant*.

Fortuné regarde Aline avec terreur. Cependant c'était bien elle qui venait de commander.

— Eh quoi, lui dit-il, vous prenez de l'absinthe à minuit !

— Ça vous étonne, cher ami ? mais sachez donc qu'ici une femme qui se respecte boit cinq ou six absinthes en vingt-quatre heures, joue au piquet toute la journée et mange à minuit une soupe à l'oignon, précédée de l'absinthe traditionnelle

— Madame prend une absinthe aussi ?

Le garçon s'est adressé à Olympe.

— Oui, *je tords le col au perroquet* ce soir, et toi... *Tatave ?*

— Ça va sans dire... et notre ami Fortuné aussi.

L'affreux breuvage boueux et vert-de-grisé est apporté et ingurgité incontinent.

Olympe riait et chuchotait avec son amie depuis l'arrivée de la bande au café. Fortuné crut même s'apercevoir qu'il était le sujet de leur entretien à voix basse. Il pensa ensuite s'être trompé.

Ces dames le prièrent de vouloir bien servir.

Fortuné, nous l'avons dit, après ses libations répétées, n'avait plus un sentiment bien net des objets qui l'environnaient. Néanmoins, il s'efforce de saisir la louche et de faire la distribution du potage *acrocome*.

Les mets dans lesquels, à l'instar des Italiens, nos frères, nous avons l'habitude de glisser du parmesan, ou du gruyère, sont d'une répartition désagréable, aussi Fortuné avait-il beau lever le bras en l'air, il ne parvenait pas à faire lâcher prise aux filaments...

Sa maladresse augmenta l'hilarité des deux jeunes

femmes et la gaîté devint générale lorsqu'elles eurent désigné le bras du pauvre garçon.

— Dites donc, mesdames, s'écrie un des consommateurs que nous reconnaissons pour M. Brisebois, le *matamore* dont il a été parlé au premier chapitre de ce roman, un homme met habituellement ces choses-là sur son cœur ou au panier aux ordures, mais jamais, oh ! non, jamais...

— Brisebois a raison, hasarde une voix de fausset, partie d'une table du fond. Monsieur est pour sûr quelque grand guerrier de la tribu des Hurons, en villégiature à Paris, et voilà sans doute un des nombreux trophées qui ornent habituellement sa ceinture de combat.

Fortuné, n'y était plus.

— J'ai peut-être bien quelque chose au bout du nez, se dit-il.

Et, lâchant la cuillère pour s'assurer du fait :

— Rien au bout du nez cependant, je me serai trompé !

Alors les rires redoublent et les quolibets.

Fortuné, n'y tenant plus, demande de quoi il s'agit.

— Tâtez-vous, lui dit Olympe, regardez-vous.

— Il la verra, disent les uns.

— Il ne la verra pas, disent les autres.

— Il la voit... Il ne la voit pas... Il l'a vue...

— Quoi ?

— Votre mèche, parbleu !

— Ma mèche !

— Eh oui, votre mèche.

— Mèche de qui?.. mèche de quoi?...

— Ah! j'y suis.

— Non, vous n'y êtes pas.

— Vous allez voir qu'il faudra la lui mettre sur une assiette.

— Ah! pas sur la mienne surtout, sait-on seulement d'où ça sort !

La bouche de Fortuné se pince, il n'est pas content. Aline a pitié de son embarras et lui indique un bouton de ses manchettes auquel pend une de ces touffes de faux cheveux dont les femmes de notre siècle ont la fureur d'accompagner leur coiffure.

Ce fut pour Fortuné un trait de lumière.

Il se rappelle de suite sa chute à Bullier et le chignon dans lequel il s'est empêtré les mains. Une des mèches ornant le chignon est demeurée accrochée à sa manchette.

Fortuné rit de bon cœur de l'aventure et jette à terre l'objet de sa mystification. Aline s'en saisit et dit en le serrant dans sa poche :

— Ça peut toujours servir...

On ne se souvint bientôt plus de l'incident et Aline a déjà demandé plusieurs fois à Fortuné s'il ne songe pas au repos

— Il est tard, le Mazarin va fermer, nous ferions bien de nous retirer... moi, je vais me coucher...

Aline, en parlant ainsi, lançait à Fortuné un de ces regards qui vont droit au cœur d'un adolescent.

Fortuné tressaillit :

— Comment, déjà, vous nous quittez?... Il va falloir nous séparer?

— Oui, répond Aline, à moins que... à moins que vous ne me reconduisiez chez moi...

— Allons donc, ma chère, s'écrie Olympe en éclatant de rire, vas-tu faire la mijaurée? Tu vois bien que monsieur est trop aimable pour te laisser seule à cette heure, et puis tu ne demandes pas mieux que de rester avec lui... N'est-ce pas, *Tatave*?

— C'est évident, répond Gustave avec conviction, un galant homme ne saurait conspuer une femme à cette heure indue.

Fortuné se sent bien embarrassé. Reculer lui paraît impossible, ridicule; d'un autre côté, Aline ne lui déplaît pas.

— Je ne suis pas amoureux d'elle, cependant, pensait-il. Baste? qu'importe après tout? c'est comme cela qu'on bâcle les affaires à Paris, à la vapeur; et puis un jeune homme de mon âge n'a que faire d'être éperdûment épris pour trouver un certain charme à passer la nuit dans les bras d'une jolie femme.

Il fallait que les fumées du punch et de la bière eussent diablement monté au cerveau du pudique et timide Fortuné pour qu'il raisonnât ainsi.

Enfin ils s'arrachent à leur déduit et sortent du café. Olympe et Gustave prennent à droite, Aline entraîne Fortuné du côté de l'hôtel du Périgord, en lui disant :

— Eh bien, es-tu satisfait de notre soirée?

— Chère petite femme, tu es une sirène, une charmeuse de serpents; toi et la liberté, voilà ce que j'admire le plus dans Paris, a répondu Fortuné.

— Tu sais, j'aime pas les compliments; quand un

homme me glisse de ces choses-là, je le prends de suite en horreur. Je préfère le solide. Sais-tu quel est l'homme dont je deviendrais amoureuse folle, tout de suite? c'est celui qui me payerait mon terme et ma pension.

Aline termine cette profession de foi comme on est arrivé à la porte de l'hôtel.

Le garçon de guet dans la loge demande à madame si elle reste, afin d'inscrire son nom sur le registre de police.

— Oui, garçon, répond négligemment la donzelle, et vous savez, je mettrai mes bottines à la porte.

Sur ce, la fille d'Ève, leste et rieuse, grimpe les cinq étages qui mènent à la chambre de l'étudiant. Fortuné la suit avec émotion, il ne pouvait s'imaginer encore qu'une femme osât s'introduire, avec un pareil sans-façon, dans la chambre d'un jeune homme qu'elle connaissait de la veille.

La suite lui réservait bien d'autres surprises.

Vous me répondrez à cela qu'en pareille matière l'apprentissage est court, qu'on se familiarise vite avec les mœurs du demi-monde.

Triste vérité!

— Mon cher, dit Aline à Fortuné ébahi, comme il ne fait pas chaud ici et que je me suis éreintée, je vais immédiatement prendre possession du lit, si ça ne te déplaît pas...

Et la nymphe se débarrasse prestement des voiles que la pudeur ne permet pas aux Anglaises de nommer.

Ne sachant plus quelle contenance tenir, Fortuné

erre çà et là dans les coins de la chambre, sans hasarder le moindre regard du côté d'Aline. La friponne s'amuse de cet embarras.

Tout d'un coup elle pousse un cri de douleur.

— Mon Dieu, qu'y a-t-il? Et Fortuné s'est rapproché avec hésitation.

— Ah! là, là, aïe! aïe!

Aline désignait en même temps une de ses épaules de *Vénus Aphrodite*.

— Eh bien, quoi?

— Comment, quoi! Mais je me suis enfoncé une épingle, là, tiens; si vous étiez moins gauche que vous ne l'êtes, vous m'eussiez évité cet accident... Mais décidément ils sont d'un bête achevé à Saint-Malo, pense Aline; et elle s'est déjà glissée sous les couvertures.

Il se fit un silence. A bout de ressources, l'étudiant se laisse tomber sur un siége.

— Dites donc, est-ce que vous avez le projet de passer la nuit sur votre fauteuil? interrompt Aline avec une certaine aigreur.

— Moi... oui... non... je ne sais pas, répond Fortuné en balbutiant.

— Oh! c'est trop fort, à la fin; mais vous êtes fou; si je raconte cette histoire demain au déjeuner, croyez-vous que l'on en fera des gorges chaudes!... La lumière gêne monsieur, je vais l'éteindre... Pour l'amour de Dieu, couchez-vous, on gèle dans ce lit.

Fortuné céda plus encore cette fois à la crainte du ridicule qu'à tout autre sentiment.

Le lecteur devine le reste. Aline était une de ces femmes comme on en rencontre en grand nombre au quartier Latin, ne considérant le sexe fort qu'au point de vue de l'intérêt, comme une chose que l'on exploite, une médecine que l'on avale par nécessité. Elle n'avait pas encore connu l'amour, aussi ne pouvait-elle comprendre que le cœur d'une créature quelconque battît auprès d'un autre être : la timidité de Fortuné, elle la prenait pour de la gaucherie.

. . . .

L'ODYSSÉE D'ALINE

« Oh ! n'insultez jamais une femme qui tombe. »
Chants du Crépuscule, liv. XIV. — Victor Hugo

En s'éveillant, les deux jeunes gens causèrent. Fortuné s'enquit auprès d'Aline de ce qu'elle faisait

— Rien, lui répondit-elle tranquillement.

Et comme elle ajoutait :

— Il y a cinq ans, j'ai cessé de travailler.

Fortuné lui en demanda le motif.

Alors la jeune femme raconta, en ces termes, ce qu'elle appelait le *Roman de sa vie :*

— Je n'ai jamais connu mon père ni ma mère. Un soir un homme recueillit, il y a dix-neuf ans de cela, sous les piliers des halles, un pauvre petit être à peine âgé de huit jours ; cet enfant, c'était *moi !* J'étais enveloppée de langes fort propres, à ce qu'on m'a dit, et emmitouflée dans un manteau bien ouaté et doublé de soie. J'appartenais sans doute à des gens aisés. A la doublure de ce manteau se trouvait attaché, avec une moitié de feuille déchirée de l'almanach des 500,000 adresses, un écrit conçu en ces termes : « Prière de conserver soigneusement ce « fragment de feuillet de l'almanach des adresses, « qui servira plus tard à reconnaître l'enfant. »

Malheureusement la personne qui avait retenu l'autre moitié de ce feuillet ne s'est jamais présentée pour la rapprocher de celle qui fut jointe à mon acte de naissance.

— Étrange ! s'exclama Fortuné ; et quels noms existent sur ce fragment de feuillet arraché de l'almanach ?

— Ah ! il y a de tout, depuis des ducs et pairs jusqu'à des charcutiers et des charbonniers. Je suis marquée à l'R.

— Comment à l'R.

— Oui, les noms dont je parle sont dans la série des ROM ; tout me porte à croire que c'est là du moins la première syllabe de mon nom. Mais passons !

Le soir même où je fus ainsi recueillie, une marchande de pommes de terre frites du quartier des halles, qui n'avait jamais eu d'enfants, depuis quinze ans de mariage, et qui les adorait, m'adopta.

Tout d'abord, son mari opposa son véto. C'était un ivrogne, il mangeait tout ce que sa femme gagnait ; mais, comme cette dernière lui promit, ce soir-là, de le laisser s'enivrer à son aise, il consentit.

Je fus donc élevée, jusqu'à l'âge de quatre ans, par cette brave femme. Je la croyais ma mère. Cette illusion m'a été enlevée plus tard ; je n'avais jamais connu le bonheur de la famille, ni les baisers maternels.

Enfin, la digne femme mourut !

J'assiste encore à ses derniers moments. *Son homme*, comme elle l'appelait, fut, ce jour-là, plus ivre que de coutume. Oh ! je ne l'ai jamais considéré comme mon père, lui. Et, lorsque ma pauvre maman rendit l'âme, le monstre voulut lui faire avaler un petit verre d'eau-de-vie, pour la ravigoter, disait-il. Une fois enterrée, le gueux mangea, un mois durant, le fonds de sa femme. Les meubles furent vendus pièce à pièce ; enfin, lorsqu'il ne resta plus rien, pas même la pauvre petite paillasse sur laquelle je couchais, il disparut définitivement, me laissant sous la sauvegarde des âmes charitables du quartier. Les marchandes et les forts de la halle me connaissaient ; le matin, je portais aux clients de ma mère des rations de soupe et de pommes de terre frites, on me gratifiait de sous que je rapportais bien vite à maman et elle m'embrassait tendrement en répétant, pour la centième fois : — Va, ma petite Aline, courage, quand tu seras grande, je te laisserai une belle clientèle et, si tu sais t'y prendre, tu feras, comme moi, de bonnes affaires.

Le rêve de l'excellente femme ne devait pas se réaliser !

A partir de sa mort, datent mes infortunes.

D'abord, je n'eus plus de domicile fixe, je couchais tantôt à droite, tantôt à gauche ; les uns et les autres me donnaient un reste à manger et me chargeaient, en échange, de leur faire une commission, ou bien j'étais employée par eux à des petits travaux toujours répugnants.

Oh! alors, de bonne que j'étais, je devins malicieuse, jalouse, hypocrite, méchante quelquefois. Je fus même un jour féroce, et je me suis toujours reproché les injustes représailles que j'exerçai cette fois-là.

J'avais été battue par une mégère qui m'occupait ordinairement. Cette femme élevait un chat, qu'elle affectionnait. Pour me venger de ses mauvais traitements, je me mis à l'affût, un soir, guettant le chat. Il apparaît, je l'appelle sournoisement, je l'affriole, il vient vers moi, sautillant de côté et la queue en l'air, je m'en saisis.

Ni les cris de détresse du pauvre animal, ni la crainte du châtiment ne purent m'attendrir. Je courus précipiter l'innocente bête dans l'ouverture d'un égout fangeux.

Je ne m'appesantirai pas davantage sur ces souvenirs d'enfance, ils ne sont pas assez gais.

Lorsque je fus un peu plus grande, des gens du quartier eurent l'idée de me mettre en apprentissage. Une fleuriste de la rue Saint-Denis me prit chez elle; j'y restai quelques années, puis j'allai dans d'autres maisons. Enfin, le jour où je pus gagner trente ou quarante sous, en travaillant dix à douze heures, la terre n'était plus digne de me porter.

Je végétai, de la sorte, dans plusieurs ateliers.

Dans un, entre autres, où je fus logée et nourrie, le patron était une sorte de viveur qui mangeait tout ce qu'il gagnait en folles orgies. Le samedi, **au** moment de payer les ouvrières, il lui arrivait d'être obligé de porter au mont-de-piété jusqu'à mon matelas, et comme on eût, alors, été fort empêché de me donner de quoi coucher, on trouvait plus simple de m'envoyer passer la nuit au bal.

C'est au *Champ de navets*, comme nous appelions certain bal situé près du Château-d'Eau, que je trouvais un refuge.

A peine âgée de quatorze ans, j'étais déjà passée maîtresse dans l'art des danses déshonnêtes ; quoique ayant vu le vice d'assez près pour le connaître, cependant je demeurai sage.

Ici, je touche au plus sombre épisode de ma vie. Le souvenir de celui qui abusa de ma jeunesse et de mon peu d'expérience m'est bien douloureux ! Puisse le remords de sa vilaine action me venger aujourd'hui !

Bref, je n'avais pas quinze ans sonnés que le *découpeur* de mon atelier, espèce de brute assez habile dans son état, mais au demeurant homme grossier et d'une bestiale sensualité, entreprit de m'obséder de ses regards. Lui, le *placier* et mon patron étaient les seuls hommes que nous vissions continuellement. Ces rapports constants menaçaient d'être souvent trop intimes. Vous allez voir. Je n'étais pas la première sur laquelle le découpeur eût jeté ses vues. Habitué à ces sortes d'expéditions, son plan fut vite combiné, pour arriver à ses fins, et un déjeuner fit tous les frais de sa stratégie.

Dans le passage du Caire existait un petit restaurant fort couru des gens de ma condition ouvrières, apprenties, découpeurs et placiers y mangeaient, y buvaient. Pour ne pas perdre de temps, il arrivait souvent aux habituées de cet établissement d'apporter, avec elles, quelques douzaines de *ceps* (1) qu'elles *cotonnaient*, entre la poire et le fromage : de là le nom de *Cep cotonneux* donné par les fleuristes à ce *caboulot* borgne.

C'est au *Cep cotonneux* que mon séducteur m'assigna un rendez-vous.

La dépravation trouve asile et commodités partout; aussi bien à la *Maison Dorée* qu'au *Cep cotonneux*, existent des cabinets particuliers !

Dans les uns, il est vrai, on mange des pâtés de foie gras arrosés de chambertin et de champagne frappé, tandis que dans les autres on absorbe des œufs sur le plat et des petits noirs. Mais on se fait aussi bien un jouet de la vertu des femmes dans ceux-ci que dans ceux-là.

Je sortis du *Cep cotonneux* avec la rougeur au front et la tristesse dans le cœur.

A partir de cet instant, j'étais une fille perdue, j'eus des amants. Quelques uns m'ont battue, je me vengeais en les trompant.

Dans la suite, voyant qu'il y avait plus de bénéfice à ne rien faire qu'à travailler douze heures par jour, et souvent la nuit, je me jetai à corps perdu dans le tourbillon du monde interlope. Je passai toutes mes soirées au bal, mes nuits d'ici et de là, je bus

(1) Bouts de fil de fer très-menus, dont on compose les pédoncules des fleurs.

de l'absinthe pour noyer mes soucis ; un moment, je me crus atteinte d'aliénation mentale, je faisais mille folies ; par aventure, j'insultai un agent de la police des mœurs, il me fit enfermer à Saint-Lazare où j'eus à faire le rude apprentissage de la couture dans la confection des chemises en toile écrue pour la troupe.

Enfin, après une série de tristes péripéties, je me fixai au quartier latin, où vous me voyez, et l'on m'appelle *Brunette* pour vous servir.

Telle est la confession de mon passé, c'est peu intéressant, n'est-ce pas ? mais vous êtes la première personne à qui je l'aie faite dans tous ses détails. En effet, vous m'avez écoutée si attentivement, Fortuné, que je me suis crue en face d'un ami sincère et dévoué, non d'un homme qui m'a prise hier pour s'amuser et qui me renverra, sans doute, tout à l'heure, pour oublier, demain, et la pauvre Aline et son histoire.

Aline se trompait : Fortuné n'avait pu s'empêcher de laisser tomber une larme en entendant l'odyssée de cette pauvre fille.

— Est-il possible, pensait le jeune homme, qu'une femme puisse être ainsi le triste hochet des hommes ! Abandonnée par un père ou une mère barbare dès sa naissance, enfant de la rue, continuellement ballotée, sans famille, souvent sans asile et sans pain, puis séduite, trompée, esseulée, trahie, battue, emprisonnée ! Oui, les hommes t'ont fait tout cela, mais ils t'ont refusé l'instruction ! Et tu n'es devenue ni voleuse, ni criminelle ; mais alors, tu n'es pas coupable, non ! — Mais tu es femme, et les hommes qui t'ont flétrie refusent de te réhabiliter.

V

UNE AFFAIRE D'HONNEUR

> « Eloigne tes pas de ceux qui, dans la
> « femme, n'honorent pas leur mère. »
> *Honneur à la femme.*—Silvio Pellico.

C'en était fait, Aline est devenue la maîtresse de Fortuné.

Bien d'autres, à sa place, se fussent contentés d'offrir à la belle un copieux déjeuner, pour la mettre ensuite poliment à la porte en lui disant : au revoir; Fortuné, neuf en tout, en amour comme en *affaires*, prit la chose au sérieux.

En se levant, il réclame tout d'abord de la jeune femme le dénombrement de ses dettes :

— Deux mois de chambre garnie : 50 francs, et deux mois de pension : 120 francs; total 170 francs, répondit-elle.

Nous avons prévenu le lecteur que l'amant d'Aline avait quitté Paris aux vacances. Depuis cette époque, la pauvre fille était *sans emploi*. Néanmoins, les logeurs et restaurateurs consentirent à lui accorder un crédit de deux mois, sachant bien qu'à la rentrée des classes une femme intelligente, comme elle, ne manquerait pas de mettre le grappin sur un étudiant sensible qui amortirait les arrérages.

Le hasard désignait Fortuné pour ce rôle.

Fortuné a quitté Saint-Malo avec un gousset bien garni. Autant son père et sa mère lui ménagèrent l'argent de poche tant qu'il demeura sous le toit paternel, autant ils avaient tenu à ce que leur fils se trouvât largement doté, de ce côté, une fois loin d'eux.

Il donne donc à la jeune femme les huit ou dix louis dont elle a besoin et celle-ci saute au cou de son libérateur en lui promettant une reconnaissance *éternelle!*

Fortuné prit une contenance grave :

— Sais-tu ce que tu devrais faire, Aline?

— Non.

— Eh bien, si tu essayais de te remettre au travail?

— Tu rêves, s'écria-t-elle, en riant; moi, retourner dans un atelier, mais c'est folie que d'y songer!

— Pourquoi?

— Parce que j'ai perdu l'habitude.

— Mais on la reprend.

— Non! Et mes amies, qu'est-ce qu'elles diraient? c'est une plaisanterie. Si j'avais su, monsieur le moraliste, je ne vous aurais pas raconté ma vie, vous voyez bien que j'ai eu tort de vous apitoyer. Vous me faites déjà des remontrances. — « Travaille, « travaille ! » — Avec ça que j'en ai été récompensée d'avoir travaillé, jamais je n'ai été plus malheureuse. Au moins aujourd'hui, si j'ai des traverses, je suis libre....

— Permettez, mademoiselle, excepté quand on vous envoie *faire des chemises pour les troupes*.

— Taisez-vous, méchant, vous allez me porter malheur.

— Alors tu vois donc, folle, que tu n'es pas aussi libre que tu le dis, puisque le plus infime des agents de la plus basse des polices te fait trembler.

— Ah! bien, oui, on sait encore les dépister.

— Et quand ils vous tiennent une bonne fois, vous payez les arriérés.

— Ah! c'est vrai.

— Écoute-moi, Aline, j'en ai plus appris depuis huit jours à Paris, sur les hommes et les choses, que je n'en ai connu jusqu'ici en vingt ans... Veux-tu essayer de la vie à deux avec moi?... Je jouis d'un honnête revenu ; en travaillant un **peu** et en tenant ton ménage, nous parviendrons à joindre les deux bouts, et puis, pendant ce temps, moi, je suivrai les cours de la Faculté,

— Voyez-vous comme il arrange ça à sa manière! Cependant, comme tu as été gentil, Fortuné, et que je t'ai promis une reconnaissance éternelle, je veux bien te consacrer une semaine. Nous essaierons du *conjungo* pendant huit jours ; à l'expiration de ce délai, si je ne m'habitue pas, eh bien, je te donnerai congé... est-ce dit ?

— C'est convenu.

— En attendant, j'ai bien faim. Allons déjeuner.

Les raisonnements de Fortuné ont peut-être surpris les lecteurs. Quelques-uns s'étonneront sans doute de voir ce jeune provincial, timide, sans connaissance de la vie parisienne, imbu des idées quelquefois peu tolérantes de la famille, se lancer aussi résolûment dans une aventure de ce genre, mais il ne faut pas oublier que Fortuné avait été justement sevré de cette même liberté dont il allait jouir à présent sans conteste, et que les côtés saillants de son caractère apparaîtront plus visibles maintenant qu'il est hors de tutelle. Assurément Fortuné n'entrevoyait pas alors les conséquences d'une « union libre. »

Les « unions libres » sont une des plaies sociales les plus tristes de notre siècle, surtout dans les grandes villes, où elles sont une cause de dépopulation ainsi qu'un obstacle à l'amélioration morale et matérielle des diverses couches sociales.

Rechercher les origines de la progression ascendante des « unions libres » ne rentre pas dans le cadre d'un livre comme celui-ci. Il me suffira de constater que le mal, surtout parmi les classes travailleuses, fait depuis quelques années des progrès inquiétants :

C'est la dégénérescence dans l'avenir !

La statistique est une terrible dénonciatrice.

Lorsque Fortuné et sa compagne descendirent, les habitués de la table d'hôte déjeunaient. La conversation semblait animée. Brisebois tenait le dé, selon ses tendances, et sa voix dominait dans la tumultueuse réunion.

L'arrivée d'Aline fit diversion.

— Ohé! Aline, commence Brisebois, ma charmante, mets-toi là, à côté de moi.

— Quel cauchemar que cet homme! fit tout bas Aline. Puis s'adressant à lui : vous voyez bien que je suis en société ; enfin vous me taquinez continuellement, j'en ai assez de votre voisinage.

— Ta, ta, ta, tu n'as pas toujours parlé ainsi.

Un rire général accueillit ces mots et l'un de ces messieurs hasarda finement :

— Vieux lovelace de Brisebois, va, toutes les femmes, toutes...

— Ah! mais, c'est que je ne suis pas de la trempe d'Agnelet, moi, continua Brisebois avec conviction, si une femme me résistait, je serais capable de... brr... comme dans la Tour de Nesle!

— Bravo, bravo, Brisebois, il faut du nerf.

Tout le monde détestait ce butor, il avait eu néanmoins le talent de se faire craindre et l'on applaudissait ses turpitudes et ses insanités. Deux personnes haïssaient plus cordialement encore le balourd et n'avaient pas su céler ce sentiment. On a déjà deviné que je désigne Agnelet et Aline.

Savez-vous pourquoi Brisebois en veut autant à la jeune Aline? parce que celle-ci a constamment repoussé les caresses et les offres galantes que cet individu lui prodigue. Brisebois, irrité de ces refus successifs, a senti augmenter sa passion pour Aline, et il s'est juré de la posséder un jour coûte que coûte.

— Après tout, en voilà assez, monsieur, a-t-elle ajouté, vous m'ennuyez.

— Tiens, tu n'es pas polie ce matin, poursuivit tranquillement le rustre : dame! quand on fréquente un certain monde... des gens qui... des gens que... et Brisebois lance du côté de Fortuné un coup d'œil significatif.

Ce dernier comprit le sens injurieux des allusions amphibologiques de Brisebois. Il pâlit, se lève vivement et décochant un regard, entre les deux yeux de son interlocuteur, comme un trait, il lui demande :

— Monsieur, je vous serais obligé de vouloir bien expliquer nettement votre pensée.

— Vous me déplaisez fort, cher monsieur, répond froidement Brisebois, et votre ton impératif me déplaît encore bien davantage.

— Je suis animé à votre égard des mêmes sentiments, seulement je vous engage à respecter la personne qui est avec moi.

— Oh! oh! respecter Aline, parler chapeau bas à madame, une poupée! qui a roulé sa bosse à tous les étages de céans, mais il est délicieux. Qu'en dites-vous, mes très-chers?

Fortuné n'y tint plus et les rires approbateurs de l'assistance portèrent à son comble l'exaspération du jeune homme.

— Impertinent et malotru que vous êtes, gronda Fortuné, en levant la main du côté de l'insulteur, voici ma carte..,

Ce dernier ne s'attendait guère à pareil dénouement. Prompt comme la pensée, il saisit une carafe à sa portée et, visant Fortuné à la tête, il lance, de toutes ses forces, ce projectile d'un nouveau genre dans la direction de son adversaire.

Fortuné baisse la tête, évitant ainsi un horrible choc, mais, avec la rapidité de l'éclair, la carafe suit dans l'espace sa ligne droite, renversant ce qu'elle rencontre, jusqu'à ce qu'elle ait atteint et broyé en mille éclats une des glaces ornant la salle.

Tous se lèvent à la fois, une table est culbutée, dans la précipation que l'on a mise à se porter du côté des combattants. Les dégâts sont affreux, le désarroi inexprimable; çà et là des bouteilles, des verres, des assiettes cassés; Agnelet a reçu le bouchon de la carafe dans l'œil, une éclaboussure; les hurlements de douleur du blessé, les imprécations de Brisebois, les cris d'effroi des femmes, les clameurs des assistants, forment un concert indescriptible. Joignez à cela l'agitation du maître de la pension et de ses gens; ils courent de ci, de là, prêchant le calme, exhortant à la concorde.

Enfin un instant le silence a succédé.

Fortuné en profite pour prendre les personnes présentes à témoin des insultes proférées par Brisebois et de l'acte de violence inqualifiable qui en a été la résultante. Brisebois, de son côté, se considère comme l'insulté et prétend que l'outrage doit être lavé dans le sang.

Le grand rouge, dont j'ai parlé, l'ami intime et l'admirateur quand même de Brisebois a déjà parlé de duel, il y a eu voies de fait, l'honneur exige une réparation et la question ne saurait être vidée que sur le terrain.

— Eh bien, repartit Fortuné, je ne reculerai pas devant une affaire d'honneur, je suis prêt à me battre, que mon adversaire choisisse ses témoins.

— Oui, oui, c'est cela, il le faut, s'écrie-t-on de tous côtés.

— Je suis l'insulté, hurle Brisebois, et j'ai le choix des armes.

— A votre aise, répond Fortuné.

Plus morte que vive, Aline se tenait cramponnée au bras de son amant.

— Mon ami, y pensez-vous? disait-elle avec égarement. Quoi! pour moi! vous battre, avec un duelliste de première force! mais il vous tuera, c'est insensé. Messieurs, vous ne voulez pas qu'il tue ce pauvre garçon, je vous en conjure. Fortuné, je m'attache à toi. Tu n'iras pas... Et vous, monsieur Brisebois, je vous demande pardon, je suis cause de tout, oui, je ne suis pas respectable, je n'ai pas le droit d'être susceptible, vos quolibets, je les mérite; votre considération, je n'en suis pas digne....

— Assez, assez, *Brunette*, ricane Brisebois, fais-nous grâce de tes jérémiades; si ta nouvelle passion t'est ravie, tu passeras ton caprice avec un autre et je te consolerai si tu veux. A présent laisse-nous.

Fortuné se dégage, non sans peine, des étreintes de la pauvre fille et Brisebois se retire avec sa bande.

Pendant ce temps, Agnelet se bassine l'œil dans un coin.

Fortuné, qui s'est senti pris d'une certaine sympathie pour ce jeune homme, à cause des vexations dont son implacable ennemi l'abreuvait, s'avance vers lui pour s'informer de son état.

— J'ai souffert horriblement, lui dit Agnelet, au premier moment, mais ça se calme, demain il n'y paraîtra plus, une simple plaie contuse au-dessus du sourcil ; un pouce plus bas, je perdais la vue.

Aline avait à peine eu le temps de supplier Fortuné pour qu'il renonçât à ce duel, dont l'issue serait peut-être terrible, que des témoins dépêchés par Brisebois arrivèrent. Le grand rouge en était, escorté d'un flandrin de ses amis.

— Notre camarade, nous adresse à vous, monsieur, firent-ils, pour que vous nous désigniez vos témoins.

Fortuné se tourne du côté d'Agnelet.

— Si M. Agnelet veut me servir de second?...

— Certainement, répond vivement celui-ci, en continuant à éponger son mal.

— Et je pense, ajoute Fortuné, que M. Gustave voudra bien se joindre à vous, dans la circonstance.

Les députés assignèrent donc un abouchement à M. Agnelet afin de délibérer et se retirèrent.

Gustave ne refusa pas son assistance et, suivi d'Agnelet, il fut exact au compromis.

Laissons Aline se désespérer auprès de Fortuné et assistons à la conférence des futurs témoins du duel projeté.

Le sort en est jeté. Deux jeunes gens, deux enfants, doivent se couper la gorge, pour une vétille, une mièvrerie, un mot lancé, une carafe envoyée à la tête, dans un moment de délire. L'un, un vaurien, un hercule, un spadassin, ira de gaité de cœur, s'aligner avec celui qu'il vient d'insulter, persuadé d'avance qu'il aura bon marché de la faiblesse ou de l'inexpérience de son adversaire.

Il est temps de nommer les deux acolytes de Brisebois :

Le grand rouge, élève en pharmacie, s'appelle Canulard. L'autre, une sorte de demi-artiste, un peu sculpteur, un peu barbouilleur, un peu poëte et parfait buveur d'absinthe, sec, jaune ridé, voûté, usé, avait un nom quelconque, mais il était connu, de temps immémorial, au quartier latin, sous le pseudonyme de *La Consolation* et je crois qu'il finit un jour par oublier, lui-même, au fond des choppes des brasseries, son véritable nom de famille, le seul héritage que lui eût légué son père. Canulard et La Consolation ont attendu les deux témoins de Fortuné dans un sombre et borgne restaurant de la rue Racine, portant pour enseigne *Au Trait-d'Union* : amère dérision ! C'est à l'ombre de ce vocable pacifique que les conditions d'une lutte à outrance doivent être débattues.

Dès que les envoyés de Fortuné apparurent, la discussion fut entamée.

—Messieurs, commença Canulard, je dépose mes conclusions. Nous sommes les insultés, à ce titre, le choix des armes nous appartient. Mon ami et moi désignons le pistolet.

— Nous acceptons, a répondu Gustave.

— Et quant au lieu de la rencontre, nous fixons le bois de Verrières. proche Châtenay. C'est près de Paris, et l'endroit est peu fréquenté, à cette époque de l'année.

— Accepté!

— Demain, si vous voulez, à midi précis, on se trouvera là.

— C'est convenu.

— Ah! permettez, termine Canulard, avant de nous séparer je dois vous informer que nous apporterons six pistolets chargés à l'avance, ils seront ensuite choisis au hasard par les deux combattants. Au bout de trois épreuves, s'il y a lieu de procéder à nouvel engagement, on chargera les armes sur place, en présence des quatre témoins.

Agnelet. non plus que Gustave, ne virent dans ces propositions rien que de très-acceptable et l'on se quitta.

— Ah! ça, explique-moi, Canulard, pour quel motif tu vas nous embarrasser de six pistolets chargés d'avance?

Canulard sourit à cette question de son ami La Consolation et répondit :

— Comment, tu es aussi innocent que ces messieurs, toi! Crois-tu, franchement, que je vais m'exposer à ce qu'il y ait des bras ou des jambes cassées, peut-être pis encore! Non, non, je charge mes pistolets avant de partir, j'oublie, par inadvertance, d'y glisser le plomb homicide et je me munis de pilules de mie de pain roulées dans la plombagine, s'il y a lieu de rebourrer sur place nos engins de destruction.

— Oh! excellent, s'écrie La Consolation. Mais Brisebois, que dirait-il, s'il savait?...

— Brisebois ignore tout, je t'assure, il ira vaillamment au feu, mais...

— Mais quoi?

— Il a tellement confiance en moi qu'il est persuadé d'avance de sortir de ce guêpier sans la moindre égratignure.

— Comment cela?

— Dame! le duel de demain sera son septième, je lui ai toujours servi de second et jamais il n'a été blessé.

— Et son adversaire non plus.

— Que veux-tu, mon cher? le hasard, la chance..

— Eh bien, franchement, Canulard, je ne te croyais pas aussi fort dans la partie. Et si, le cas échéant, Brisebois était l'insulteur et supposé qu'il dût se battre à l'épée?

— On aviserait, mon cher, *quærite et invenietis*, dit la formule antique.

VI

LE DUEL

> « La raison du plus fort est toujours la meilleure. »
> *Fable du Loup et de l'Agneau.* — La Fontaine.

Je ne suis, en aucune manière, partisan du duel, surtout de ces duels, si fréquents de nos jours, où, pour un démenti fortement accentué en public, pour un mot malsonnant échappé dans le feu de l'improvisation, deux galants hommes vont se larder de coups de fleurets ou bien s'adresser une balle dans la tête. Le duel demeure l'excuse des bretteurs et des spadassins. Supprimez le duel, et cette catégorie de gens sans aveu et de coureurs d'aventures disparaîtra.

L'idée du duel réalisant cette pensée d'un profond philosophe, que j'ai placée comme épigraphe au commencement de ce chapitre, est-il rien de plus triste pour la conscience humaine!

Hors le cas d'une sœur séduite, d'une épouse insultée, d'une fille déshonorée, le duel est la négation flagrante de tous les principes de droit et de justice.

Se battre, lorsqu'on est rompu au maniement de l'épée, ce n'est plus du courage. Se livrer au fer d'un prévôt de première volée est insensé, c'est courir à une mort certaine.

D'un autre côté, organiser le duel à la façon d'un Canulard, est une infamie.

Voilà où je voulais en venir.

Aline était plongée dans la consternation depuis la malheureuse algarade survenue à cause d'elle entre Brisebois et Fortuné.

Pour la première fois peut-être, un homme avait pris sérieusement sa défense; pour la première fois, assurément, un homme se battait pour elle.

Fortuné vient de rehausser Aline à ses propres yeux.

Ce n'est plus la pauvre abandonnée des rues, oublieuse du passé, insouciante de l'avenir; toute l'épopée de sa vie lui apparaît, sombre, froide, décolorée.

— Pourquoi suis-je venue au monde? pense-t-elle; malheureuse moi-même, je fais le malheur de ceux qui m'entourent, de ceux qui m'aiment. Car ce jeune homme, Fortuné, il m'aime, lui. Oh! oui, il doit m'aimer, puisque moi je l'adore... à présent, je voudrais le lui dire, il ne me croirait pas. Le lui prouver? et comment faire pour cela?... Quitter cet affreux quartier latin, oublier mes anciennes amies, rompre avec mes habitudes de débauche. me remettre au travail, c'est cela.....

Fortuné eut le soin de tromper Aline sur le jour et

d'endroit où la rencontre devait avoir lieu, afin de déjouer les tentatives que la pauvre fille n'eût certainement pas manqué de faire pour contrecarrer les projets belliqueux des jeunes gens.

A l'heure dite, les combattants et leurs témoins se retrouvent dans le bois de Verrières.

La troupe s'arrête au milieu d'une clairière, les environs sont déserts, on peut là s'égorger à l'aise sans craindre les regards indiscrets.

— Voilà un charmant petit réduit, bien approprié pour la circonstance ; que vous en semble, messieurs ? interpelle Canulard.

— Certainement, répond Brisebois, d'ailleurs j'ai hâte de terminer cette affaire, mes doigts se crispent d'impatience ; l'heure de la réparation suprême est enfin arrivée.

Et le subversif personnage darde, sous son épais sourcil, un regard fauve.

Fortuné est ému, mais calme et digne. Il ne croit pas devoir répondre à l'apostrophe du bravache.

— Ah! ce n'est pas tout, réglons les préliminaires du duel, voici les armes.

Canulard sortit, d'une de ces boîtes dont les apothicaires se servent pour herboriser, trois paires de pistolets.

— Maintenant, continua-t-il, pour suivre les règles adoptées dans les duels sérieux, je propose de placer les deux adversaires à vingt-cinq pas l'un de l'autre. On donnera le signal : *une, deux, trois*, et au mot de *trois* les deux combattants feront cinq pas en avant et tireront.

Ces conditions acceptées, les témoins vérifient les pistolets; on constate qu'ils sont chargés.

Fortuné et le farouche brétailleur ont mis habit bas, ils s'avancent alors et choisissent chacun une arme au hasard. Ils s'alignent. Canulard, l'ordonnateur, compte les vingt-cinq pas, tout est prêt, on n'attend plus que les trois coups.

Dire que Fortuné ne se sentit pas pris, en cet instant, d'un serrement de cœur inexprimable, serait mentir. Il pense à sa mère et porte instinctivement la main sur son cœur. C'est qu'il a logé en cet endroit une lettre, un adieu solennel adressé à cette mère, à ce père chéris qu'il va peut-être laisser dans le désespoir. Ce contact lui donne le frisson, un monde d'idées lui traverse le cerveau, mais il se dit qu'il doit être homme avant tout et considérer froidement le danger.

— Attention, crie Agnelet, je donne le signal : *une, deux....*

— Permettez, interrompt Canulard, je m'aperçois que mon ami Brisebois est dans de déplorables conditions, le soleil lui donne en plein sur le visage. Il ne peut donc viser sûrement, tandis qu'il offre, comme une cible lumineuse, sa face à l'adversaire.

On change de place, en conséquence.

— Dépêchez, messieurs, vocifère Brisebois, en assurant son pistolet dans sa main, cette arme me brûle; je vais donc enfin assouvir ma soif de vengeance.... mon adversaire tremble, je crois?

— Pas plus que vous, monsieur, réplique Fortuné en sentant la rougeur lui monter au front, trêve de sarcasmes.

— Prenez garde : *une*....

— Arrêtez, observe La Consolation ; tout à coup, j'ai entendu quelqu'un marcher ici à droite, derrière les arbres.

— Mais non, mais non...

— Si, vous dis-je, quelque chose a remué.

Chacun dresse l'oreille. On écoute, on attend : rien. C'était une fausse alerte, un acousmate.

Pour la troisième fois, le signal est donné.

— Allons : *une*, *deux*, *trois*, cinq pas en avant, feu...

Les deux coups n'en font qu'un.

— Touché, s'écrie Brisebois.

— Qui touché? demande Canulard.

— Moi, parbleu!

Fortuné jette à terre son pistolet et s'élance vers Brisebois tandis que les quatre témoins s'empressent autour de ce dernier.

— Où touché? disent-ils en chœur.

— Là! là! et Brisebois indique le creux de son estomac.

On tâte, on regarde l'endroit par où a dû pénétrer la balle... Rien... pas la moindre blessure.

— C'est trop fort, reprend La Consolation, ce que c'est que l'idée. Mais tu n'as rien reçu. Il faut recommencer.

Brisebois persistait à dire qu'il avait senti quelque chose le toucher là ; puis il est obligé de se rendre à l'évidence.

On décide qu'une seconde épreuve aura lieu.

Le signal est donné de nouveau. Les deux détonations retentissent. Personne n'est blessé.

Agnelet et Gustave sont d'avis que les champions se sont battus vaillamment. D'après eux, l'honneur est sauf. A quoi Canulard répond :

— Comment, messieurs ! mais il n'y a pas encore eu de sang versé. Dans les cas de cette nature, il reste à tenter l'épreuve suprême. A cinq pas de distance. C'est ici un de ces duels à mort, vous entendez !

Sur le terrain on se pique d'amour-propre, comme partout. D'ailleurs, Fortuné veut en finir. Il se saisit d'un des pistolets qui restent, en disant à Brisebois :

— Allons, monsieur, en place... je vous attends.

Brisebois n'est plus aussi gaillard, cependant la contenance de Canulard le rassure.

Les trois appels se font entendre, et presque de suite les deux pistolets tonnent à la fois.

Brisebois pousse un cri et chancelle.

— Blessé !

— Comment ! dit Canulard.

En effet, il est blessé à la main, son pistolet vient d'éclater. Brisebois est relevé par les jeunes gens. Canulard n'avait pas cru devoir apporter des appareils de pansage, mais Gustave avait été plus avisé. Aidé de ses amis, il retire de la main du malheureux plusieurs éclats de bois et de fer. L'opération terminée, les bandelettes posées, on déclare la plaie peu grave, mais assez cependant pour que le duel ne puisse se prolonger.

Canulard jette Brisebois dans les bras de Fortuné, comme c'est la mode ; la réconciliation a lieu, l'honneur est déclaré satisfait.

VII

CES MESSIEURS FONT LA NOCE !

« Inter pocula... »

Il fut décidé à l'unanimité qu'on se rendrait à Châtenay, avant de rejoindre Paris, pour sceller la réconciliation des dissidents, le verre en main.

— En route, mes amis, dit Canulard. Je ne sais si vous êtes comme moi, j'ai une soif!

— Et moi, donc, interrompt La Consolation: aussi quelle idée de s'embarquer ainsi sans bidons!

— Brisebois, toi qui connais le pays, tu vas nous conduire dans un bon endroit, hein? continue Canulard.

Brisebois se fit fort de mener la petite troupe chez un certain marchand de vin du pays, qui vendait, paraît-il, d'excellents produits et possédait, de plus, une femme charmante qui se laissait volontiers pincer la taille par les consommateurs.

Agnelet, Gustave et Fortuné sentaient aussi le besoin de se réconforter, après les émouvantes péripéties qu'ils venaient de traverser.

On atteint Châtenay, en devisant, et Brisebois ne tarde pas à montrer aux jeunes gens l'auberge de *la Bonne Franquette*, dont il a vanté l'hôtesse.

On entre bruyamment dans une salle ténébreuse et basse. Deux longues tables, garnies de bancs de chaque côté, composent tout l'ameublement du local. Les murs blanchis à la chaux sont constellés de devises grivoises, de dessins burlesques, de fantaisies obscènes. C'est l'album des voyageurs. On devine, en parcourant ces improvisations fantastiques, qu'étudiants, étudiantes et artistes ont tenu à laisser là, après boire, comme une manière de souvenirs.

— Je ne sache rien de plus bigarré que ce mur, dit Canulard, en montrant à ses amis les illustrations murales de la pièce.

— Si ce n'est, cependant, le monument d'Héloïse et d'Abailard au Père-Lachaise, ajoute La Consolation.

— Oh! le lugubre personnage. Voilà toujours de ses comparaisons, à ce vieux croque-mort

— Or ça, la petite mère, qu'allez-vous nous servir? demande Brisebois à la maîtresse de l'auberge.

— Une omelette au lard, si vous voulez, répond une petite femme rondelette, coiffée d'un madras à raies jaunes, comme les paysannes en portent aux environs de Paris.

— Va pour l'omelette, répète Gustave.

Brisebois ne paraît pas trop souffrir de sa blessure, il suit la petite mère de *la Bonne Franquette* pour donner un coup d'œil à l'omelette et préparer les apéritifs.

Pendant ce temps, les étudiants examinent les caricatures et les inscriptions de la salle. Subitement un grand bruit se fait à côté, il semble que ce soit de la vaisselle qu'on casse, puis des cris succèdent. On reconnaît la voix de Brisebois prononçant un : *mille tonnerres !* accentué.

On se précipite dans la pièce voisine.

Tout simplement, Don Juan, au lieu de surveiller la cuisine, a serré de trop près la petite mère, et celle-ci n'a trouvé rien de mieux, en résistant à son séducteur, que de l'envoyer cogner une pile d'assiettes fêlées et hors d'usage, qu'elle portera, bien entendu, sur la note, comme *dégâts volontaires !*

— Elle est charmante, mes amis, cette petite paysanne, articule Brisebois. c'est pourtant comme cela qu'on fait l'amour à la campagne. Ah ! tenez, voici une bouteille d'absinthe que j'ai prise au bon coin et un alcarazas.

Ces messieurs se servent. Un premier verre est absorbé, on redouble. Fortuné seul observe que, n'étant pas rompu à ce breuvage, il s'en tiendra là. Brisebois, Canulard et La Consolation se versent une troisième lampée.

—C'est un excès, disent-ils.

Quant à La Consolation, une quatrième absinthe ne lui fait pas peur et il vide le flacon sans sourciller.

Les médecins prétendent que tout individu ayant

ingurgité un verre d'absinthe est momentanément privé d'une portion de ses facultés, de la mémoire surtout, tandis que le système nerveux se trouve considérablement surexcité. Ce liquide provoque donc, en quelque sorte, une ivresse *sui generis* particulièrement terrible, et son usage constant amène dans le cerveau des désordres graves.

La Consolation était un de ces jeunes abrutis comme il s'en rencontre malheureusement en trop grand nombre. Depuis plusieurs années il avait satisfait son penchant immodéré pour l'absinthe et en était arrivé, par suite, à un point de décrépitude phénoménale.

Ce malheureux, déjà tout ankylosé, semblait hideux à Fortuné, et lorsqu'il le vit porter son cinquième verre à ses lèvres, en tremblotant comme un petit vieux, il lui fit horreur.

L'omelette au lard apportée, chacun se venge sur la pièce de résistance d'une demi-journée d'abstinence. L'adéphagie est générale. On s'échauffe en parlant. Brisebois a le verbe très-haut.

— Il s'en est fallu de bien peu que je ne goûtasse pas ce soir à cette délicieuse omelette, fit-il.

— Ton adversaire pourrait en dire autant, murmura Canulard.

— Possible, mais je vous communiquerai, en confidence, qu'à la deuxième reprise une balle est passée bien près de mon oreille.

— Bah !

— Certainement, je l'entends encore siffler.

Canulard se mit à rire.

— Tu doutes ? continua Brisebois, en lançant un regard oblique.

— Non, mais tu nous affirmes cela drôlement.

— Comment, prétendrais-tu que j'ai l'air d'un idiot ? Quand je te dis que j'ai entendu passer la balle à deux doigts de mon oreille.

— Mon cher Brisebois, poursuit Canulard, avec un geste de dénégation, conte-nous cet épisode à jeun, autrement je dirai...

— Quoi ? répétèrent tous les jeunes gens.

— Eh bien ! parle, répond Brisebois, dont les yeux lui sortent presque de la tête, explique-nous le sens abstrus des mots que tu viens de prononcer.

— Oui, parle, interrompt La Consolation qui revient d'un long assoupissement.

— Non, je préfère ne rien dire.

— Alors tu te rétractes ? Et Brisebois s'était levé en prononçant ces dernières paroles d'un air courroucé, mais ses absorptions réitérées l'ont alourdi et il retombe comme une masse sur son siége.

L'étudiant est indisposé. Il sort sous le prétexte de humer l'air des champs.

Les têtes se montaient ; Gustave, Agnelet, Fortuné lui-même ne sont plus maîtres d'eux.

Les folies commencent.

— Mes chers amis, dit Canulard, en montant sur la table, je vous propose, pour nous distraire, de mettre la ville de Châtenay à sac pendant une heure et de débuter par la cave et la cuisine de la *turne* où nous sommes.

— C'est cela, c'est cela, hurlent les acclamateurs,

appelons les mécontents du pays à l'insurrection.

— Courons sonner le tocsin.

— A l'hôtel de ville !

— Et des armes ?

— Nous en avons... les pistolets.

— Oui, vidons l'arsenal.

Et l'on se rue sur la boîte en fer-blanc déposée par terre à côté de Canulard.

Ils faisaient un tel tapage, que le propriétaire de la *Bonne-Franquette* survient et s'écrie, avec effarement :

— Je vous en prie, messieurs, le monde s'ameute à la porte. Du calme, je vous en supplie.

Ces mots sont accueillis par un hourra.

— Allons haranguer la foule, s'écrie-t-on ; un tambour pour convier les vilains au Forum.

Canulard saisit triomphalement un chaudron.

— Tiens, Agnelet, dit-il, bachine le rappel.

On se précipite au dehors. Comme l'annonce le maître de l'auberge, une cinquantaine de villageois et d'enfants se pressent à la porte de la *Bonne-Franquette*, se demandant quelle peut être la cause de tant de tintamarre.

Les jeunes gens sont entourés, les femmes se serrent les unes contre les autres en chuchotant, les bambins sautent de joie en répétant :

— Des saltimbanques ! des saltimbanques !

— Y vont-y nous faire des tours ? demande un gros paysan à son voisin.

— J'pensons ben que c'est ça, répond le voisin d'un air bête.

— Oh ! alors, j'vas qu'rir Janneton, qu'aime tant

r'luquer les hercules en *caneçon*... J'ai jamais compris la passion qu'Janneton a pour les hercules en *caneçon*.

— Ah! ah! ah! moi j'me méfierais à vot' place de c'te passion là, père Cornardin.

Pendant que le père Cornardin est allé quérir Jeanneton, Canulard s'est juché sur une chaise, devant la porte de l'auberge; la foule grossit, le flot monte et Agnelet tape toujours sur son chaudron comme un forcené. La Consolation s'est entortillé dans la nappe qui avait servi au repas, après l'avoir préalablement pailletée de taches de vin et de placards de moutarde. Quant à Gustave, il a déniché, dans le pétrin de l'établissement, une petite réverve de farine mise dans un sac, il s'en saisit.

Fortuné avise un cor de chasse suspendu par l'anguichure à un clou et l'embouche.

— Assez de musique, crie Canulard, je vais faire mon *speech*.

— « Nobles, bourgeois, roturiers et manants, nous
« vous convions ici, nous réservant d'obtenir subsé-
« quemment la permission de M. et madame le Maire,
« pour vous faire savoir que le célèbre *anthropolicé-*
« *phale*, c'est-à-dire homme à plusieurs têtes, de
« Carpentras, vient de faire son entrée dans les murs de
« cette ville. Cette créature extraordinaire et amphibie
« dévore tous les matins à son déjeuner trois enfants
« à la croque-au-sel; ne vous sauvez pas, sensibles
« mères de familles, l'*anthropolicéphale* ne mange pas
« les enfants de tous les pays, ce sont les enfants de
« Carpentras seulement qu'il aime, et chaque jour,

« par le chemin de fer, il nous arrive deux douzaines
« de bourriches de ce légume... Vous êtes émer-
« veillés, n'est-ce pas ? honnêtes laboureurs, hommes
« des champs intègres, populations clairvoyantes des
« campagnes ; mais vous le serez bien davantage lors-
« que vous aurez vu le monstre, qui fait visite en ce
« moment aux autorités locales... En avant, la mu-
« sique ! »

Fortuné sonne du cor avec *furia*, Agnelet tape comme un sourd sur le chaudron et Gustave lance sur la plèbe des poignées de farine.

Les paysans ne trouvent pas cette dernière plaisanterie de leur goût, ils se croient volés et la foule murmure.

— « Vous murmurez, je crois, observe Canulard,
« *Turba murmurat, mussitat...* »

Nous laisserons l'orateur poursuivre son discours abracadabrant pour informer le lecteur que le garde-champêtre et le tambour de ville se sont rendus *dare dare* chez le maire, afin de l'avertir de ce qui se passe devant l'auberge.

— M. le maire, bredouille le garde-champêtre tout essoufflé, je viens vous dire que l'on a introduit une bête *vénémeuse* sur la commune.

— Qu'est-ce que cela signifie ? répond l'autorité constituée.

— Ah ! je ne sais plus quel nom baroque qu'ils donnent à cet animal.

— Je crois me rappeler qu'il appellent ça un *entrepôt de*... de je ne sais quoi, hasarde le tambour.

— Comment, un entrepôt... sur la commune !

mais nous n'en voulons pas, nous protestons, jamais !
Voyons, vous parliez d'un monstre, d'un animal, Barnabé, et votre confrère, le tambour de ville, dit tout autre chose.

— J'vas vous expliquer en deux mots, m'sieu le mare : c'est queuques malfaiteurs, queuques *repus* des villes qui ont réuni la populace devant la *Bonne-Franquette*. Y tapent sur la vaiselle de l'établissement, y soufflent de la trompette et y font des discours à perte de vue sur une grosse bête qu'est ben sûr muchée queuque part dans Châtenay.

— Allons, je vois ce que c'est, répond l'écharpé, courez avec votre camarade, prenez des témoins et verbalisez contre ces gens, et puis, s'ils n'ont pas de papiers, amenez-les-moi.

En conséquence, le garde-champêtre prit en passant ses insignes et retourna, suivi du tambour, du côté de nos écervelés.

A la vue des agents d'exécution, la foule s'ouvre aux cris de : « Voilà la garde, voilà la garde ! »

— Par ordre du mare, j'ordonne à la populace de rentrer incontinente dans ses *foillliers*. Les ceux et les celles qui n'obtempéreront pas, ils y seront contraints susséquemment.

En entendant la phrase sacramentelle, la foule se disperse comme par enchantement.

Et dire qu'il se trouve dans les villes des originaux sur qui de semblables arguments produisent un effet diamétralement opposé.

Ce sont de mauvais citoyens, ceux-là.

A la bonne heure, les patriotes de Châtenay !

Restaient les auteurs du hourvari incriminé.

Barnabé s'avance, avec majesté, au-devant de Canulard toujours grimpé sur sa chaise.

— Moi, Barnabé, garde-champêtre, et mon subalterne, le tambour de ville, vous sommons de nous exhiber vos papiers et *ceusses* des personnes qui vous accompagnent.

— Honorables fonctionnaires, repond Canulard à cette interpellation, voulez-vous vous donner la peine d'entrer dans l'auberge, nous serons mieux qu'ici pour causer, sans ambages.

Barnabé entre le premier et se campe fièrement, la main appuyée sur la poignée de son sabre-briquet.

— J'attends, fit-il.

— Mon vieux brave, voulez-vous trinquer avec nous? interrompt Gustave, en riant et en frappant sur la bedaine de Barnabé, qui n'a pas l'air de goûter cet alibiforain !

Le garde-champêtre est atterré. Un pareil manque de respect l'a confondu. Lui, Barnabé, revêtu de ses insignes, s'entendre appeler *mon vieux!* et recevoir une claque sur l'abdomen !

— Cré nom ! grince-t-il dans ses dents, vous allez me suivre chez monsieur le mare, tous les cinq, et je rédige procès-verbal.

Barnabé avait emporté sur lui tout ce qu'il fallait pour établir son procès-verbal. Il se mit en devoir de le rédiger.

Canulard et ses amis sont trop surexcités pour calculer la portée de ce qu'ils font en cet instant.

Il eussent réfléchi, autrement, qu'on ne doit jamais se gaudir aux dépens d'une autorité revêtue d'un mandat quelconque. Surtout d'un pauvre diable de garde-champêtre, que sa seule simplicité rend si recommandable.

— Vous voulez nos noms, n'est-ce pas? interpelle Canulard.

— Sans doute, répond le garde.

Ces messieurs donnent des noms si étranges que Barnabé sue sang et eau pour les écrire.

Qu'était devenu Brisebois durant ces scènes tumultueuses ? Eh ! pardieu, le lecteur se l'imagine :

En respirant l'air pur d'une espèce de jardinet situé derrière l'auberge, il a rencontré la maîtresse du logis occupée à cueillir du cresson alénois.

— O tableau plein de charme et de poésie, s'était esclamé Brisebois en l'apercevant, je ne crains pas de casser les assiettes, ici ; soyons chaleureux, et ma foi ! à la campagne...

Le jeune homme s'approche en tapinois, prend en se baissant la campagnarde par la taille et imprime un brûlant baiser sur le cou de la faible femme.

— Laissez-moi, que je vous dis, ou ben j'appelle mon mari.

— O femme adorable, reprend Brisebois, tu me repousses ! mais, tu ne sais donc pas que depuis un an que je te connais, ton image n'a pas quitté mes yeux, je pense à toi le jour, la nuit, j'y rêve ! Laisse-moi serrer cette taille de guêpe ; laisse-moi presser ces lèvres purpurines sur les miennes ; laisse moi....

Et la villageoise ne se défendait plus, elle laissait faire.

— Pas dans le jardin! murmura-t-elle, entre deux embrassements de Brisebois.

Cette nature de femme épaisse et sans poésie était vaincue.

Brisebois entraîna la virago, vous ne devineriez jamais où? Dans le poulailler!

La porte se referma sur le couple amoureux, et les innocents volatiles furent seuls témoins du reste... seulement, au bout de quelques instants, le coq chanta.

Un souvenir biblique me rappelle que ce chant est précurseur de trahison. Oh! perfide hôtesse de la *Bonne Franquette*, quel coup de dague dans le cœur de ton mari, s'il avait ouï le significatif appel du gallinacé.

Le fait est que le coq avait chanté trois fois, et que Brisebois, dénichait encore des œufs. Enfin, les cris de ses amis le ramènent au sentiment de la réalité; des pas précipités se font entendre dans le jardin.

Brisebois, soupçonnant quelque anicroche, comprend qu'il est urgent de se tirer de ce pas là et sort de l'antre de Cythère. Mais dans quel état! Du fumier des pieds à la tête...... Les poules, au mépris de toutes les convenances, ont pondu autre chose que des œufs, en voltigeant au-dessus du trop tendre duo.

Il n'y a pas un instant à perdre.

Canulard et ses amis se trouvent aux prises avec le garde-champêtre. Le tambour de ville crie *à l'aide!* pour s'assurer des personnes des jeunes brigands.

4.

— Ma foi, sauve qui peut! dit Brisebois en voyant la tournure que prenaient les choses.

Fortuné, La Consolation, Canulard, Agnelet et Gustave le suivent. On enjambe la haie qui limite le jardin, enfin on se jette à gauche sur un chemin qui conduit à la grande route.

On court pendant un bon quart d'heure, puis on s'arrête pour reprendre haleine et s'orienter.

On eût dit un équipage dévoyé consultant la boussole.

Brisebois a flairé Sceaux sur la droite, la petite troupe se met en marche.

Le parti le plus sage est évidemment de se rendre de suite à la gare pour prendre le premier convoi de chemin de fer à destination de Paris.

C'est aussi ce que firent nos jeunes étourneaux, et le hasard les protégea, car il arrivèrent juste assez à temps pour profiter d'un train.

— C'est égal, fit Canulard à ses amis, au moment où la locomotive sonna le boute-selle, les *chats tenaient* tout à l'heure nos personnes, et......

— Assez, assez, crient les jeunes gens, tu es à l'amende d'une bouteille de champagne, pour cette infamie.

Maintenant qu'on était hors d'atteinte, on rit beaucoup de l'aventure, et le voyage de retour s'accomplit sans incidents dignes de remarque.

VIII

L'OUVRIÈRE

« La faim regarde à la porte de l'homme laborieux,
« mais elle n'ose pas y entrer. »
FRANKLIN.

Aline, ne comprenant rien à l'absence prolongée de Fortuné, se rend au café Mazarin, pensant qu'il s'y trouvait peut-être. Elle rencontre seulement Olympe. Cette dernière était aussi sans nouvelles de Gustave. Rapprochant, de cette double disparition, celle de Brisebois et d'Agnelet, un cruel pressentiment s'empare d'Aline. Elle ne douta plus que les jeunes gens n'eussent donné suite à leur résolution de se battre.

— Hélas ! pensait-elle, Fortuné m'a trompée... Ce n'était pas pour demain... Aujourd'hui même, il s'est livré aux coups de l'atroce Brisebois... En cet instant mon pauvre Fortuné est blessé, mort peut-être... Oh ! cette perspective est affreuse !...

Toute la journée, Aline erre, comme une âme en peine, promenant son anxiété de l'hôtel du Périgord au café Mazarin, du café Mazarin à l'hôtel du Périgord. Elle inspecte un à un les établissements du quartier et réclame Fortuné à tous les échos. Enfin, de guerre lasse, et prenant son courage à deux mains, elle se décide à monter dans la chambre du jeune homme et à l'attendre.

La pauvre fille pleura beaucoup, elle ne songea guère à dîner ; il faisait nuit depuis longtemps qu'elle était encore assise, sur un canapé de cette chambre, plongée dans une sorte de stupeur.

Tout à coup, on fait du bruit à la porte ; comme mue par un ressort, Aline se lève, se précipite en avant et tombe dans les bras de Fortuné, en versant un torrent de larmes.

— Qu'as-tu donc ? demande-t-il avec vivacité.

— Rien, laisse-moi pleurer, ça me soulage. Tu n'es pas blessé, n'est-ce pas, oh ! parle, parle vite ?

— Rassure-toi, il ne m'est rien arrivé.

— Au moins est-ce bien fini, dis, tu ne t'absenteras plus ? promets-le-moi !

— Je te le promets.

— Sais-tu que tu m'as fait une fière peur ; partir ainsi, sans rien dire, un grand jour... méchant, va... c'est que je ne puis plus vivre sans toi, Fortuné, à présent.

Cette soirée fut pour Aline la plus belle de sa vie.

Les deux amants firent des châteaux en Espagne. Aline parla de se remettre au travail, de quitter la *rive gauche* ; Fortuné, de son côté, ne voyait pas trop quelle utilité il y avait pour lui d'habiter en face de l'Ecole de médecine. Au surplus ses débuts orageux dans ce coin de Paris ne contribuaient pas peu à lui faire prendre en grippe le quartier latin.

Fortuné est dans l'âge des promptes décisions, ses réflexions sont vite faites.

Il demande sa note au maître-d'hôtel, prépare ses malles et se dispose à partir le lendemain. Aline, de son côté, a payé, avec l'argent de Fortuné, la chambre qu'elle occupe dans une maison voisine, son bagage est bien mince, ça ne vaut pas la peine d'en parler.

Néanmoins elle va chercher un jupon, deux faux-chignons, une boîte de poudre de riz, une autre de rouge et deux serins dans une cage : le mâle et la femelle !

— C'est tout ? dit Fortuné, dès qu'Aline eut déposé dans sa chambre ce qu'elle appelait *ses meubles*.

— Avec la toilette que j'ai sur moi, oui, c'est tout !

Fortuné n'en revint pas. Il ne comprenait pas qu'on pût vivre dans de telles conditions, portant pour ainsi dire ses seules richesses sur soi.

La misère venait de lui apparaître dans toutes ses horreurs !

Il fut résolu que le lendemain Fortuné irait enfin visiter les personnes que son père l'avait engagé à voir dès son arrivée dans la capitale. Pendant ce temps Aline se mettrait en quête d'une chambre-garnie pour Fortuné. Il lui fallait encore trouver de l'ouvrage.

Laissons Fortuné à ses affaires pour suivre Aline.

Depuis plus de deux ans, elle n'a pas traversé les

ponts. Ceci peut sembler étrange à quelques-uns excepté aux gens qui connaissent les femmes du quartier latin et leurs habitudes.

Ces derniers ont sans doute rencontré, comme moi, de ces pauvres filles qui ne sortaient jamais de la rue, qu'elles avaient prise en affection; bien plus, qui allaient régulièrement chaque jour, depuis le matin jusqu'au soir, dans le même *caboulot*, où le temps est employé invariablement à jouer au piquet, à boire de l'absinthe et à *faire les cartes*.

Aline traverse donc le Pont-Neuf, pour la première fois depuis qu'elle s'est fixée au quartier latin, et remonte la rue Saint-Denis, s'arrêtant chaque fois qu'elle aperçoit sur les murs de ces petits carrés de papier sur lesquels on lit :

« *On demande des ouvrières...*

Tout en observant les petites affiches, Aline examine les écritaux jaunes portant la mention : *Chambre meublée à louer, présentement.*

Elle entre dans vingt loges de concierges et visite au moins une dizaine de chambres, avant de rencontrer quelque chose d'à peu près convenable. Enfin, au coin de la rue du Petit-Lion-Saint-Sauveur, elle arrête, pour 35 francs par mois, une chambre modeste, mais proprement meublée, et donnant sur la rue, au quatrième étage.

— On prendra possession ce soir même de cette chambre, fit Aline, en remettant un *denier à Dieu* au portier.

La main velue du préposé du cordon frissonna au contact des libéralités d'Aline.

— C'est entendu, madame, répondit-il, ma femme va épousseter les meubles et donner un coup de balai ; ce soir la chambre sera prête.

Restait pour Aline la grosse question de trouver un atelier. Les petites affiches portaient : on demande des ouvrières fleuristes, telle rue, tel numéro ; mais partout où la jeune femme se présentait, on lui répondait, en lui fermant la porte au nez :

— Des ouvrières, nous en regorgeons, nous sommes au complet.

Voilà ! messieurs les patrons et mesdames les patronnes apposent bien des avis pour réclamer des ouvrières, mais ensuite ils omettent de retirer leurs affiches, en sorte que le pauvre monde, se mettant en campagne sur ces indices trompeurs, est bafoué et conspué de la belle manière. Il faudrait aviser.

Aline ne perd pas courage; elle se rappelle que les patrons fleuristes déposent leurs cartes chez deux marchands d'apprêts pour fleurs (maison Denis, ou *Au petit canon*) chaque fois qu'ils ont besoin d'ouvrières. Voilà des bureaux de placement où l'on est pourvu gratis. Une mesure recommandable, celle-là.

Aline a recueilli quelques adresses et, sur ces indications, la première fleuriste chez qui elle se présente lui promet de la prendre à l'essai. Il est entendu qu'elle commencera le lendemain.

Le soir Fortuné se transporte dans la petite chambre de la rue St-Denis... et Aline lui demande l'hospitalité !

Cela se fit tout naturellement.

On ne se remet pas au travail aussi facilement qu'on

pourrait le supposer. Rien n'est plus funeste, pour les jeunes gens, que d'abandonner leur état. Les doigts se rouillent, on oublie enfin.

Voyez le jeune soldat, à son retour du régiment, il vous dira combien sont rudes ses premières journées.

Justement Aline se trouvait dans ce cas, elle sortait d'un régiment où l'on ne se couvre pas de gloire : du *refugium* hideux que la corruption crée à la femme! Depuis quatre ans, elle n'avait pas touché une fleur. Aussi vit-elle arriver, avec une certaine appréhension, l'heure de rentrer dans son ancienne condition d'ouvrière. Ce matin-là, elle n'ajuste pas le faux-chignon sur sa tête, la boite à poudre de riz n'est plus ouverte, le jupon empesé reste suspendu à son clou. Ayant, pour toute coiffure, ses cheveux à elle, un foulard jeté sur le cou et un tablier, Aline s'approche de Fortuné qui dormait encore et l'embrasse sur le front.

— Qu'est-ce que c'est? fit le jeune homme réveillé en sursaut.

— C'est moi qui te dis adieu.

— Comment, déjà levée!

— Eh oui, mon ami, je suis même en retard, l'atelier ouvre à sept heures.

— Vraiment! mais sais-tu que tu es très-gentille comme cela.

— Tu trouves?

— Certes.., on te prendrait pour une petite pensionnaire... à la bonne heure, voilà une coiffure comme je les aime.... Ah çà! dis-moi, et tu rentreras ce soir...?

— A huit heures.

— Et tu auras gagné?

— Trente sous, peut-être, mais je perds mon temps à causer... Adieu et à tantôt.

En sortant, Aline fit quelques menus achats pour compléter son équipement. D'abord un panier, destiné à contenir le frugal déjeuner de l'ouvrière, ensuite une paire de ciseaux et des pinces, les deux seuls instruments que la fleuriste soit tenue de se procurer à ses frais.

Ainsi munie, elle se présente à l'atelier.

IX

L'ATELIER DES FLEURISTES

> « Les fleurs ne brillent qu'un matin,
> « Les vôtres seront immortelles. »
> *Poésies fugitives.* — SAINT-LAMBERT.

Les ateliers de fleuristes ont une physionomie qui leur est propre. Il suffira de décrire celui où nous suivons Aline pour se faire une idée de ces sortes d'établissements.

L'appartement dans lequel nous pénétrons se compose de plusieurs chambres : le logement particulier de la patronne et le magasin où sont entassées pêle-mêle les boîtes à fleurs, avec un comptoir, un bureau et quelques chaises composant tout l'ameublement de cette pièce réservée au public, enfin l'atelier.

Imaginez une énorme pièce, dont le centre est occupé par une table, formant un vaste rectangle, l'établi. Les ouvrières serrées les unes contre les autres sont assises à l'entour. Chacune a devant elle une feuille de papier, en manière de tapis, sur laquelle sont étalées, avec un soin méthodique, et divisées, par petits tas distincts, toutes les matières dont se composeront les fleurs qu'elles confectionnent.

Il faut connaître cette branche d'industrie pour savoir l'infinité des produits qu'elle emploie.

Aussi ne tenterai-je pas de les énumérer ici.

Disons seulement que la patronne fleuriste se procure en gros les matières premières, c'est-à-dire la mousseline, les couleurs, l'empois, les *ceps*, les queues, la cannetille, les bobines de soie, etc., et les apprêts pour fleurs, savoir : les boutons, les feuilles, dont il y a une multitude d'espèces, la mousse etc...

Voyons maintenant quelles sont les attributions des personnes employées dans l'atelier.

Tout n'est pas roses dans le métier, il est surtout certains travaux que les hommes seuls sont appelés à effectuer, j'ai désigné : l'*apprêt*, le *découpage* et le *trempage*.

L'*apprêt* consiste dans l'empesage de la mousseline.

Le *découpeur*, comme son nom l'indique, découpe, au moyen d'emporte-pièces de tous les calibres possibles, les pétales des fleurs. Sur une masse de plomb est étalée la mousseline à taillader et le travailleur frappe à coups de maillet sur les emporte-pièces.

Les pétales ainsi obtenus sont livrés au *trempeur*. Celui-ci a préparé ses nuances, et, la teinture une fois exécutée, il s'agit de procéder au *séchage*.

Ce dernier résultat s'obtient en disposant les pétales humides sur des claies.

Une fois secs, les pétales devront encore subir un autre degré de main-d'œuvre, avant d'être livrés à l'ouvrière. Je parle du gaufrage.

Souvent les apprenties se livrent à ce travail, qui n'exige aucune habileté. Les pétales sont enfermés dans des moules *ad hoc* et, au moyen de la presse ordinaire, on leur imprime la forme voulue.

Ici le rôle de la fleuriste commence, nous abordons *l'art*.

Les unes composent les fleurs, d'autres, les *monteuses*, exécutent les tiges, les branches, disposent les feuilles et, trompant la nature, font éclore ici une corolle, plus bas un bouton.

Chaque tiroir de l'établi marque la place d'une ouvrière, c'est là qu'elle serre l'ouvrage abandonné le soir pour être continué le lendemain.

Voyons-la à l'œuvre.

Entre le pouce et l'index de la main gauche, elle saisit un *cep* préalablement *cotonné* ; de la droite, avec ses pinces, elle prend dans le tas un certain nombre de boutons, munis de queues imperceptibles. Il s'agit de les fixer au bout du *cep*.

La bobine est à droite, enfilée dans une tige de fer plantée verticalement sur un disque de plomb. Ah ! l'instrument n'a pas d'autre appellation, c'est le *plomb*.

On n'a qu'à tirer sur la soie légèrement, elle se déroule et la bobine tourne avec un bruit rauque. Un mouvement de doigt a suffi, crrrrr.... les boutons ou pistils sont attachés.

Le tour des pétales est venu, de rechef les pinces en empoignent un ; vite, au pot de pâte.... le voilà collé et à sa place auprès des boutons, un second succède et ainsi de suite, jusqu'a ce qu'il y en ait le nombre exigé.

Dessous cet assemblage, on ajustera le *culot* ou *calice*.

Enfin de petites bandes de papier vert, ou couleur bois, serviront à couvrir exactement la partie inférieure de la tige. En un instant cette dernière manipulation a lieu.

Avez-vous vu les Espagnoles tournoyer des cigarettes? si oui, si non ; eh bien! je ne puis mieux comparer la dextérité avec laquelle les fleuristes procèdent à l'opération du *passage au papier* qu'à la façon dont les Andalouses roulent leurs cigarettes.

La fleur est terminée.

Or, l'ouvrière habile, en travaillant douze heures, parviendra peut-être à faire une *grosse* de ces fleurs, et elle aura gagné QUARANTE SOUS!

Telle est, de nos jours, la rémunération des labeurs de la femme.

Et dire que, huit paires de bottes passant sous les brosses du commissionnaire du coin, le décrotteur aura juste gagné cette somme-là.

La conclusion à tirer de cette comparaison vulgaire, c'est que le travail du décrotteur est payé ce qu'il vaut, tandis que celui de la femme ne l'est pas.

Avant de clore cette longue digression, que je supplie le lecteur de me pardonner, je voudrais dire un mot sur l'apprentie, un seul. Il s'agit d'étymologie;

vous voyez que j'ai raison d'implorer votre indulgence, car je suis plus à plaindre qu'à blâmer.

Dans les ateliers, on nomme l'apprentie l'*Arpette*. Pourquoi ? Parbleu ! me répondra-t-on peut-être, c'est un mauvais anagramme, les mêmes lettres disposées autrement. Eh bien non, le mot *Arpette* est évidemment tiré du latin (*ars* signifie art, et *petere* arriver à) et puis d'ailleurs n'appelle-t-on pas encore l'apprentie l'*attrape-science* ? *Arpette* est le terme scientifique, *attrape-science* en est la traduction. . . . . . .
. . . .

A peine entrée dans l'atelier, Aline fut le point de mire vers lequel convergèrent tous les regards. Chaque ouvrière a quitté des yeux son ouvrage ; ces demoiselles chuchotent entre elles et ricanent.

Aline devint rouge comme un coquelicot. Il y a huit jours un régiment ne lui eût pas fait baisser les yeux, aujourd'hui elle tremble en face d'un essaim de petites filles malicieuses ; c'est qu'Aline vient, en quelque sorte, d'enchaîner sa liberté, elle ne s'appartient plus qu'à moitié, elle s'est placée sous la dépendance d'un maître, elle a peur !

Il fallut caser l'arrivante.

A celle-ci, la plus mauvais place à l'établi. Cela se conçoit, jusqu'à un certain point ; au premier mouvement, elle montera en grade.

Il y eut un certain remue-ménage dont ces demoiselles furent très-satisfaites.

Enfin tout se calme, Aline est installée.

Madame Graindorge, la patronne, était la fille de ses œuvres. On racontait comment, de simple ouvrière, elle parvint à posséder une des maisons de fleurs les plus importantes de la place. Il faut dire aussi que madame Graindorge débuta dans le bon moment : il y avait trente ans de cela. On voyait alors l'ouvrière succéder fréquemment au patron ; la fondation d'un établissement n'exigeait pas un capital considérable, et, avec de l'intelligence, de l'activité et de l'honorabilité, on se faisait rapidement une clientèle.

Aujourd'hui, pour se lancer dans l'industrie, il faut de l'argent, beaucoup d'argent ; à nos aspirations de luxe, à nos tendances de recherche, à nos yeux blasés, il faut des boutiques étincelantes de dorures, ruisselantes de lumière. Les Romains avaient les lois somptuaires, nous avons le stupide clinquant des villes et les prodigalités vaines des particuliers, suant l'insulte à la misère par tous les pores.

Mais comme le commerçant entend regagner d'un côté ce qu'il perd de l'autre, la marchandise se vend le double de ce qu'elle vaut. Tel est le résultat du *progrès* !

Or, madame Graindorge connut cette heureuse phase où le commerce florissait modestement dans ses sombres et étroites boutiques ; elle avait horreur des inventions nouvelles et se fâchait, tout rouge, si, par hasard, ses ouvrières vantaient le luxe relatif de certains ateliers.

Bonne femme, au demeurant, madame Graindorge, simple dans ses goûts comme dans sa mise, approchait de la cinquantaine et, veuve depuis longtemps déjà, elle n'avait pas voulu s'engager dans de nouveaux liens.

Le tracas des affaires lui suffisait.

— Tenez, mademoiselle, fit-elle, en s'adressant à Aline, voilà un modèle, des pétales et le reste... essayez.

Aline ne sait plus comment s'y prendre, et ses nouvelles compagnes la regardent du coin de l'œil. Elle fait contre mauvaise fortune bon cœur et se met à l'œuvre « en ahanant, » ses doigts ne marchent pas, ses petites mains crispées se mouillent de sueur, il s'en fallut de bien peu que la pauvre fille ne fondît en larmes.

Incontestablement, il plane, dans l'air des ateliers, certain mauvais esprit. On y est ordinairement moqueur, égoïste, jaloux ; c'est souvent aussi une école de mœurs relâchées, la jeune fille s'y corrompt facilement ou achève de s'y perdre ; il suffit d'une brebis galeuse pour gâter le troupeau. Mais hâtons-nous d'ajouter qu'il y a partout de braves cœurs.

Aline trouva ce brave cœur à côté d'elle : sa voisine de gauche, une petite créature blondoyante de dix-huit ans, accorte, frisée et rose, à la mine éveillée, aux yeux vifs, à la bouche souriante, eut pitié de son embarras et lui indiqua la manière de procéder.

— Ah ! v'là Henriette qui fait sa jordonne à présent, c'est toujours comme ça qu'elle est avec les nouvelles.

Aline s'est dit, en examinant celle qui vient de prononcer ces paroles :

— Elle ne me plaît pas, cette femme-là, elle a l'air faux d'abord, et puis sa voix nasillarde est peu sympathique.

En effet, madame Biscotte, sorte de première ouvrière, de *factotum* femelle, de dame de confiance de madame Graindorge, espèce de surintendante d'atelier, avait, à ces différents titres, la haute main sur ces demoiselles et ne mâchait pas ce qu'elle voulait dire. Elle exerçait une active surveillance autour des ouvrières et se montrait fort sévère à l'endroit des *flâneuses* et des *gâcheuses*. Malheureusement, elle, madame Biscotte, avait son côté faible, et ce côté menaçait de devenir de plus en plus faible à force d'assauts. Madame Biscotte ne sut jamais résister aux billets de spectacle et à la *goutte* après son café.

Les observations de madame Biscotte n'empêchèrent pas l'obligeante voisine d'Aline de lui donner encore quelques conseils.

— Je vous remercie, mademoiselle, dit Aline, en regardant avec affectation l'affreuse Biscotte; à présent je m'y remets, ça va tout seul.

Aline se rassurait. On finit même par ne plus faire attention à ses mouvements, et les conversations reprirent leur petit courant habituel.

Saisissons au vol quelques bribes de ce babillage d'atelier :

— Dites donc, madame Biscotte, fit Henriette, avez-vous été à l'Ambigu voir la dernière pièce?

— Non, mademoiselle, je ne suis pas assez riche pour me payer de ces plaisirs-là. C'est bon pour celles qui ont des amoureux.

— Moi, je n'ai pas d'amoureux, répond la jeune fille, que cette allusion transparente plonge dans un visible embarras.

— Avec ça, nasille madame Biscotte en ricanant, on ne vous voit peut-être pas, quand vous quittez le soir l'atelier; un blond attend mam'zelle au coin... là, près du marchand de vin.

— Ah! bah! un blond! s'écrient toutes les voix. Oh! contez-nous cela, madame Biscotte... Elle ne le disait pas, Henriette.

— Mais je vous assure que non, répond celle-ci, je ne connais pas de jeunes gens blonds.

— Ta, ta, ta! eh bien, je vais tout raconter.

— Racontez, madame Biscotte, racontez.

— Eh bien, mademoiselle, que voilà, était attendue tout à l'heure par son freluquet... Oh! il est peut-être bien encore sous les fenêtres.

— Bah! allons voir.

Et toutes les petites curieuses de se précipiter à l'envi du côté de la fenêtre, en répétant :

— Montrez-nous-le, madame Biscotte, montrez-nous-le.

— Tenez, voyez-vous le soupirant?... Il regarde par ici; à présent, direz-vous que je mens, mademoiselle?

Henriette ne savait plus où se fourrer.

— Oh! qu'il est gentil! fit l'une des fleuristes.

— Oui, c'est un jeune homme bien, reprend une autre, il a un pince-nez.

— Et une chaîne, *mazette!* c'est un commis.

— Ou un clerc d'huissier.

— Encore un coiffeur.

— Peut-être un garçon de café.

— En effet, il a des *crocno verno*, ajoute une des

espiègles qui avait remarqué les souliers vernis du jeune homme.

Aline machinalement regarde à la fenêtre, on lui montre l'individu en question, et, croyant le reconnaître :

— Non, se dit-elle, ce ne peut être... Cependant... mais oui... Agnelet... Ah ça! comment connait-il cette petite fleuriste? Ah! je le saurai.

Agnelet, c'est lui en effet, s'aperçoit qu'il est l'objet de l'attention des ouvrières et pense d'abord voir Aline parmi elles, puis il réfléchit.

— Une ressemblance, sans doute, comme on en voit tant, une ressemblance extraordinaire, cependant. Tiens, tiens, mais ceci pique ma curiosité. Il faut décidément que j'attende ces demoiselles à la sortie, car, si Aline se trouve effectivement là, elle me facilitera les moyens d'aborder cette petite blonde qui me repousse.

Le lecteur le prévoit, Henriette est la jeune fille avec laquelle Agnelet a eu maille à partir, au Luxembourg, dans une entrevue dont Brisebois, au commencement de ce récit, s'est plu à publier les pathétiques péripéties à la pension des étudiants.

Les ouvrières regagnent l'établi et madame Graindorge demande ce qui peut mettre ainsi son monde en émoi.

— Vous ne devez pas vous occuper, ici, mesdemoiselles, observe-t-elle ensuite, de ce qui se passe dehors. Vous avez le temps, une fois sorties, de penser à vos amoureux, et, si cela devait continuer, je me verrais forcée d'empêcher ces messieurs de venir ici à l'avenir. C'est une honte, *d'afficher* ainsi une fenêtre. Si ce monsieur a quelque chose à dire à Henriette, pourquoi n'est-il pas monté.

— Il n'a rien à me dire, madame, répond Henriette en rougissant, je ne le connais pas et je ne veux pas lui parler.

— Allons, je n'entends pas vous confesser, seulement je vous engage à dire à vos amoureux de ne plus faire le quart sous mes fenêtres, sinon vous pourrez emporter vos pinces et vos ciseaux.

Aline a tressailli en entendant les sinistres paroles de madame Graindorge, elle tremblait pour son aimable voisine. D'un autre côté, connaissant le caractère d'Agnelet, elle savait bien que le jeune homme ne s'imaginait pas compromettre à ce point l'objet de ses poursuites, autrement il n'eût pas agi ainsi.

Prenant une résolution subite :

— A quoi puis-je m'exposer, se dit-elle, en avertissant Agnelet? à rien; il dira peut-être qu'il m'a rencontrée dans un atelier, il n'y a pas de mal à cela... et Henriette ne sera pas mise à la porte.

A midi sonnant, les fleuristes prennent leur repas, les travaux cessent, c'est une manière de récréation qui coupe agréablement la journée.

— Voulez-vous que je vous monte quelque chose pour votre déjeuner, madame Biscotte, dit une des jeunes filles, en regardant le *coucou* ornant l'atelier, lorsqu'il fut près de tinter midi.

— Oui, apportez-moi pour deux sous de pommes de terre frites et une andouille... j'ai mon pain.

— Bon! et je partagerai avec vous, il me reste des haricots en vinaigrette.

— Moi je vais me régaler d'un petit suisse, fait une autre.

— Tu m'en donneras?

— Si tu me passes des haricots...

— Et le petit noir... qu'est-ce qui paie le petit noir? interrompt une voix.

— J'offre le café, répond Henriette.

En un clin-d'œil l'atelier est désert, tout le monde est descendu. On se répand de ci, de là, dans la rue St-Denis. Chacun est allé aux emplettes. Le jouvenceau ne stationne plus devant l'atelier, mais il fait le guet chez un marchand de vin. Aline l'aperçoit.

X

UN COMPLOT DE FLEURISTES

......« Cet âge est sans pitié. »
Les deux Pigeons. — La Fontaine.

— Tiens ! Agnelet ? fit-elle en entrant.
— Par quel hasard, Aline ?
— Oui, mon cher, je travaille à présent.
— C'est pour le mieux... et Fortuné ?
— Fortuné ! nous sommes ensemble...
— Vous vous aimez donc ?
— Oui.
— Et ça durera ?
— Je l'espère... mais, dites-moi, Agnelet, vous avez bien tort de poursuivre Henriette jusqu'ici.
— Henriette... elle s'appelle Henriette !
— Vous l'ignoriez ?... je poursuis : vous avez tort dis-je, de rester en observation devant l'atelier, on vous a vu et madame Graindorge, notre patronne, est

décidée à remercier Henriette, si vous faites encore remarquer sa maison. Je puis vous affirmer que vous eussiez mieux fait de monter tout droit et de demander à parler à cette jeune fille.

— Mais je n'aurais pas osé....

— Profonde erreur de votre part, car vous eussiez eu l'air moins ridicule. Si vous saviez comme un homme est peu intéressant, quand il a le nez en l'air, comme vous tout à l'heure !

— Eh bien, je ne le ferai plus, Aline, à la condition cependant que vous parlerez de moi à Henriette.

— Agnelet, vous êtes un bon garçon, et je veux bien servir vos projets. Henriette me plaît, je sens que je me lierai avec elle. Je l'engagerai un soir à venir dîner chez moi, vous serez de la partie alors, et vous pourrez causer.

— Ah ! merci, Aline, merci.

Les deux jeunes gens se quittèrent, et l'on n'entendit plus parler à l'atelier du petit blond. Henriette n'y pensa pas elle-même, les premiers jours, car, depuis l'algarade, elle ne l'avait plus rencontré sur sa route, en retournant le soir chez sa tante, où elle demeurait, près du Luxembourg.

Aline se remit peu à peu à la confection des fleurs, et madame Graindorge paraissait très-satisfaite de sa nouvelle ouvrière ; le samedi, en réglant le compte d'Aline, elle lui dit :

—Mademoiselle, voici votre semaine, huit francs cinquante centimes, je pense que vous aurez davantage samedi prochain et que vous deviendrez habile.

Aline éprouva un mouvement de joie indicible en recevant cette modique somme.

—C'est moi, se disait-elle, qui ai gagné cela ; comme Fortuné sera content !.. quel triomphe ! quand je lui dirai : ceci est le produit de la semaine de ta petite Aline... oui, je veux lui faire un cadeau, à Fortuné..., Que lui achèterai-je bien ?.. cependant, j'y songe, il m'a recommandé de placer cet argent à la caisse d'épargne et j'aurais tant de plaisir à lui offrir un souvenir ! Il me semble qu'un colifichet de trente sous obtenu avec cet argent-là aura pour lui plus de valeur que n'importe quel objet de prix...

Selon les prévisions d'Aline, le caractère d'Henriette lui convenait parfaitement. Au bout d'un mois les deux ouvrières firent une vraie paire d'amies. Aline ne soufflait pas un mot d'Agnelet à sa compagne. Cette dernière, par contre, en lui racontant sa vie, glissa le souvenir du petit blond.

O bizarrerie humaine ! depuis que ce jeune homme ne poursuivait plus Henriette, depuis qu'elle ne le rencontrait plus là où chaque jour, à la même heure, il se trouvait pour la voir passer, eh bien, il lui manquait quelque chose, elle pensait à l'absent.

— Peut-être une autre femme occupe son cœur, se disait-elle, c'était un homme comme il faut j'en suis sûre ; un brave garçon, sans doute ; ses intentions étaient les meilleures du monde.

Aline connut bientôt le fond de la pensée d'Henriette et crut le moment propice pour ménager l'entrevue.

L'histoire d'Henriette était simple et naïve. Orpheline de bonne heure, elle vivait avec une tante, rue St-Benoît. Chaque semaine elle donnait à sa vieille parente dix francs pour sa nourriture, le reste servait à payer l'entretien et le blanchissage de la fleuriste. Avec des tours de force d'ordre et d'économie, les deux femmes arrivaient à peine, et cependant Henriette était mise presque coquettement.

Beaucoup de jeunes ouvrières sont dans ce cas. Il y avait dans l'existence d'Henriette une déception amère, un regret, une larme. Elle aima un gredin de *placier*, à seize ans. Le misérable avait essayé de voler l'innocence de la chaste enfant! Aline se rappela cette histoire-là. Mais Henriette était demeurée vertueuse. Depuis la catastrophe, aucun homme ne l'avait approchée. Du reste, je les déteste, disait-elle. On la citait dans son quartier comme un modèle de sagesse.

Un bon mois s'est écoulé depuis l'entrée d'Aline chez madame Graindorge. La morte-saison une fois traversée, on fit les échantillons. D'importantes commandes nécessitèrent des heures supplémentaires de travail, on dut passer des nuits. Sur les entrefaites, madame Graindorge annonce qu'elle va s'absenter pendant trois ou quatre jours.

Une affaire l'appelait en province, l'endroit importe peu.

Madame Biscotte prit, dès lors, en mains, les rênes gouvernementales de la maison en promettant à la patronne de surveiller avec soin les ouvrières et les travaux.

Le premier jour, tout se passa régulièrement. Néanmoins les esprits travaillaient. Laisser échapper une aussi belle occasion, qui ne s'était jamais présentée, c'était fort regrettable...

— Que ferions nous bien pour nous amuser? pensaient les fleuristes.

Puis on rêvait... bientôt on complota.

On était en plein carnaval. S'absenter et aller au bal? non, on pourrait être vues, et madame Graindorge ne l'eût jamais pardonné... Mais que faire? la Biscotte n'autoriserait jamais les folies à l'intérieur.

— Coûte que coûte, éloignons la vieille Biscotte, se dirent les jeunes filles, et puis, lorsqu'elle sera loin, donnons un bal, faisons bombance. Nous mangerons de la cochonnaille et des marrons; on boira du cidre... Mais pour danser, il faut des danseurs... Oh! qu'à cela ne tienne, nous connaissons des jeunes gens; il y a l'Hippolyte d'une telle, l'Ernest de celle-ci, etc.

— Moi, j'amènerai un jeune homme que je connais, dit Aline.

— Comment s'appelle-t-il?
— Fortuné.
— Je ne fréquente pas de messieurs, ajoute Henriette; mon invitation sera vite faite.

— Alors, réfléchit Aline, je préviendrai Agnelet; il sera enchanté et Henriette bien étonnée.

Restait à résoudre le difficile problème de l'éloignement de la mère Biscotte.

Ce petit complot s'est tramé pendant une absence passagère de madame Biscotte. Dès qu'elle reparait à l'atelier, une fleuriste se dévoue.

— On donne une bien jolie pièce, ce soir, à la Porte-Saint-Martin, fit-elle.

— Ah! repartit madame Biscotte avec intérêt.

— Oui, la *Closerie des Genêts*. Laferrière est magnifique dans ce drame, en colonel de chasseurs d'Afrique.

— Laferrière? interrompt madame Biscotte; oh! chaque fois qu'on prononce ce nom devant moi, je suis dans le ravissement. C'est qu'on en mangerait, mesdemoiselles, du Laferrière. Si je pouvais, j'irais bien voir cette pièce.

— Moi aussi, madame Biscotte.

— Mais c'est impossible, continue-t-elle avec découragement; en l'absence de madame, je ne puis pas quitter l'atelier.

— Oui, vraiment; c'est de toute impossibilité, répètent plusieurs voix.

— Elle n'aurait qu'à savoir...

— Sans doute, il n'y faut plus songer.

Il y eut un silence. On aurait entendu voler un moucheron. Toutes ces jeunes têtes rieuses étaient suspendues aux lèvres de madame Biscotte.

— Et puis, ajoute le petit démon, le mauvais génie qui devait perdre madame Biscotte, on dit que ce drame est émouvant... Il y a surtout une femme de rien, qui est accusée d'avoir empoisonné sa maîtresse pour la voler... Elle prend plus tard le nom de la personne morte... Oh! c'est terrible... et puis Laferrière est beau comme le jour, sous son costume de colonel de chasseurs d'Afrique.

La vieille Biscotte fut entamée.

— Si ces demoiselles me promettaient d'être bien sages, de ne pas faire de bruit, de bien s'occuper, je pourrais peut-être m'absenter un instant ce soir, au moins pour aller entendre un acte... rien qu'un... Je prendrais une contre-marque pour le dénouement... et je me ferais raconter le commencement de la pièce, pendant l'entr'acte, par quelque spectateur.

— Certes, madame Biscotte, vous seriez bien bonne de vous gêner, et si nous étions à votre place, nous irions voir la pièce, dirent les fleuristes.

— On prétend encore, explique la petite traîtresse, que ce drame ne sera plus joué à partir de demain et que Laferrière se retire du théâtre.

Madame Biscotte n'y tenait plus.

— Êtes-vous sûre de cela ?

— Si j'en suis sûre ! madame Biscotte, c'est mon cousin, qui est lampiste à la Porte-Saint-Martin, qui l'a dit hier à maman. Ah ! mais, je vais y aller, moi, ce soir, à la Porte-Saint-Martin, et tenez, madame Biscotte, si vous voulez, je vous paie votre place, aux troisièmes galeries. On y est très-bien, seulement il faut faire queue de bonne heure.

La Biscotte était vaincue.

— Eh bien, j'accepte... vous n'en direz rien, mesdemoiselles ! Voyez, il vaut mieux que madame Graindorge ne le sache pas.

— Soyez tranquille, mame Biscotte.

Tous les cœurs débordaient. On refoula cependant cette joie et les yeux dirent assez que la satisfaction était générale.

La Biscotte sortit, on en profita pour s'épancher.

Celle des fleuristes qui venait de détourner madame Biscotte de ses devoirs promit à ses camarades de retenir la vieille le plus longtemps possible.

— Mon cousin lui offrira son bras et la goutte, en sortant, dit-elle, et je vous affirme qu'elle rentrera tard, cette nuit.

— Ah çà ! fait une des jeunes filles, tu nous diras ce que ça va te coûter ; car enfin, nous devons participer toutes au régal offert à cette bonne Biscotte ; moi, d'abord, je mets cinq sous.

— Et moi aussi... et moi.. et moi... glapissent les voix, sur tous les tons de la gamme.

La collecte faite, on compta quarante sous.

Agnelet devait passer, justement ce jour-là, la soirée avec Fortuné, Aline songea qu'elle pourrait amener les deux amis.

Il fut enfin convenu qu'aussitôt la Biscotte partie, on irait immédiatement prévenir les invités et que les premiers rendus attendraient les autres.

XI

MADAME BISCOTTE EST AU THÉATRE

> « Quand les chats n'y sont pas,
> « les souris dansent. »
> (Prov. pop.)

Arrive enfin le moment si impatiemment attendu.

Aline et Fortuné font leur entrée à l'atelier. Déjà plusieurs personnes sont venues. Je ne m'étendrai pas sur la présentation d'Agnelet. Henriette en fut excessivement troublée, mais, peu à peu, elle se remit et les deux jeunes gens causèrent.

— Je vous retrouve enfin, mademoiselle, dit Agnelet à la petite fleuriste, vous avez été bien cruelle pour moi ; depuis cette fois où je vous vis au Luxembourg, et où vous me reçutes si mal. je n'ai, plus osé vous aborder.

— Aussi, monsieur était-il peu convenable, vous l'avouerez, répond Henriette en balbutiant, de me prendre comme cela par le bras... je ne vous connaissais pas.

— Je m'excuse, mademoiselle Henriette, pardonnez-moi. Je n'ai pas su ce que je faisais. Dans mon trouble, je fus sans doute un peu vif, un peu inconvenant, m'en voulez-vous ?

— Non, plus maintenant, murmure Henriette, en esquissant un sourire.

— Il me semble que nous sommes au complet, fit une des jeunes personnes que ses camarades surnommaient *Follette* à cause de sa gaieté et de sa pétulance.

Follette était de moyenne taille et brune. Des yeux toujours en mouvement, une petite bouche, dont le sourire laissait entrevoir une double rangée de perles blanches, des joues bien fraîches, ornées de deux charmantes fossettes, donnaient à la physionomie de Follette la plus délicieuse expression.

— Certainement, répondit-on, nous sommes en nombre... nous n'attendions plus qu'Aline et ces deux messieurs.

— Alors la fête va commencer.

— Où est l'*attrape-science*.... ?

— Eh ! l'*arpette*, tu vas faire les commissions... ces messieurs commandent.

— Que désirent ces demoiselles? fait Fortuné.

— Pour ça on va aller aux voix.

— Moi, je vote pour un jambonneau avec des cornichons, dit l'une.

— Et moi pour une salade d'œufs durs où il y aura du hareng saur.

— Prenons plutôt des côtelettes à la sauce.

— Et pour dessert ? continue Fortuné.

— Du flan, des chaussons de pomme et des brioches.

— Décidément, repartit Agnelet à voix basse à l'oreille de Fortuné, je crois que nous ferons bien d'aller nous-mêmes chercher les comestibles et les vins, cette enfant nous accompagnera avec un panier pour rapporter les vivres.

— C'est cela.

Aussitôt dit, aussitôt fait.

— Voyons, mesdames, pendant que les hommes sont en course, dit Follette, débarrassons l'atelier... faisons de la place.

L'établi est repoussé à l'un des bouts de la pièce, dans un coin, on entasse les boîtes à fleurs, les ustensiles, tout ce qui peut gêner.

— Toi, Henriette, apprête le couvert, tandis qu'Aline et moi disposerons le lustre.

— Le lustre, où allons-nous en pêcher un ?

Ce n'est pas malin : deux baguettes ficelées en croix, aux quatre coins desquelles nous attacherons des bougies et nous pendrons ensuite l'appareil à ce clou du plafond.

— L'idée est délicieuse ; Follette, tu es une femme de génie.

— Dites donc, Aline, ils sont charmants ces deux messieurs, vous les connaissez depuis longtemps ?

— Oui, un des deux surtout.

— Lequel ?

— Le grand brun, M. Fortuné.

— Alors vous le gardez pour vous ? interroge Follette.

Ça va sans dire.

Eh bien, moi, s'écrie Follette, en riant, je prends le blond, il me plait beaucoup.

— Il a l'air bien gentil, en effet, reprend Henriette.

— Oui, mais j'ai parlé avant toi, je me l'accapare.

— Nous verrons bien ! fait Henriette sérieusement.

— D'abord, mesdemoiselles, interrompt encore Follette, ce n'est pas à nous à courir après les garçons, fi ! que c'est laid ! il doivent nous faire la cour, eux. Je suis bien décidée, quant à moi, à me laisser faire la cour.

Agnelet et Fortuné remontent sur ces entrefaites, chacun d'eux porte trois ou quatre bouteilles sous les bras et l'apprentie plie sous le faix d'un panier rempli de victuailles.

— Voilà le vin, dit Agnelet, en déposant sa charge sur la table.

— Oh ! du cachet vert ! font les fleuristes.

— Et les *extra*, ajoute Fortuné, je vous les présente : du muscat et une veuve Cliquot.

— Du champagne ! Ah ! c'est fameux, je n'en ai jamais goûté qu'une fois, à la noce de ma sœur : j'adore ça.

Aline ne comprenait pas qu'une bouteille de Champagne pût provoquer chez ses amies une telle joie, elle qui détestait ce breuvage.

Pour elle, il avait toujours signifié souper fin et cabinet particulier, en un mot la vue d'un goulot argenté ramenait chez elle des souvenirs cruels.

L'apprentie venait d'étaler, sur l'établi, le menu du festin.

— Oh! ces messieurs ont fait des folies : un poulet froid! un jambonneau! de la crème fouettée! des petits fours! du fromage de Roquefort!

— Et des huîtres, mesdames, qu'on éventre à votre intention... Dans une minute, on montera le contenu d'une cloyère.

Tant de largesses inquiétaient Aline.

— Tu as dû dépenser beaucoup d'argent, Fortuné? dit-elle, en se penchant vers le jeune homme.

— Pas du tout, c'est Agnelet; je n'ai pas pu le retenir; depuis qu'il est ici, c'est un fou, il ne sait plus où donner de la tête. Il n'y avait rien de trop bon, de trop cher, je croyais qu'il allait acheter toute la boutique du charcutier et mettre à sec les caves du marchand de vin.

Aline respira. Elle, si prodigue jadis! quel changement! c'est qu'elle travaillait depuis un mois et connaissait à présent la valeur réelle d'une pièce de cent sous.

Les huîtres ne tardèrent pas à se montrer.

— A table, mesdames, fit Fortuné, et il offrit sa main à l'une des fleuristes. Follette se précipite du côté d'Agnelet, mais ce dernier est déjà assis près d'Henriette.

— Baste! pense Follette, nous verrons bien laquelle de nous deux il regardera, il ne connait pas plus Henriette que moi, ce petit blond... c'est égal, il est bien joli garçon!

— Dis donc, Henriette, c'est délicieux les huîtres, hasarde une petite voix mutine; crois-tu que ces bêtes-là souffrent quand on les croque?

— Certainement, puisqu'elles sont vivantes.

— Oh! bien, ça me fait de la peine de les manger. Je n'en veux plus.

— Tenez, mademoiselle, interrompt Fortuné, Ganymède a versé le nectar, buvez un bon verre de vin blanc, les huîtres adorent le vin blanc, parole d'honneur, elles seront joliment contentes lorsque vous aurez avalé cela.

— A votre santé, mademoiselle.

— A la santé de la mère Biscotte, cria Follette.

— Oui, à sa santé! à sa santé!

— Qui est-ce qui découpe le poulet?

— Agnelet, dépèce l'animal.

— Il faudrait un couteau qui coupât bien?

— Il n'y en a pas ici, madame les a mis sous clé avant de partir.

— Diable! c'est contrariant.

— Nous avons bien nos petits couteaux, mais ils coupent comme les genoux de ma grand-mère.

— Passons-nous-en alors... écartelons la bête.

— Comment ça?

— Oui, dit Fortuné, que chacun fasse comme moi: je saisis cette cuisse... là... ferme.., toi, Agnelet, empoigne cette aile, mademoiselle prendra l'autre et vous, ma charmante voisine, accrochez-vous à cette patte... c'est bien... tirons tous à la fois.

Ce qui fut dit fut fait. On perçoit de sourds craquements, à force de secousses le poulet se disloque et chacun reste un abatis à la main. Follette divise la carcasse avec ses ciseaux.

Par degrés nos jeunes gens s'animèrent. Les vins faisaient leur effet. Ces messieurs devenaient par suite de plus en plus tendres et ces dames de plus en plus communicatives.

Il eût été vraiment fort curieux de voir ce qui se passait sous la table, les pieds disent quelquefois tant de choses ! Agnelet avance d'abord timidement un genou du côté de mademoiselle Henriette et, voyant qu'on ne se retire pas, il glisse un pied. Ce contact ne laisse pas que de lui paraître délicieux, mais, comme on n'est jamais content en amour, et que plus on obtient plus on demande, Agnelet s'enhardit au point de presser la taille d'Henriette.

— Finissez, monsieur, murmura celle-ci.

Follette, voyant ce manége, était jalouse de l'attention dont Agnelet honorait son amie.

— Eh, mon Dieu, fit-elle avec dépit, laisse-toi embrasser, va, Henriette... nous n'aurons rien vu...vous saurez que mademoiselle aime beaucoup se faire embrasser par les hommes... ce n'est pas comme moi, je déteste ça; les hommes, ils vous piquent toujours avec leurs poils. Il me semble qu'on me frotte avec une brosse de chiendent, lorsqu'ils me touchent.

Agnelet ne voulut pas en avoir le démenti et la timide Henriette eut beau se défendre, il l'enveloppa dans ses bras et prit sur ses lèvres un long baiser.

Ce fut comme un signal et de tous côtés c'était à qui se prodiguerait le plus d'embrassades. On riait tant que les jeunes fleuristes n'avaient plus la force d'opposer la moindre résistance. Les hommes profitaient de la circonstance.

— Nous devrions envoyer l'*arpette* se coucher, interrompit Follette ; les enfants sont si bavards, elle n'aurait qu'à faire des *potins* à madame.

— Non, je ne me couche pas moi, *na !* on me trouve bien bonne pour faire les commissions et laver la vaisselle et puis, quand on s'amuse, on m'envoie coucher.

— Elle a raison, cette petite, reprend Fortuné, reste-là, va, mon enfant.

— Seulement ne la faites pas boire, dit Aline, la pauvre petite, ça la rendrait malade.

Du poulet, du jambonneau et du fromage, il ne restait plus vestige.

Au milieu du dessert, les jeunes filles prièrent Henriette de vouloir bien faire entendre à ces messieurs la chanson de la *Fleuriste* et, d'une voix émue, la gentille ouvrière entonna la ballade suivante :

LA FLEURISTE.

I

Nous, qui faisons sous nos doigts roses
Renaître les fleurs du printemps,
Aux rayons d'une lampe écloses,
Et malgré les rigueurs du temps,

Nous n'avons pour toute richesse,
Que les rires et les chansons
Dont Dieu pare notre jeunesse,
Gais oiseaux des froides saisons !

  Dans nos chambrettes,
    Comme aux plus beaux jours,
      Brillez, fleurettes,
        Pour les frais atours.

II

Si leurs teintes sont des plus belles,
Elles n'ont pas des fleurs de mai
Les senteurs chaque jour nouvelles,
Dont le chemin est embaumé ;
Mais si le luxe les désire,
C'est que, grâce à nos soins constants,
Elles ont notre frais sourire,
Et le parfum de nos vingt ans.

  Dans nos chambrettes, etc.

III

Dans les salons, où tout rayonne,
Sur les fraîches robes de bal
Allez, bouquets ; et vous, couronne,
Ceignez plus d'un front virginal ;
Allez, lis blancs, roses vermeilles ;
Cachez, sous vos vives couleurs,
Ce que vous nous coûtez de veilles,
Pour rosée ayant bien des pleurs !

  Dans nos chambrettes,
    Comme aux plus beaux jours,
      Brillez, fleurettes,
        Pour les frais atours.

Chacun applaudit, Follette pleura d'attendrissement, puis on réclama le *mousseux*. Deux pinces et une paire de ciseaux furent cassées avant qu'on fût venu à bout de décoiffer la dive bouteille. Enfin le bouchon commence à s'épanouir hors du goulot, les jeunes filles se jettent de côté avec des petits cris d'effroi (les femmes ont toutes la manie de crier quand on débouche du champagne). Bref une détonation retentit, le liége mis en liberté vole au plafond pour se perdre on ne sait où, un filet de fumée blanchâtre s'échappe et la mousse emplit les verres.

— Je propose un toast à l'honneur des fleuristes en général et de ces dames en particulier, fait Agnelet en se levant.

Les verres s'entrechoquent.

Les femmes aiment les vins pétillants et savent bien pourquoi. Follette attendait ce moment-là avec impatience.

— Lorsque j'aurai bu un peu de champagne, se disait-elle, nous verrons si le petit blond ne laissera pas un peu Henriette pour s'occuper de moi. Car enfin je suis plus gentille qu'elle, tout le monde le dit d'abord et puis Henriette est gauche avec un homme. Elle se révolte si on l'embrasse. Attends... je vais commencer.

— Aïe!... aïe!...

— Qu'est-ce qu'il y a? chuchotent les voix.

— Qu'as-tu donc, Agnelet? interroge Fortuné en s'apercevant que son ami a poussé ces exclamations.

— C'est mademoiselle qui m'a pincé, dit Agnelet en désignant la jeune évaporée.

— Oh! quelle horreur, moi je ne vous ai pas pincé. monsieur, c'est bête de pincer les gens. Moi, j'arracherais les yeux à celui qui me pincerait.

— Aussi n'essaierai-je pas, mademoiselle, de vous rendre la pareille, répond Agnelet en la regardant d'un air significatif.

— Décidément, je perds mon temps, pensa Follette, auprès de ce petit crevé ; je vais lui marcher sur les pieds à présent.

Agnelet fit comme si ses pieds étaient de fer.

Tout-à-coup, Follette est prise d'une idée subite. Profitant d'un instant où Agnelet a le dos tourné, elle lui glisse un verre plein à la place de celui qu'il vient de vider. Le jeune homme ne s'aperçoit pas de la supercherie et boit ainsi bon nombre de rasades. Il se trouve bientôt tout-à-fait lancé. On l'eût été à moins.

Follette se disait sournoisement :

— Tout à l'heure nous l'enverrons se coucher.

Agnelet commençait à y voir trouble et à patauger. Les mots sortaient empâtés de sa bouche.

— Mes enfants, fit-il, on n'a que le bon temps qu'on se donne, je vous propose de nous déguiser et de concourir à qui saura se fabriquer le travestissement le mieux réussi.

— C'est cela... Une mascarade... et puis une fête balladoire...

Chacun se met à l'œuvre.

Agnelet demande la permission de passer dans une

pièce voisine, ayant, dit-il, à faire certains préparatifs qu'il ne pouvait se permettre d'effectuer devant des demoiselles.

Follette le mène au réduit de la Biscotte, une chandelle à la main, et tandis que chacun cherche de ci, de là, ce qui peut lui convenir pour servir ses projets, Agnelet, une fois seul, se débarrasse de ses vêtements, qu'il a l'idée fixe de retourner. Malheureusement, les verres de supplément dont Follette l'a gratifié l'ont mis dans un tel état, qu'il se sent tout d'un coup incapable de ressaisir sa pensée primitive.

— Ah! ça, où suis-je? dit-il, se parlant à lui-même; je me rappelle bien avoir dîné, avoir bu, avoir trop bu même, à côté de cette charmante Henriette, que j'adore, mais depuis je ne sais plus... Ma foi, puisque je suis déshabillé et que voilà un lit... couchons-nous, éteignons la chandelle et dormons, si je puis, car j'ai un mal de tête fou.

Agnelet ressentait les prolégomènes d'une indigestion.

Durant cette scène, Follette, curieuse de savoir quel déguisement prenait le jeune homme, a collé indiscrètement son œil au trou de la serrure. Elle voit Agnelet se pelotonner sous les couvertures et enfermer le chandelier dans certain petit meuble....

— Ah! elle est forte par exemple, celle-là, il paraît que ce petit monsieur n'a pas la tête solide; tiens, une idée, si je mettais ses vêtements?... et puis il faut bien que j'éteigne cette lumière; placée comme elle est, le mobilier de la Biscotte flamberait.

Follette tire la bobinette et entre doucement. Elle

souffle le lumignon, prend les pantalons et les autres pièces de l'ajustement masculin et s'en va dans la chambre de madame Graindorge. Le pantalon est trop long d'un tiers. Elle ne fait ni une ni deux, et lui coupe les jambes, de telle sorte qu'il viendra aux genoux d'Agnelet lorsqu'il le revêtira.

Follette réfléchit ensuite qu'elle a fait une sottise, mais il est trop tard et puis le pantalon est vieux.

Lorsqu'elle entra dans l'atelier, revêtue de la défroque d'Agnelet, tout le monde était prêt. Fortuné s'est affublé d'une vieille robe et d'une pèlerine sur laquelle on a collé, avec la pâte des fleuristes, une garniture d'écailles d'huîtres. Un manche à balai lui sert de bourdon.

— Maintenant, en route pour la Mecque, s'écrie-t-il, au milieu de l'hilarité universelle.

Les fleuristes se sont parées de couronnes.

— Dansons à présent, disent-elles.

— Et la musique?... Qui est-ce qui se charge de l'orchestre?

Dansons sans musique, c'est plus drôle.

On saute, on cabriole, c'est un pêle-mêle général, un tohu-bohu inexprimable, un tapage tel que tous les voisins sortent sur l'escalier, en se demandant ce qui arrive.

Enfin le concierge de la maison monte et sonne chez madame Graindorge.

XII

MONSIEUR SIMON

> « Il avait soixante ans environ, un nez
> « énorme, un embonpoint respectable,
> « une grosse figure taillée et enluminée à
> « la façon des bonshommes casse-noi-
> « settes de Nuremberg. »
> *Mystères de Paris.* — *Chap. X.* — *M. Pipelet*
> EUGÈNE SUE.

— On a sonné, je crois, dit Aline.

Le bruit cesse, on se regarde, Henriette va ouvrir.

— Tiens ! M. Simon. Entrez, monsieur Simon.

— C'est une chose unique ! Je n'ai pas le temps d'entrer, et puis je viens seulement vous prier de faire moins de bruit ; c'est un affreux bacchanal ; vous empêchez tout le monde de dormir. Les voisins se plaindront demain au propriétaire.

— Père Simon, entrez donc un moment, disent les jeunes filles en l'entourant, nous allons être raisonnables ; mais il faut que nous nous expliquions.

— Inutile, je descends.

Le concierge s'apprêtait à retourner à sa loge, lorsque Follette lui barra le passage en le prenant par le bras.

— Mon petit père Simon, vous n'êtes pas gentil, vous ne voulez pas trinquer avec nous ? C'est si vite pris, un petit verre.

Simon hésite... Cependant les fleuristes le prennent et le poussent. Une fois dans l'atelier, on lui présente un siége.

— Prenez-moi ça, monsieur Simon, dit Fortuné en lui offrant un grand verre de vin, à votre santé.

— Diable, c'est du *chenu*, répond le concierge, à votre santé, mesdemoiselles et la compagnie... A présent, je me sauve.

— Pas encore ! s'écrie Follette, on *repique*, père Simon.

— Non ! non ! non !

— Si !

— Au fait, c'est une chose unique ! Il est si bon, vot' vin, c'est pas des lites à douze, ça ; ah ! ben, vous avez raison d'en boire de comme ça. Si m'n'épouse voulait m'en croire, nous en boirions moins et nous prendrions du bon.

— Profitez donc, père Simon, de l'occasion... Encore un petit verre de vin.

— Oui, encore un petit verre de vin ; d'abord, Colomba est absente. Faudra pas lui dire, mesdemoiselles.

— Soyez tranquille. Ah ça ! si nous faisions un

brûlot ? Aimez-vous le punch, monsieur Simon ? interrompit Fortuné.

— Moi, j'aime tout ; et puis, vous savez, c'est une chose unique ! quand on est lancé dans ces douceurs-là, on ne peut plus s'arrêter.

Simon tient toujours son verre à la main ; Follette a soin de le lui remplir constamment, en sorte que le malheureux concierge bavarde de plus en plus, et plus il parle, plus sa langue s'épaissit.

Une des fleuristes continue :

— Ainsi, papa Simon, vous disiez que madame Simon s'est absentée ce soir ?

— Oh ! c'est une chose unique ! Elle marie une de ses nièces ; moi, je garde la loge, parce que, voyez-vous, quand on n'est que deux dans une loge, il faut bien qu'il en reste toujours un pour tirer le cordon.

— Vous avez raison, père Simon.

— Encore un petit verre de punch ?

— Au fait, c'est une chose unique ! quand on en a bu un verre, on peut bien en boire deux... Écoutez, quand j'avais vingt ans et que je mettais mon nez dans un brûlot, je tenais tête aux plus forts buveurs. J'étais un gaillard, et puis j'ai eu des succès à l'époque.

— Au surplus, vous avez de beaux restes, père Simon.

— Qu'est-ce que c'est que ça ! Fallait me voir au printemps de mon adolescence ; encore aujourd'hui Colomba me dit que j'ai la peau blanche comme un lait.

— Oh! montrez-nous ça, montrez-nous ça, père Simon, interrompent ces attiseurs sans pitié.

— Mon Dieu, si nous n'étions que des hommes... A la rigueur, on n'a que faire de voir; on peut en croire Colomba, elle s'y connaît. — Tiens, mon homme, qu'elle me disait l'aut'matin que je me levais, c'est une chose unique! t'es moulé comme la « *velue de Milo.* » Vous savez, c'te statue qu'on voit au Louvre, qui lui manque les deux bras?

— On pourrait apprécier rien qu'aux mollets, père Simon.

—Oh! c'est une chose unique! Mes mollets? c'est ce que j'ai de mieux, je puis les montrer, tenez.

En disant ces mots, Simon retrousse son pantalon et exhibe une paire de flûtes ridées et surmontées de deux tronçons cagneux lui servant de genoux.

— En effet, s'écrient les jeunes gens en étouffant leur hilarité, votre femme a raison.

— Et ceci témoigne en faveur de ce que vous ne pouvez montrer aux dames, continue Fortuné.

— Savez-vous que vous seriez bien déguisé en ange?

— Mesdemoiselles, j'ai posé pour le bas des reins, à l'âge de dix-huit ans, dans l'atelier d'un grand peintre, et j'ai figuré un ange, à la même époque, dans le cortége du bœuf gras.

— Nous allons vous transformer en chérubin, papa Simon, vous vous figurerez avoir vingt ans.

— En dieu Comus, ajoute Fortuné, un bonnet de

fleurs sur la tête, un flambeau d'une main, un gourdin de l'autre.

— Oh! mesdemoiselles, si Colomba savait... Non! non!

— Eh bien, si elle savait que vous vous êtes déguisé en ange au carnaval, après...?

— Ah! mon Dieu, c'est une chose unique! elle serait jalouse.

— On ne lui dira rien... Voyons, placez-vous là, nous allons vous transfigurer.

Le bonhomme est complétement gris. On lui enlève son paletot et son gilet.

— Il faut lui mettre du carmin sur les joues, chuchotent les jeunes filles.

Ainsi dit, ainsi fait. La face du pauvre concierge disparait sous une couche épaisse de rouge, ses oreilles sont peintes en bleu, un bouchon brûlé à la chandelle sert à lui accentuer ses sourcils, qui, se rejoijoignant à la racine du nez, tendent vers les oreilles à droite et à gauche.

Une vieille couronne de mariée est là, on l'ajuste sur le crâne dénudé de M. Simon, tandis qu'on lui passe en bandoulière une guirlande de feuillage. Ses culottes sont toujours relevées, on n'a garde de les lui baisser.

Pendant que ces demoiselles avivent et tatouent le père Simon, Fortuné a taillé deux ailes dans du carton et attaché l'appareil aux bretelles du chérubin dans la région axillaire.

Puis une ronde est exécutée par les assistants autour de Simon dans ce burlesque équipage, chacun l'oblige à sauter, à polker, à valser, et le père Simon babouine, rit et danse.

Il ne pense plus à sa femme, ni à la loge. Il a vingt ans, il se voit en amour, sur le char du bœuf gras.

Tout-à-coup des cris se font entendre, dans la rue, précisément sous les fenêtres de l'atelier. On distingue ces mots :

— Dites donc là-haut, ohé! ohé!

— Quelqu'un appelle, je crois, interroge Aline, en regardant aux vitres. Ah! mon Dieu, les locataires, qui sont à la porte.

— De quoi? fait Simon avec crânerie, en dressant ses oreilles azurescentes, des locataires qui veulent rentrer à cette heure, est-il permis! vous allez voir comme je vais les recevoir.

Et Simon court ouvrir une fenêtre.

— Y pensez-vous! lui crie-t-on ; papa Simon, vous montrer dans ce costume!

Il n'y a pas moyen de faire entendre raison au concierge. Il a déjà passé sa tête à la fenêtre, en lançant cette interpellation.

— Dites-donc, vous, là-bas, tas de *galvaudeux*, aurez-vous bientôt fini votre tapage. Passez vot' chemin ou bien je vous jette une potée d'eau sur la tête.

— Qui êtes-vous donc, vous, là-haut? répond un des morfondus.

— Malheureux! c'est le propriétaire! s'exclame Follette en s'élançant sur Simon pour l'arracher de son poste.

— Laissez faire, laissez faire, articule l'entêté concierge. Propriétaire où locataire, je n'entends pas qu'on fasse remarquer la maison et qu'on dérange les braves gens qui sont en société. Je vas aller en bas pour leur-z'y apprendre.

Retenir M. Simon, l'empêcher de descendre est impossible, dans l'état d'effarement où il se trouve. On n'a pas même le temps de lui arracher ses ailes en carton, ni la couronne de fleurs d'oranger; il s'est saisi d'une bougie et, rapide comme une flèche, il a franchi les deux étages qui le séparent de la porte d'entrée.

Cependant, parmi les individus qui attendent, se trouve le propriétaire.

Depuis plus d'une demi-heure on tapait, des pieds et des mains, contre la porte. Rien ne remuait à l'intérieur. A force de tirer dessus, le bouton de la sonnette était resté dans la main du propriétaire. Madame Biscotte est là aussi, dans une attitude expectante, de retour du théâtre, soutenue d'un côté par le lampiste de la porte Saint-Martin, et de l'autre par la cousine de celui-ci... Le gavroche avait offert tant de gouttes à la vieille Biscotte! Enfin ils sont bien une dizaine de personnes de la maison, pestant, jurant, s'impatientant, cognant comme des sourds à la porte, sans obtenir la moindre réponse de l'intérieur. Quoiqu'il se fît tard, un petit rassemblement s'est formé de l'autre côté de la rue, et la police, toujours prévoyante, s'informe au moment où Simon, dans son accoutrement étrange, entr'ouvre la porte.

Les locataires se précipitent en avant pour entrer; mais Simon, dans le but de donner une leçon aux farceurs qui dérangent les braves gens en société, tient un seau d'eau à la main dont il flaque le contenu en plein sur son propriétaire et maître.

Ce dernier ne peut reconnaître son *suisse* sous le déguisement d'ange. Il croit avoir affaire à quelque fou ou bien à un voleur; il saute à la gorge de l'amour, et Simon crie à l'assassin !

Les sergents de ville accourent.

— Empoignez-moi cet homme ! dit le propriétaire.

— Mais non, mais non, je suis Simon, regardez-moi plutôt ; oh ! mon Dieu, c'est une chose unique ! Tenez...

— Allons, allons ! vous vous expliquerez demain chez le commissaire, dit la garde en entraînant Simon au poste.

Que se passe-t-il dans l'atelier, durant cette scène bouffonnesque ? Les jeunes filles ont tout entendu ; elles ont compris le danger qui les menace. Si le propriétaire intervient au milieu d'elles, tout est perdu. Il faut s'éclipser prestement, et Fortuné ira réclamer Simon.

On met, le plus rapidement possible, un peu d'ordre dans l'atelier. La vaisselle est portée à la cuisine, on cache les bouteilles, chacune bourre son panier des restes du souper; Follette se dépouille du gilet et du paletot d'Agnelet pour reprendre ses vêtements féminins, mais dans sa précipitation elle oublie d'ôter le pantalon. Les lumières sont soufflées ; cela est l'affaire d'un instant.

Sur les entrefaites, la mère Biscotte est entrée, dans un état tel, que le petit lampiste l'a conduite jusqu'à la porte de sa chambre, où, depuis deux heures, Agnelet ronfle comme un bienheureux. On s'est tellement amusé avec Simon, que personne n'a remarqué la disparition d'Agnelet. En se retirant, même, personne encore ne s'inquiète de lui. Henriette seule s'imagine que le jeune homme a dû partir en avant.

Chacun descend les escaliers à pas de loup, et le propriétaire remue la loge de fond en comble pour retrouver Simon.

Nos écervelés sont hors de danger. Ils entendent les cris de l'ange prisonnier. Fortuné se précipite dans cette direction et parlemente avec la force publique. Il donne les noms du pauvre diable et raconte le quiproquo. Comme, après tout, se déguiser en carnaval et surtout se griser les jours gras n'est pas un crime, et que Simon n'a étranglé personne, le guet consent à lui rendre sa liberté, du moment où quelqu'un se porte caution. Et puis Simon est à demi-nu, il a manqué de se trouver mal, et il lui faudrait plutôt, en ce moment, un bon lit bien chaud et une tasse de vulnéraire, que les dalles humides d'un cachot.

Fortuné remercie les agents et entraîne Simon.

— Venez avec moi, M. Simon, lui dit le jeune homme, vous vous reposerez un peu chez moi, on vous donnera de quoi vous changer, puis demain j'irai tout dire à votre propriétaire. Je lui apprendrai que nous sommes les seuls coupables, que nous vous avons grisé de force, etc., etc.

Le concierge se rend à cet avis judicieux. Fortuné

l'emmène, le fait coucher par terre sur son matelas, tandis qu'il s'étend lui-même sur la paillasse de son lit. Aline prépara du thé toute la nuit pour les malades.

Ces demoiselles sont rentrées chez elles les unes après les autres, sous l'escorte du petit lampiste, à l'exception d'Henriette. Cette dernière, ayant prévenu sa tante que l'on passait la nuit à l'atelier, a partagé la couche de l'apprentie.

Restait Agnelet, que nous avons laissé ronflant comme un sonneur dans le lit de la Biscotte.

Celle-ci a tellement absorbé de gouttes qu'elle se couche avec les yeux de la foi, sans songer à allumer sa bougie. Elle ne prend seulement pas garde, en se fourrant sous les draps, que son lit est occupé, et, sentant la place moins froide que de coutume, elle met cela sur le compte d'une galanterie de l'apprentie, qui aura sans doute bassiné son lit.

Cependant Agnelet rêve agréablement, il se voit auprès de sa chère Henriette, il lui prodigue les noms les plus tendres, il l'aime, il en est aimé... A demi réveillé, il lui sembla même entendre des soupirs étouffés; l'idée d'Henriette le poursuivant sans relâche, il crut reconnaître sa voix.

— Plus de doute, se dit-il, c'est elle !

En étendant le bras, Endymion vient en effet de presser une chose étrange (madame Biscotte avait oublié d'ôter son corset).

Pour le coup, Agnelet se réveille tout à fait; le petit jour commençait à poindre, l'amoureux ne se sent pas de joie.

— Cher ange! murmure-t-il, toi, ici, près de moi!

— Oui, mon *Loulou*, répond d'une voix avinée la vieille Biscotte, en se jetant dans les bras d'Agnelet.

Elle aussi a songé toute la nuit au jeune premier du drame de la Porte-Saint-Martin ; elle se sent à côté de lui, sur une couche de violettes et de roses, elle dialogue avec un fantôme enchanteur. Peu s'en fallut qu'elle ne se livrât à toute la fougue de sa passion... Mais à ce mot de *Loulou*, Agnelet a fait un soubresaut. Il approche son visage de celui de la Biscotte...

Oh! la plume est impuissante à décrire ce qui se passe alors dans le cœur d'Agnelet. Il se débarrasse des étreintes de la vieille et saute à bas du lit. En un instant l'hallucination se volatilise, il se rappelle les folies de la veille et les circonstances qui l'ont conduit dans cette maudite chambre.

— Où ai-je fourré mes vêtements? s'écrie le jeune homme, en fouillant çà et là, éperdu.

La Biscotte le regarde bouche béante et avec terreur.

— Qui êtes-vous ? Comment êtes-vous ici? je vais crier, appeler...

— N'en faites rien, juste ciel! Madame, voilà : je suis le frère d'une de vos ouvrières, je suis venu hier pour affaires ici et, comme j'étais malade, je me suis donné une entorse en montant votre escalier, on m'a couché là pour un instant, le sommeil m'a gagné et voilà... Ne craignez rien, je vais m'en aller.

— Mais non, non, je crierai, on viendra...

— Vous voulez donc vous compromettre alors, chère madame? allez, vous êtes libre... criez, appelez.

— C'est juste, vous avez raison, monsieur, mais de grâce, habillez-vous vite et partez..... Dieu! un homme dans mon lit!

Agnelet ne trouvait pas ses vêtements. Enfin il a l'idée d'aller chercher dans l'atelier, où il ramasse son gilet et son paletot; quant au pantalon, il ne le trouve pas; il recueille seulement les morceaux que Follette a coupés et considère piteusement ces vestiges désormais inutiles.

— Impossible de couvrir avec cela la moindre nudité, pense Agnelet. Comment faire! Je ne puis cependant pas sortir sans culottes.

Il conte l'aventure à la Biscotte qui trouve la chose bien drôle, mais ne cherche pas à l'approfondir.

— Je n'ai à vous offrir qu'un vieux caleçon de tricot. Si ça peut faire votre affaire...

— Dame! faute de mieux, je m'en contenterai, dit Agnelet. Fortuné habite près d'ici, je me dissimulerai le mieux possible sous mon paletot et je courrai jusque chez lui, où je trouverai un pantalon.

Il enfile le caleçon de la Biscotte, l'ajuste tant bien que mal, avec des épingles, et s'empresse de sortir de l'appartement de madame Graindorge.

Comme il descendait quatre à quatre l'escalier, six heures sonnaient, les maraîchers, les balayeurs et les travailleurs longeaient la rue Saint-Denis pour se rendre à leur besogne journalière.

Voir, à cette heure, un homme courir les jambes affublées d'un simple caleçon, dans les rues de Paris, c'est assez extraordinaire.

Les passants furent de cet avis, mais Agnelet ne répondit point à leurs apostrophes.

— Dites donc, m'sieu, faisait l'un, vot' femme qui vous jette vot' pantalon par la fenêtre.

— Tu ne vois pas qu'c'est un homme qu'a troublé quéque ménage et qu'c'est le mari trompé qu'a gardé la culotte comme pièce à conviction ? disait un autre.

Néanmoins Agnelet parvient à la porte de Fortuné; il sonne, on lui ouvre, il grimpe chez son ami.

— Ouf! s'écrie-t-il, en entrant, je suis sauvé!

Aline et Fortuné rirent à se tordre au récit de la mésaventure d'Agnelet. Il fallait maintenant peser les conséquences de l'escapade de M. Simon et aviser. Il fut convenu que Fortuné irait trouver le propriétaire et solliciterait le pardon du concierge; quant à madame Colomba Simon...

— Ah! mon Dieu, c'est une chose unique! interrompit le pauvre brave homme, j'en serai quitte pour recevoir une tripotée soignée. Colomba pleurera et puis nous aurons le plaisir de nous raccommoder ce soir.

Le propriétaire était bon diable. Il consentit à passer l'éponge sur les écarts de conduite dont son concierge venait de se rendre coupable, parce que cela ne lui était jamais arrivé depuis dix-huit ans qu'il gérait les affaires de la maison.

Simon retourna chez lui l'oreille basse; il fit, tout

penaud, ses excuses à son maître et reçut sans sourciller la volée conjugale qui l'attendait.

Le lendemain de la folle équipée, les fleuristes vinrent très-tard à l'atelier. Madame Biscotte n'osa rien dire, elle-même se sentait fautive. Une chose l'inquiétait horriblement.

— Pourvu que madame n'apprenne pas... se disait-elle. Après tout, je suis bien bonne de me faire de la bile; sans moi que deviendrait-on ici? Je dirige la maison, je suis indispensable.

Le soir, madame Graindorge fut de retour comme elle l'avait annoncé.

XIII

UN MAUVAIS GÉNIE

> « On se corrige quelquefois mieux
> » par la vue du mal que par l'exemple
> » du bien. »
>
> *Pensées.* — Pascal.

En dinant à l'*Hôtel du Périgord*, Agnelet parla de l'ambigu donné chez les fleuriste et vanta beaucoup Aline, qui, selon lui, était fort changée à son avantage.

— Bah! Aline travaille à présent! ricana Olympe, voilà qui est bien amusant, racontez-nous cela, Agnelet.

— Comme je vous le dis, et la jeune femme paraît très-heureuse.

— Ce bonheur ne durera pas, continua Olympe sournoisement.

— Agnelet, mon bon, reprend Brisebois, Olympe a raison, une femme qui a fait la noce, fera toujours la noce. Je vous le dis, et je ne donne pas quinze jours à votre vertueuse Aline pour qu'elle soit de retour parmi nous.

— Vous pourriez vous tromper.

— Eh bien ! faisons un petit pari.

— Vous perdrez.

— Je suis certain du contraire.

— Moi je m'en charge, interrompit Olympe avec chaleur, Aline sera ici dès que je le voudrai.

— Avec Fortuné, je ne dis pas.

— Non, sans Fortuné, j'en fais mon affaire.

Olympe réalisait le type accompli de la femme bassement jalouse, envieuse, sans raisonnement ; si quelqu'une de ses amies possédait un amant, et que cet amant lui plût, elle n'avait pas de cesse qu'elle ne l'eût attiré vers elle, en le détachant de l'autre.

Depuis la soirée du Grand Café Mazarin, Olympe s'était aperçue des sentiments d'Aline pour Fortuné.

— Cela aura un terme, s'était-elle dit.

Maintenant Olympe fera tous ses efforts pour porter la discorde entre les deux jeunes gens.

Il y a de ces génies mauvais.

— Pas plus tard que ce soir, j'irai voir Aline et je l'amènerai.

Telles furent les dernières paroles d'Olympe. Malheureusement pour Aline, un événement imprévu seconda ces noirs projets. Fortuné dînait en ville.

A peine Aline était-elle de retour de l'atelier, qu'on gratta à sa porte.

— Entrez.

Olympe paraît.

— Tiens, c'est toi; oh! que tu es gentille de venir à moi! Assieds-toi donc; j'ai bien des choses à te dire. Si tu savais comme je suis heureuse! Fortuné est charmant pour moi. Et puis, je travaille. Tu ne peux croire comme c'est bon de travailler, quand on s'y est remis une bonne fois.

— Oui, ou plutôt non.., mais dis-moi, il ne fait pas chaud ici.

— Ah! tu sais, on n'est pas riche; le matin, avant de partir, et le soir, avant de me coucher, je fais une petite *chaude*. Mais je vais chercher un cotret.

— Non, ma petite, je ne veux pas t'induire en dépense, tiens, prends ma bourse, commande le bois et fais monter l'absinthe.

Ces paroles d'Olympe déconcertèrent Aline, elle fut profondément humiliée et répondit vivement :

— Olympe, je te remercie. Je n'ai que faire de ton argent. Tu désires de l'absinthe?

— Parbleu, et toi, tu n'en bois pas peut-être?

— Plus du tout. Fortuné me le défend, il a raison, c'est mauvais.

— Oh! très-joli... « Fortuné me le défend; » mais c'est donc un tyran que cet homme-là, un ogre, un sauvage! Plus souvent, moi, si un homme me défendait une chose, ce serait une raison pour me décider à la faire tout de suite.

— J'entends, Olympe, mais il est si bon pour moi! Tout ce qu'il me dit, c'est pour mon bien... enfin... te l'avouerai-je, je l'aime!

— Tra la, la, la, tu crois l'aimer.

— J'en suis convaincue.

— A d'autres, ma chère, tu en reviendras; n'as-tu pas aimé un Georges autrefois ? tu adorais un Ernest jadis, récemment encore un Jules possédait ton cœur, que sais-je ? Comme moi, j'ai aimé Gustave, pendant deux jours, lorsqu'il fit scintiller à mes yeux une douce perspective de meubles en noyer, à présent j'ai élevé un cénotaphe à son amour, je le déteste, nous nous battons, je voudrais lui crever les yeux, le griffer, le mordre,..

— Enfin, on peut bien aimer une fois pour tout de bon ?

— Aline, tu me fais de la peine, tu baisses, depuis que tu as quitté le *quartier* pour frayer avec les grisettes.... va donc chercher l'absinthe.

— Oh ! je saurai bien te faire causer tout à l'heure, pensa la fausse créature.

Aline remonte bientôt, apportant du bois plein son tablier et tenant à la main un flacon d'absinthe.

— Comment, tu apportes ton bois toi-même, à présent ! Et ton concierge, pourquoi est-il faire ? Tu n'as donc pas peur de te déchirer les mains ?

Olympe se prit à rire dédaigneusement.

— Pour toute réponse, Aline présente ses mains à son amie.

— Quelle horreur ! s'écria celle-ci, tu avais des menottes présentables, autrefois, des ongles effilés et roses : à présent ça n'a plus forme humaine ; des crevasses par ci, des durillons par là, on nomme ceci des callosités en médecine, et ces ongles, rongés et dépolis ! par l'eau de vaisselle sans doute ?

— Que veux-tu ? il faut bien faire tout soi-même dans un ménage !

— Tu déraisonnes, ma chère ; tiens, je prépare l'absinthe, il n'y en a guère pour nous deux.

— Diable ! pour huit sous... tu veux donc te griser ?

— Moi, c'est ma troisième depuis tantôt... Eh bien, et toi, tu n'en prends pas ?.. allons, ça ne te fera pas de mal.

— Non. non, je goûterai à l'anisette.

— De l'anisette ! une liqueur de portière, tu n'en voudrais pas !

— Pour t'être agréable, alors... et puis, Fortuné ne revient pas ce soir, il dîne dehors, une fois n'est pas coutume. Va, fais-la moi faible.

Ah ! ah ! Fortuné ne rentre pas ? c'est bon à savoir, pensait Olympe, sentant fermenter en elle un vieux levain de haine, tâtons le terrain.

— Sais-tu où il dîne ce soir, ton Fortuné ? reprit-elle haut.

— Non, répond Aline négligemment.

— A ta santé, Aline !

— A la tienne, Olympe !

— Tu disais donc que tu ne savais pas où dîne ton Fortuné ?

— Oui. Je n'ai pas l'habitude de lui demander où il va... il me rend heureuse... et je n'ai point le droit d'exiger davantage.

— Et tu n'es nullement jalouse, lorsqu'il s'absente ? Tu ne penses pas qu'il puisse te faire des infidélités ?

— Pas le moins du monde.

Ah ! ah ! ah ! simplicité ! tu es encore jeune pour

une femme qui a vécu... Veux-tu que je te dise, moi, où il est, ton Fortuné?... Il est au quartier latin.

— C'est bien possible, interrompt Aline, il y connaît tant de monde.... mais comme tu me dis cela..!

— Oui! oui! Aline, prône-le-nous, ton Fortuné, parle-nous de sa fidélité; pendant que la pauvre petite Aline se rend à son atelier, monsieur fait ses farces, il papillonne autour des brunes et des blondes.... il se moque de toi.

— Ce n'est pas vrai, je suis sûre que non, tu mens, Olympe, répond Aline avec exaltation.

— Je mens? Tiens, veux-tu que je fasse les cartes?

— Non! les cartes se trompent, et puis si, par hasard, elles me disaient des choses tristes, je pourrais me laisser aller à des idées sombres.

— Décidément, ma chère, Agnelet nous l'avait bien dit, tu n'es plus reconnaissable depuis que tu fréquentes ce garçon-là. Il te fait bien du tort va, ton Fortuné... Passe-moi donc les cartes.

— Tu y tiens?... Mais nous n'avons pas de jeu.

— Oh! j'ai le mien dans ma poche, tu sais, il ne me quitte pas, c'est mon *vade mecum*, je le consulte en tous lieux, à chaque instant.

Olympe battit les cartes avec une surprenante dextérité, il n'y avait pas plus habile qu'elle pour faire sauter la coupe, et les pauvres innocents du grand Café Mazarin étaient plumés d'importance lorsqu'ils jouaient avec la cartomancienne.

— Allons, dit-elle à Aline, coupe, et de la main

gauche surtout... Ah! ah! le neuf de pique et le huit de pique : *trahison et pleurs*. Je commence. Tiens! ça se présente bien : trois huit : *partie de plaisir*. Comment prends-tu ton Fortuné?... En valet de trèfle, n'est-ce pas? il est brun. Toi je te prends en dame de cœur. C'est bien cela, le voici à la suite de la partie de plaisir...

Olympe étale les cartes et compte : Une, deux, trois, quatre et cinq, la dame de carreau : méfie-toi, Aline, c'est une *femme de mauvaise vie* ; une, deux, trois, quatre et cinq, dix de pique : *à la nuit* ; une, deux, trois, quatre et cinq, valet de trèfle! Tu vois, elle est avec ton Fortuné. Une, deux, trois, quatre, cinq, as de pique (la pointe en l'air), *la bagatelle*. Et je ne te mens pas, accompagnée du huit de cœur : *amour*... Est-ce clair? Une, deux, trois, quatre et cinq, oh! mais, voici *un retard* : le neuf de carreau ; une, deux, trois, quatre, et cinq : pour *toi-même*, la dame de cœur.

Or, tu comprends, il ne rentrera pas cette nuit ; c'est particulier, je vois encore quelque chose d'intéressant ; une, deux, trois, quatre et cinq, huit de carreau : *pas et démarches*. Voilà *le chien vert* qui sort (valet de pique), il y aura quelque *mouchard* là-dedans. Une, deux, trois, quatre et cinq, as de carreau : *une lettre* pour toi ; puis une *grande contrariété*, tous les piques se réunissent ; il y a comme un *emballage* de ce côté... pourvu qu'il n'arrive rien à ton Fortuné!

Aline sourit d'abord d'un air d'incrédulité aux premières interprétations données aux cartes par

Olympe, puis elle hausse les épaules avec dépit, enfin elle parut consternée.

— Je ne crois pas tes cartes, Olympe, s'écria-t-elle enfin, Fortuné est incapable de me trahir.

— Maintenant, je te dirai une chose, fit Olympe, triomphant en soi-même, les cartes se sont présentées d'elles-mêmes et confirment en tous points mes informations.

— Allons donc !

— Tu peux t'en assurer par toi-même. Viens avec moi au *quartier*, nous passerons la soirée ensemble et nous aurons le plaisir de surprendre M. Fortuné en compagnie galante.

— Pour en avoir le cœur net, je t'accompagnerai, répondit Aline, qui était loin de s'attendre à de pareilles révélations.

Toute bouleversée, et afin de se donner un peu d'aplomb, elle avale, d'un trait, un second verre d'absinthe.

Dans un état de fiévreuse exaltation, Aline s'empare vivement de son chapeau.

— Tu ne vas pas sortir ainsi attifée, je pense, lui dit Olympe, et ton chignon ?... et tes anglaises ?

— Ah ! c'est vrai, là-bas on porte de faux cheveux ! j'en avais perdu l'habitude.

Et Aline se met en devoir de se coiffer, non sans peine, car l'émotion lui occasionne un tremblement nerveux qu'Olympe fait semblant de ne pas remarquer.

— As-tu du rouge, au moins ? reprend celle-ci.

— Oui, la boîte est là, je ne l'ai pas ouverte depuis mon arrivée ici.

— Tu sais, si je te dis cela, c'est pour que tu ne paraisses pas ridicule...

Cette toilette parachevée, Aline la fleuriste n'existait plus. L'étudiante reparaissait.

— Avant de partir, tu me permettras bien de manger un morceau, observe Aline, j'ai là un reste de mon déjeuner.

— Qu'est-ce que c'est, bon Dieu ? interroge Olympe en regardant avec curiosité dans le garde-manger.

— Du bœuf du pot-au-feu.

— Et tu manges ça ?

— Pourquoi pas ? C'est délicieux, et puis on accommode le bœuf de trente-six façons, en vinaigrette, en mironton, avec des pommes de terre, en hachis.

— Fi donc ! quelle horreur ! du bouilli... Ah ! bien, si on en offrait au restaurant, ce n'est pas moi qui en prendrais.

— On sert des mets moins ragoûtants dans les pensions.

— Avec ça ! et puis, tiens, ton bouilli, c'est un régal de pauvres gens, le pot-au-feu signifie la misère vec.

Les sarcasmes d'Olympe empêchèrent Aline de manger, le premier morceau s'arrêt; sur ses èvres.

— Allons, fit-elle, partons, j'ai hâte de vérifier l'exactitude de tes soupçons à l'égard de Fortuné.

— Oh ! si ce n'est que ça, tu seras satisfaite.

Les deux femmes partirent et comme elles sortaient

le concierge demanda si mademoiselle Aline rentrerait de bonne heure.

— Je le pense, répondit-elle, en tout cas voici la clé pour M. Fortuné.

Olympe ne voulut pas se rendre à pied au quartier latin ; Aline lui disait :

— Prenons l'omnibus.

— Non, non, je *nous paie* une voiture... en voici une. Cocher !... votre numéro... en route.

— Où faut-il conduire ces dames ?

— Place de l'Odéon, et bon train.

Olympe est montée la dernière et vient de fermer la portière, lorsqu'elle se penche en dehors en s'écriant :

— Cocher ! prenez le boulevart Sébastopol, c'est plus gai.

— Bien, bien, fit le cocher en grommelant.

Les fonctionnaires de cet ordre n'aiment pas qu'on leur trace leur itinéraire. Les exigences du chaland les exaspèrent, et comme il faut bien qu'ils expriment leur fiel sur quelque chose, ce sont les pauvres rossinantes qui supportent les conséquences de la bile rentrée de leur maître.

Or, le cocher allongea de vigoureux coups de fouet à ses deux chevaux tant que dura le trajet du boulevart Sébastopol. Heureusement pour les malheureuses bêtes que du train dont il les fit marcher, elles atteignirent, en un rien de temps, la place du Châtelet, parages plus agréables au maître.

Ici Olympe hèle de nouveau le cocher.

— Prenez les quais, le Pont-Neuf et la rue Dauphine.

L'automédon fait la sourde oreille et continue en maugréant droit devant lui. Les tristes bucéphales durent supporter une nouvelle pluie de horions.

— Laisse-le donc tranquille, cet homme, fit Aline avec impatience.

— Tu es bonne toi, je le paie c'est pour qu'il nous conduise par où nous voulons. Tiens ! mais il ne m'a pas comprise à ce qu'il paraît... Cocher ! cocher ! je vous ai dit de prendre les quais...

Enfin ces dames sont descendues place de l'Odéon en face du théâtre ; Aline est fort curieuse de savoir où son amie la conduit.

— Tu vas le voir, lui répond la harpie.

— Rappelle-toi, continue Aline, que tu t'es engagée à me faire voir Fortuné... Si réellement j'acquiers la certitude de sa trahison, tu m'auras rendu service en m'amenant ici ; au contraire, si...

— Sois tranquille, tu ne perdras rien pour attendre. Nous nous rendrons d'abord chez un de ses camarades, il n'y sera pas encore. Mais au moment où il se présentera, tu pourras te cacher et tu assisteras à la représentation, pour apparaître ensuite dès que tu le jugeras à propos.

— Ah ! mon Dieu ! mon Dieu ! tu me désespères Olympe.

— Pauvre petite, reprend sournoisement la vipère, à quoi te sert donc l'expérience que tu as acquise ? Comment ! tu croyais bonnement à la fidélité de ton Fortuné !

— Hélas ! je l'aimais tant... mais à présent, je suis jalouse, je le déteste... je le quitterai demain et je me remettrai à faire la noce... pour le vexer.

— Ah ! ah ! ah !

Non contente de retourner le poignard dans le cœur de son amie, cette captatrice méprisable se riait encore des tortures qu'elle faisait endurer à la pauvre Aline.

Elles descendent la rue de l'Odéon, Olympe s'arrête au coin de la rue de l'École-de-médecine.

— Nous sommes arrivées, fit-elle. Entrons ici, et montons au cinquième.

XIV

LE CAFÉ A LA MORT

> « C'est toi, divin café, dont l'aimable liqueur... »
> *Les trois Règnes de la nature.* — Delille.

Après avoir gravi les cinq étages, on se trouve en face de trois portes ouvrant sur le carré.

Au beau milieu de celle de droite s'étale une pancarte sur laquelle on lit :

```
┌─────────────────────────────────────┐
│                                     │
│           BRISEBOIS                 │
│                                     │
│       Etudiant en médecine          │
│                                     │
│  Visible de minuit à dix heures du matin. │
│                                     │
│        Frappez fort, s. v. p.       │
│                                     │
└─────────────────────────────────────┘
```

Cette pancarte est enguirlandée de sujets plus ou moins croustilleux, dont messieurs les amis de Brisebois, ayant quelques dispositions naturelles pour les bambochades, se sont plu à l'enrichir.

D'un autre côté, la porte elle-même se trouve criblée, comme le *sous-main* d'un employé de ministère, de noms et de devises tracés au couteau, à la craie ou au crayon.

Ici on a écrit, avec une orthographe fantastique : *Vieuz cinge gai pausai deuseur ata paurt—Méli;* et au-dessous, cette réponse: *Repasse demain, même heure, je n'y serai pas.* Là on lit cette laconique invitation : *Ce soir, huit heures, chez moi, femmes charmantes, on lunchera.—Canulard;* plus loin : *Dèche complète, je te demande demain à déjeuner. — La Consolation, chevalier de la bourse plate.*

C'était une habitude de tatouage passée dans les mœurs de ces messieurs.

J'ai connu des gens plus raffinés qui plaçaient cet écriteau à l'entrée de leur domicile :

Défense d'afficher et de déposer, etc... sur cette porte.

Mais ils avaient soin, ceux-là, d'accrocher à portée de la main du visiteur une ardoise et une double ficelle, munie à l'un de ses bouts d'un morceau de craie et à l'autre bout d'un atome d'éponge.

Je recommande ce système aux amateurs.

Aline non plus qu'Olympe ne purent apercevoir les illustrations de la porte, attendu qu'à ces étages éthérés (quatrième, cinquième, sixième et *même septième*, depuis l'*Haussmannisation*(1) de Paris), les propriétaires ne sont pas dans l'usage d'éclairer le soir leurs locataires.

(1) Nouvelle expression paraissant provenir de l'allemand: *Hauss*, maison, et *mann*, homme : *Homme-maison.*

A peine Olympe eut-elle cogné que la porte s'ouvrit.
— C'est nous, fit-elle.
— Entrez, mes déesses.
— Je connais cette voix, pensait Aline.
Aussitôt un cri lui échappe : Brisebois !
— Lui-même, ma charmante.

> Elle a fui comme une ombre,
> En me disant : Je reviendrai...

Messieurs, je vous annonce Aline.

L'intérieur dans lequel nous pénétrons réclame une description minutieuse.

La pièce est petite. En ne perdant pas un pouce de carrelage, car le local est carrelé, on pourrait tenir là six à huit personnes. Au milieu se dresse un guéridon atteint de claudication sur lequel on remarque deux verres de formes disparates, une tasse ébréchée, un bol, une théière égueulée, une cafetière, dite du Béloir, et des bouteilles. Il y a, bien entendu, dans cette pièce, un lit, mais il est dissimulé sous une accumulation d'effets et de linge sale. Une botte, parsemée de chancissures, y laisse voir sa tige derrière un chapeau *carabossé ;* un vieux parapluie est jeté à côté. Si l'on se penchait sous ce lit, on se trouverait en présence d'un pandemonium insensé : des assiettes gisent en cet endroit, coudoyant de vieilles brosses ; des peignes édentés et crasseux, une crinoline délabrée, des savates, ont donné rendez-vous, dans ce réceptacle, à des croûtes de pain, à des os de côtelettes, à un saucisson octogénaire, etc., etc.; en un mot, c'est la boîte aux ordures.

Passons ailleurs. Ici c'est le canapé, sorte de meuble recouvert de velours jadis vert. Aujourd'hui la teinte du tissu est celle d'une mer agitée sur un banc de sables mouvants. Les ressorts se sont détendus et, transperçant crin et coutil, dardent en l'air leurs pointes homicides. Lorsqu'on s'assied sur cette chose on perçoit, dans ses profondeurs, de lugubres échos, comme le son d'une douzaine de marteaux sur les cordes rompues d'un piano. Ce meuble est réservé aux dames. Dans le tête-à-tête, l'heureux habitant de ces lieux en partage les douceurs avec madame ; c'est probablement au tête-à-tête qu'il faut attribuer l'état de délabrement de la causeuse !

N'oublions pas deux autres chaises et la commode surchargée de livres de médecine, de paperasses et de différents instruments de chirurgie.

La cheminée offre pour curieux horizon : une tête de mort, en guise de pendule. « Elle n'enseigne pas la marche du temps, mais elle en indique les ravages. » A droite, un pot à tabac, à gauche un narghilé.

Derrière, une glace, dont le pourtour est hérissé des photographies de ces dames, vierges folles que l'étudiant connaît ou ne connaît pas.

Les exhibitions de ce genre posent un homme.

En voyant semblable galerie, le sot murmure :

— Heureux gaillard !

Si nous jetons, à présent, les yeux sur les murs, nous pourrons voir quelques gravures obscènes dont la possession est fort goûtée de nos jours. Je cite les intitulés des sujets : *Départ pour le Sabbat*, le *Curieux*, *Nécessité n'a pas de loi*, *Honni soit qui mal y pense*, etc., etc. C'est ensuite un râtelier de pipes chassieuses ; une guitare, sur le retour, étale, un peu plus loin, une corde unique sur ses formes ventrues.

Nous nous dispensons enfin d'inventorier le matériel des armoires, qui cependant nous cèlent bien d'autres curiosités, parce qu'il est grand temps d'en finir.

On a pu le voir par ce récolement, Brisebois n'a pas la bosse de l'ordre.

Occupons-nous maintenant des gens qui se trouvent chez lui ce soir-là : son inséparable Canulard, d'abord, Gustave, La Consolation et Agnelet. On se le rappelle, ce dernier a parié qu'Aline ne se dérangerait pas.

— Eh bien, messieurs, vous voyez, j'amène Aline, s'est écriée triomphalement Olympe.

Agnelet est confondu. Il se garde, néanmoins, d'exprimer sa surprise.

— Madame est sans doute venue pour se dédommager un peu de ses trois mois d'exil, reprend Brisebois, d'un ton moqueur. On regrette son petit Bullier, hein ?... Tu prends du café, Aline.

— M. Brisebois, je ne vous ai jamais autorisé à me tutoyer, que je sache, je suis chez vous et j'ai droit à vos égards.

— Comment la trouvez-vous, cette petite Aline ? Depuis qu'elle a *travailloté*, quelle poseuse !

— La Consolation, prépare l'ambroisie, mon vieux.

— Qu'est-ce que vous offrez ? dit Olympe.

— Chère amie, un nectar comme tu en boiras aux

8.

enfers, du reste le nom dont nous avons baptisé ce breuvage l'indique : La Consolation va confectionner du CAFÉ A LA MORT !

— Du café à la mort ! qu'est-ce cela ? s'écrient toutes les voix.

— Vous m'en direz des nouvelles, interrompt La Consolation, laissez-le passer... c'est une invention à moi.

— Alors ça ne doit pas être fameux.

— Merci du compliment, Olympe.

Le *café à la mort* de La Consolation était une de ces conceptions insensées, comme il en naît quelquefois dans le cerveau de ces jeunes dépravés, cuirassés par les excès ; La Consolation, cet être abruti par l'absinthe et les liqueurs fortes, avait eu l'idée, un jour, de substituer le rhum à l'eau pour passer le café. Il en résulta une concentration horrible que les palais de fer pouvaient seuls supporter.

La Consolation avalait cette liqueur infernale sans sourciller. Mais comme la plupart des individus qui goûtaient à cette étrange invention en étaient fort incommodés, que des attaques de nerfs en étaient souvent la conséquence, La Consolation donnait à sa combinaison le nom de CAFÉ A LA MORT !

Les verres et les tasses se remplissent... le bol est pour La Consolation. Les hommes trempent leurs lèvres dans l'affreux chicotin.

— C'est roide ! dit Canulard en faisant la grimace.

— Mâtin ! quel bouquet ! murmure Brisebois.

— Buvez donc, mesdames, ajoute Gustave, c'est un abluant souverain pour l'estomac.

— Tout à l'heure, nous avons le temps.

Aline, ne voyant pas arriver Fortuné, commençait à s'impatienter. Olympe comprit son anxiété et la consola en ces termes :

— Ton Fortuné est trop occupé, ma chère, il ne pense guère à toi, je t'assure ; imite-le, j'irai le chercher, s'il tarde... A propos, Brisebois, avez-vous-vu M. Fortuné, aujourd'hui ?

— Oui ; répond captieusement Brisebois, je l'ai aperçu tantôt, avec un petit minois au bras, fort gentil, du reste.

— Vous êtes sûr, monsieur Brisebois ! demande Aline en le prenant par le bras.

— Certainement. Eh quoi ! l'incident t'étonne, ô Aline de mon cœur ! Tu es délaissée... eh bien ! ça se voit tous les jours, ces choses-là. Il t'a lâchée d'un cran, ton amant.

— Mais c'est affreux ! jurez-moi que vous êtes sincère ?

— Je ne jure jamais, mademoiselle, mais voici Canulard qui affirmerait au besoin.

— Oui ! oui ! j'affirme le fait. L'heureux mortel a découvert une merveille dans ces parages, une petite blondinette avec une frisure assassine sur le front... fichtre ! il la serrait de près... à présent il doit se passer des choses...!

Ces révélations anéantissent Aline : elle ne devine pas le piége qu'on lui tend, absorbée qu'elle est dans sa douleur.

— Je suis abandonnée, trahie, se dit-elle, par le seul être que j'aie réellement aimé... C'est une infamie ! Le courage me manque, mais, si je fonds en larmes, ces gens-là se moqueront de moi... il faut que je boive... alors, quand il paraîtra, lui, j'aurai la force de lui dire ce que je pense de sa conduite. Je romprai pour jamais ce soir avec lui... Demain, j'hésiterais, je pardonnerais et j'aimerais de nouveau.

Dans une telle disposition d'esprit, Aline, sans savoir ce qu'elle faisait, but d'un trait un grand verre de *café à la mort*.

Elle ne ressentit pas aussitôt l'effet du poison, mais, peu d'instants après, il lui sembla qu'un épais brouillard obscurcissait ses yeux ; ses mains se portèrent instinctivement à son front, comme si un poids de cent livres s'y fût posé, un feu brûlant la dévorait intérieurement. Ses doigts se crispent, ses nerfs se tendent, son visage se décompose. Il y a intoxication.

— Mais cette enfant est malade, dit Agnelet en s'approchant d'Aline, retenez-la, elle s'évanouit.

— Ce n'est rien, répond Brisebois avec flegme, une potée d'eau sur la tête, et ça passera.

Un homme seul n'est pas capable de maintenir une femme, si délicate et si faible qu'elle puisse être, une fois qu'elle est en proie aux attaques de nerfs. Aline entrait justement dans d'affreuses convulsions.

Tous s'y mirent. Alors se passa une de ces scènes émouvantes et terribles auxquelles il a fallu assister pour s'en rendre compte.

La malheureuse Aline est, dès l'abord, tombée à terre, se livrant à des accès frénétiques, se frappant la tête contre le carrelage au risque de se la briser, serrant convulsivement, avec ses mains, tout ce qu'elle peut atteindre.

— A boire ! à boire ! criait-elle dans son délire.

— Déshabillons-la, fit Agnelet avec émotion, donnons de l'air, j'en ai vu passer deux dans de semblables crises.

Agnelet n'était pas un étudiant en médecine pour rire, comme Brisebois, il comprenait la gravité du cas ; il fallait aviser d'urgence. Brisebois lui-même commençait à avoir peur. Olympe regardait avec effarement cette femme que quatre hommes avaient toutes les peines du monde à tenir, quoiqu'ils lui serrassent à deux mains qui une jambe, qui un bras. Ils la jetèrent ainsi sur le lit et la débarrassèrent de ses vêtements. La position horizontale et l'absence d'entraves parurent procurer à la malade un certain soulagement.

Agnelet profite d'une trêve pour examiner Aline ; le front est brûlant, le pouls agité.

— La première crise est passée, dit-il, mais la deuxième sera violente. Observez-la tandis que je vais établir l'ordonnance.

Effectivement, Aline sortit de l'acrisie pour retomber dans d'épouvantables convulsions. Elle saisit même Brisebois par un bout de sa cravate et le malheureux eût certainement subi la plus inattendue des strangulations si Canulard n'eût eu la présence d'esprit de s'emparer d'un couteau et de trancher le bout d'étoffe que la main d'Aline serrait comme dans un étau.

Olympe revint avec la potion antispasmodique. Ce ne fut pas chose facile que de la faire avaler à la pauvre Aline. Plus elle se sentait contenue par les quatre jeunes gens, plus son exaspération devenait violente.

— Laissez-moi, hurlait-elle. Fortuné ! Fortuné ! où est-il ?... je veux le voir... je ne veux pas mourir...

— Le délire ! c'est bon signe, observe Agnelet, qui est parvenu à faire ingérer à la malade plusieurs gouttes de la potion.

— Quelle suée ! murmure Brisebois, ma foi, j'en ai assez... je la lâche, mes mains tremblent.

— Gardez-vous-en bien, lui répond Agnelet, pour qu'elle aille se jeter par la fenêtre.

— Ah ! je m'en souviendrai du *café à la mort*, ajoute Canulard.

La Consolation ne paraissait nullement ému.

Olympe eût été complétement dénuée de tout sens moral si, dans cet instant, elle n'eût pas, tant soit peu, regretté sa conduite.

Grâce aux médicaments employés par Agnelet, l'état d'Aline devint moins alarmant, aux attaques de nerfs a succédé une sorte d'abirritation.

Agnelet affirme qu'il y aurait imprudence à déranger Aline.

— Il faut qu'elle passe la nuit où elle est, fit-il à Brisebois.

Ces messieurs, voyant cela, prennent congé et s'en vont avec Olympe.

— Je reste un instant encore auprès d'elle, dit Agnelet.

XV

LE CONCERT DES FOLIES-DAUPHINES

« Un autre, ô ciel ! quels supplices ! »
Ode X. L'amant jaloux. — Gentil Bernard.

C'était bien Fortuné qu'on avait rencontré avec une petite blonde au bras ; mais on oublia de prévenir Aline qu'une personne d'âge respectable accompagnait la petite blonde. Il s'agissait en effet de la mère de la jeune fille chez qui l'étudiant avait passé sa soirée.

A dix heures, il prit rapidement le chemin de la rue Saint-Denis. Son cœur battait à tout rompre en approchant de chez lui ; le jeune homme se reprochait de laisser Aline si longtemps seule.

— Elle va me gronder, se disait-il. Tiens ! il n'y a pas de lumière à la croisée. Lasse d'attendre, elle repose sans doute.

En passant devant la loge du concierge, ce dernier l'appela.

— Monsieur, votre clé...

— Ah ! Et *elle* ?

— Vot'dame est partie sur le coup de six heures... elle ne devait pas tarder à ce qu'elle m'a dit.

— Et vous a-t-elle désigné l'endroit où elle allait ?

— Non, monsieur, je crois ben que c'est quéque partie de plaisir qui la retient.

— A son atelier, une fête à souhaiter ?

— Oh ! ben, non, c'est pas ça, allez. Elle est partie avec une dame, vous savez, de ces petites dames qu'ont des *traînasses* par derrière et des chignons à n'en plus finir.

— Êtes-vous sûr ?

— Si j'en suis sûr ! aussi vrai que l'bon Dieu nous éclaire, que même, j'ai dit à mon épouse : C'est drôle tout de même, la petite dame du quatrième, qui est si comme il faut, recevoir des *créatures*... je ne l'aurais pas cru.

— Quelle est cette femme ? pensait Fortuné ! Elle est restée longtemps là-haut, cette étrangère ?

— Attendez, elle peut ben avoir demeuré deux bonnes heures, témoin que vot'dame est allée chercher du bois d'abord, pour faire du feu sans doute, et puis elle a descendu avec une bouteille, puis elle a redescendu susséquemment avec la même bouteille, c'est ben sûr quéque chose qu'on aura pris chez le marchand de vin.

— Est-il possible ! dit Fortuné ; après tout, si elle est sortie, c'est qu'elle avait à faire. Elle ne tardera pas maintenant. Elle me sait en soirée, elle a cru pouvoir différer son retour.... allons, bonsoir, je vais me coucher.

— Bonne nuit, m'sieu Fortuné, fit le concierge d'un air fin. Je crois ben que la donzelle ne rentrera pas au nid c'soir, mon p'tit, murmura-t-il ensuite en refermant son guichet.

Fortuné pénètre dans sa chambre et allume une bougie. Les premières choses qui frappent ses regards ce sont les deux verres qu'Aline a laissés en évidence sur la cheminée.

— On a bu de l'absinthe, fit-il en examinant un des verres ; la visiteuse sans doute, Aline n'en veut plus entendre parler... mais non, elle aussi ! ah ! mademoiselle, une boule noire pour vous, vous n'avez pas pour deux liards de caractère... Qu'est-ce que c'est ?

— Fortuné venait d'apercevoir sur la table les cartes éparses. Il devine, à leur compassage, qu'une émule de mademoiselle Lenormand a dû en tirer des horoscopes.

— Décidément, continue l'étudiant avec ennui, ce portier a raison, la visite de tantôt me déplaît ; sachons un peu quel genre de toilette Aline a pu faire... ah ! cette boîte de rouge ! on s'est maquillée... on a mis le faux chignon aussi.... Tout cela me chiffonne.

Et les yeux de Fortuné s'abaissent machinalement sur le jeu de cartes.

— Les cartes de cette femme, sans doute. Voilà qui est particulier, il me semble reconnaître cet as de carreau, dont une main désœuvrée a fait, à coups de plume, une tête de pierrot, en dessinant ici le chapeau, là le buste de l'individu, tandis que le losange rouge a formé la figure.... J'ai déjà remarqué cette carte quelque part... au fait, j'y suis, au *Muzarin*, je me rappelle, entre les mains de cette Olympe, la maîtresse de Gustave.... plus de doute, l'absinthe, ces apprêts de toilette, m'indiquent assez que l'on a dû se rendre au quartier latin... Aline, voilà qui est mal... Cette escapade, je l'aurai longtemps sur le cœur.... Que faire? me transporter de l'autre côté de l'eau et déterrer Olympe, si c'est possible, pour avoir la clé de cette énigme.

Sur ce, il descend quatre à quatre et remet sa clé à la loge, sans mot dire.

— Monsieur sort? interroge le concierge, qui, ne recevant aucune réponse, continue dans un aparté:

— Pour sûr, il va chercher mademoiselle, il a des soupçons, le p'tit. Quelle drôle de chose que ces ménages-là.

Tout soucieux, Fortuné longe la rue Saint-Denis. Onze heures sonnaient, lorsqu'il atteignit le Pont-Neuf. Trouver Olympe ou du moins rencontrer quelqu'un pouvant indiquer le domicile de cette femme, tel était son but. Il entre d'abord au café Mazarin, puis en face, au café Belge. Personne. Il remonte la rue Dauphine, en ayant le soin d'inspecter les débits de liqueurs. Arrivé à la hauteur de la rue Contrescarpe, il s'arrête en face des Folies-Dauphines. Les étudiants, dans leur langage imagé et pittoresque, désignent ce café chantant sous le nom de *Beuglant*. Fortuné entre dans l'établissement.

Une galerie environne et surplombe la salle, de là, on domine le public du parterre. Fortuné s'installe à la galerie et scrute le café, en cherchant des personnes de connaissance.

Pour le moment, orchestre et chanteurs se taisaient.

Tout-à-coup, durant l'entr'acte, une vague rumeur s'élève dans l'auditoire. Le cas est fréquent aux Folies-Dauphines, aussi les habitués prennent-ils peu de souci de ces troubles passagers. Si le bruit est persistant, s'il y a échange de coups de poings, alors l'habitué se décide à monter sur sa chaise et à contempler l'affaire de sa place. Or, les clameurs devenant, ce soir-là, de plus en plus violentes, on se demandait quelle était la cause du désordre. Je vais l'expliquer :

Deux particuliers venaient de pénétrer, avec un grand fracas, dans le café, se faisant jour au milieu des spectateurs, renversant sur leur passage chaises et tables, afin de parvenir au premier rang. Comme les garçons de l'endroit connaissaient ces messieurs, on n'appela pas la garde. Se fût-il agi d'un pauvre diable d'inconnu, on l'eût incontinent appréhendé au corps. Ne nous appesantissons pas.

Quelques spectateurs moins endurants que d'autres prient les tapageurs de se tenir tranquilles. Des mots aigres sont échangés de part et d'autre, on gesticule et le public prend fait et cause, se divisant, comme d'ordinaire, en deux camps. Les uns tenaient pour ces deux messieurs, les autres pour les consommateurs outragés.

De là bruit et cris, jusqu'à ce que l'orchestre, s'ébranlant de nouveau, vint mettre un terme à l'orage.

Les auteurs de l'incident, nous les connaissons, ils ne sont autres que Canulard et La Consolation.

En sortant de chez Brisebois, Olympe et Gustave sont retournés chez eux ; quant à Canulard et à La Consolation, le café à la mort les ayant plongés dans un certain état d'ébriété, ils ont pensé à s'achever aux Folies-Dauphines.

Fortuné aperçut les jeunes gens au plus fort de la discussion et les reconnut.

— En voilà deux de la bande d'Olympe, se dit-il, je vais aller de leur côté.

Parvenu près d'eux :

— Bonsoir, fit Fortuné, en frappant sur l'épaule de Canulard.

— Tiens ! ce cher ami, asseyez-vous là, mon bon ; que prenez-vous, une choppe ?... Avez-vous entendu ces *gâteux*, comme ils jappaient après nous?

Canulard promenait en même temps des yeux furibonds autour de lui.

— Dites-moi, Canulard, avez-vous vu Olympe, aujourd'hui? interroge Fortuné avec émotion.

— Olympe, nous la quittons, pas vrai, La Consolation?

Ce dernier fait un geste affirmatif.

— Mon ami est *pompette*, voyez-vous, il a le vin sombre. Canulard souriait en prononçant ces mots.

— Ah ! vous quittez Olympe, continua Fortuné d'un air pensif.

— Aline aussi était de la partie... vous ne veillez donc plus sur elle... on disait pourtant que vous étiez inséparables ?

— Pardon, permettez, avant d'aller plus loin, vous

parliez d'Aline... où l'avez-vous laissée? interrompt vivement Fortuné.

Chez Brisebois, parbleu !

— Chez Brisebois? allons donc, c'est impossible !

— Comment, impossible? Eh bien, puisque vous ne me croyez pas, je ne vous en dirai pas davantage.

— Au contraire, reprend Fortuné avec anxiété, contez-moi tout, mon ami, et pardonnez-moi.

— J'ajouterai donc encore, comme renseignement complétif, qu'Aline demeurera probablement avec Brisebois jusqu'à demain.

— Mais tu sais bien qu'elle est cou... couchée chez lui, balbutia La Consolation.

— Ah? pour le coup, je vais la chercher.

Fortuné s'est levé précipitamment, Canulard le retint.

— Ecoutez, restez ici, pas tant de précipitation. La Consolation barbote; ses souvenirs le servent mal. Brisebois est avec votre Aline, dans un hôtel quelconque. Il n'ont pas voulu s'exposer, que diable! à être surpris par vous.

La Consolation regardait Canulard d'un œil terne et hébété, puis ouvrant la bouche pour parler, on put distinguer cette phrase que l'ivrogne s'efforçait de rendre intelligible :

— Elle est forte, celle-là... mais quand... quand... je te dis... qu'elle est cou... cou... chez Brisebois.. moi...

— Tais-toi, tu bégaies, tu patauges, et Canulard mit la main sur la bouche de son ami... Fortuné, entendez-moi : Aline a passé la soirée avec nous et

Olympe, chez Brisebois, on a beaucoup ri, beaucoup bu, témoin la situation de cet idiot, beaucoup *folichonné*, on s'est séparé ensuite; Brisebois a gardé Aline, mais je vous affirme que les deux tourtereaux ont fui à tire d'aile vers des lieux inconnus.

— Assez, assez, murmure Fortuné, que ces détails ont plongé dans la consternation.

Comment s'imaginer, en effet, que cette femme qu'il a retirée de son abjection, pour laquelle il se dévoue corps et âme, au risque de compromettre son avenir, que cette femme qui disait n'avoir jamais aimé que lui, qui s'était traînée à ses pieds, embrassant ses genoux et l'appelant son libérateur, l'eût ainsi trompé!

— C'était donc une comédienne vulgaire, pensait tristement le jeune homme, ses pleurs étaient un mensonge; son amour une dérision, son assiduité passagère au travail un leurre!... Je ne l'aurais jamais cru, voilà cependant les gens qu'elle me préfère !

Et Fortuné regardait Canulard et l'ivrogne. De nouveau il accable Canulard de questions.

— Savez-vous comment Aline est allée à cette réunion? Olympe ne l'a-t-elle pas amenée?

— Effectivement, elles se sont présentées ensemble.

— Et vous attendiez Aline?

— Olympe avait prétendu hier, à la pension, que son amie viendrait, on a même proposé une gageure à ce sujet; l'un disait : Aline ne viendra pas sans Fortuné ; les autres affirmaient le contraire, enfin Brisebois ajoutait : elle viendra.

— C'est inconcevable, articule faiblement Fortuné, son aversion pour Brisebois était donc feinte? oh! je suis joué odieusement.

— Je vous trouve bien jeune, poursuivit plaisamment Canulard, de vous désespérer. Mon cher, après tout, vous avez passé votre caprice : au tour d'un autre, à présent.

Fortuné trouva cet homme cruel. En effet, il raisonnait comme un libertin sans cœur.

— Oh! oui, reprend La Consolation, Brisebois a vou... a vou... a voulu passer son ca... son ca... price; c'est évident, ça le dé... dé... mangeait.

Fortuné ne sait plus à quel saint se vouer. Aller chez Brisebois? mais Canulard affirmait qu'*elle* ne s'y trouvait plus; d'autre part, en admettant qu'elle y fût, Brisebois n'irait pas ouvrir sa porte, au risque de se trouver en face d'un amant outragé; de plus, provoquer un scandale nuitamment, dans une maison où l'on n'est pas connu, c'était courir la chance de se faire jeter à la porte par un concierge, se couvrir de ridicule, et puis, enfin, de quel droit irait-il réclamer cette femme à Brisebois? Elle n'était que sa maîtresse. O perplexité!

Néanmoins Fortuné se plaisait à douter encore.

— Il y a là-dessous, pensait-il, quelque chose que je ne comprends pas. Cette Olympe est venue surprendre Aline, elle l'a fait boire, puis, profitant de sa faiblesse, elle l'a attirée dans un piége. D'un autre côté, si Aline m'eût réellement aimé, si elle eût craint de me déplaire, elle n'eût pas cédé à l'entraînement, c'était si facile : prétexter des affaires, le travail, n'importe quoi ; mais se rendre à l'invitation d'une Olympe, aller passer la soirée chez un Brisebois, prodiguer à cet être qui l'insulte et la méprise les caresses les plus tendres....

Non ! Fortuné était pétrifié.

Le concert est terminé, le café ferme et les consommateurs désertent, comme un seul homme, tandis que l'on éteint le gaz.

— Or, reprit Canu'ard, je vais reconduire ce pauvre diable dans son cabanon, pour qu'il ne lui advienne rien de fâcheux, et j'irai me coucher.

Fortuné s'empresse de prendre congé des deux bohêmes, qui s'en vont abalourdis, en titubant.

L'amant d'Aline n'a plus qu'une chose à faire : retourner chez lui et attendre jusqu'au lendemain pour aviser.

Comme bien l'on pense, il ne dormit pas et la nuit lui parut d'une longueur interminable. Dès l'aube il fut sur pied et sa première pensée fut pour Aline.

— Elle n'est pas de retour, oh ! Aline, c'est mal ! Si au moins je pouvais attribuer à une cause déterminée ta conduite... mais je ne dois et ne peux plus la revoir, cette femme... Elle est coupable envers moi... Quittons cette maudite maison, ce quartier, éloignons-nous vite pour ne plus entendre parler d'elle.

Cette décision subitement prise, Fortuné donne immédiatement congé de sa chambre, il paie cependant quinze jours en plus, afin de ne pas laisser Aline sur le pavé ; le bagage de l'étudiant est peu volumineux : deux malles, un carton à chapeau et quelques livres. Le tout est mis sur une voiture, et le véhicule emporte le jeune homme vers une destination inconnue...

— J'savais ben que ça finirait comme ça, dit la concierge, en regardant s'éloigner le fiacre.

XVI

LE LENDEMAIN

> « Aujourd'hui..... Demain ! ! ! »
> VICTOR HUGO.

Nous avons laissé, chez Brisebois, Aline plongée dans une sorte de léthargie et Agnelet demeuré auprès d'elle avec le complice d'Olympe.

Ce dernier pensait que son ami ne tarderait pas à s'éclipser comme les autres, d'autant plus qu'il devait quitter Paris le lendemain matin pour se rendre dans sa famille. Reçu docteur en médecine depuis peu, le moment de prendre des vacances définitives avait sonné pour le jeune homme.

Mais Agnelet ne manifestait nullement l'intention de se retirer. Brisebois rompit le silence en ces termes, avec une visible impatience.

— Maintenant, mon cher, vous pouvez me remettre, je crois, le soin de veiller sur Aline ; demain elle sera radicalement guérie.

— Non, répondit Agnelet avec fermeté, une nouvelle crise peut se produire et, le cas échéant, vous seriez fort embarrassé, seul, avec Aline. Il est préférable que je reste.

— Baste !

— Il n'y a pas de baste, nous n'étions pas trop de quatre ce soir, et...

— Gageons que vous avez une arrière-pensée, hein ? vous vous dites : Si Aline demeure isolée avec Brisebois, lui qui n'est pas de marbre, Aline non plus, etc...

— Vous l'avez deviné, oui, je tiens à rester ; au moins ce pauvre Fortuné, qui doit être très-inquiet maintenant et le sera bien davantage lorsqu'Aline se sera anuitée. Fortuné, dis-je, trouvera en moi un témoin non suspect pour lui répondre de l'innocence de cette femme

— Vous me semblez cocasse, Agnelet, pour ne pas dire plus ; partez et me laissez seul avec Aline. Elle est chez moi, elle y restera ; vous, c'est différent.

— Nous allons bien voir, d'abord je m'installe et je m'incruste.

Brisebois, on le sait, n'était pas endurant. Depuis longtemps il se promettait de posséder Aline, la partie était belle ; on l'avait mûrie, calculée ; être sur le point de gagner et voir se dresser inopinément un obstacle : Agnelet !... il y avait certes de quoi rendre furieux un homme égaré par la passion contenue.

Aux derniers mots prononcés par Agnelet, Brisebois se lève et regarde fixement le jeune docteur en croisant les bras.

— Vous allez partir, vous dis-je, Aline m'appartient, et vous aurez beau faire, aux yeux de Fortuné elle n'en aura pas moins demeuré une nuit dehors; ce monsieur sera fixé sur la valeur morale de sa dulcinée; ainsi, autant vaut que je profite de l'occasion.

— Et voilà justement, Brisebois, le motif pour lequel je m'attache à vous; les charges les plus accablantes vont peser sur elle, à tort ou à raison; moi étant ici, je contrôle, et je raccommode ensuite les deux amants, est-ce clair ?

— Agnelet, ne me faites pas sortir de mon caractère...

— Sortez-en.

— Je vais vous insulter.

— Je ne répondrai pas.

— Je vous appellerai insolent! goujat! malotru! cuistre!

— Allez toujours.

— Je vous frapperai.

— Osez-le donc! s'écrie Agnelet.

Le jeune homme ne s'attendait guère à pareille sortie. Il eût laissé volontiers le rustre lui vomir à la face un torrent d'injures, mais du moment où la main de Brisebois fit le geste d'effleurer son visage, oh! alors tout son sang bouillonna.

— Ah çà! monsieur, votre rôle est tristement bouffon, vous m'insultez, vous parlez de me frapper, mais regardez-vous donc? Comment! vous attirez chez vous une malheureuse fille, une pauvre femme simple et faible, qui vit heureuse auprès d'un homme qu'elle adore et qui l'aime, d'un homme qui peut la sortir pour toujours des bas-fonds de la société où elle était plongée, et, de gaîté de cœur, pour satisfaire vos désirs, non content de l'avoir fait tomber dans un piége indigne, vous l'avez mise, par de honteux moyens, dans un état qui rend pour elle toute résistance impossible!

— D'abord, mêlez-vous de ce qui vous regarde.

— Eh bien, oui, Fortuné est mon ami et je prends cette femme sous ma protection... Encore, avez-vous songé à cela : si elle mourait dans vos bras?

Brisebois commençait à ne plus être aussi sûr de lui.

— Aline me déteste, pensait-il ; Agnelet me quittant, elle se mettra évidemment à pousser des cris de terreur à son réveil, les voisins entendront, et demain, pour me faire une niche, elle sera dans le cas de dire que j'ai voulu l'empoisonner. On a vu plus fort que ça.

Aline sortit de son assoupissement, réveillée sans doute par le bruit de la discussion.

— Où suis-je! mon Dieu! s'écria-t-elle en se dressant sur son séant et en promenant autour d'elle des regards effarés. Ah! oui, je me rappelle... quelle folie!... mais je veux m'en aller, il le faut, et Fortuné? il n'est pas là? on m'avait promis de l'amener pourtant...

— Rassurez-vous, Aline, je ne vous abandonne point, répondit Agnelet en se rapprochant.

— Oui, mon bon ami, restez.

— Moi aussi, je vous assiste, ma toute belle.

Brisebois, en parlant ainsi, s'empare d'une des

mains d'Aline sur laquelle il imprime un long baiser.

— Laissez-moi, laisse-moi! crie la jeune femme en retirant sa main.

— Vous êtes cruelle! Aline.

— Encore une fois, laissez-moi... Au fait, je vais me lever. Comment suis-je dans votre lit? Je me suis trouvée mal, n'est-ce pas? A présent, c'est fini. Agnelet, vous m'accompagnerez jusqu'à la maison, nous conterons tout à Fortuné et j'en serai quitte pour des reproches bien mérités!

Bien que l'envie y fût, les forces manquèrent; en vain Aline essaya-t-elle de se lever, elle retomba anéantie.

— Agnelet, je vous en conjure, envoyez chercher Fortuné. Si j'allais mourir...

— Calmez-vous, ma pauvre enfant, ce n'est rien.

— Que dit-elle? fit Brisebois.

— Elle dit.... qu'elle est incapable de faire le moindre mouvement.... elle a peur de vous.

Brisebois comprit.

— Il faut céder, se dit-il, c'est humiliant, mais la prudence l'exige. D'ailleurs, à présent que cette femme est en mon pouvoir, elle ne me dit plus rien. Si je voulais, je pourrais chasser cet individu qui me gêne et rien ne m'empêcherait de venir à bout de la femme, mais le sujet n'en vaut pas la peine vraiment.

Après s'être fait cette réflexion, Brisebois s'étendit sur le canapé. Aline semblait comme plongée dans une invincible torpeur. Des ronflements sonores apprirent bientôt à Agnelet que Brisebois se laissait aussi bercer sur les ailes des songes.

Le défenseur d'Aline, achevalé sur une chaise, ne ferma pas l'œil de la nuit et il éveilla la jeune femme à la pointe du jour.

En un clin-d'œil celle-ci fut sur pied, elle se sentait mieux.

— A présent, fit Agnelet vivement, je vais vous reconduire en voiture et de là je me rendrai à la gare de Lyon pour prendre le premier train du matin.

— Vous partez !

— Oui, Aline, je vais me réjouir, avec ma famille, de l'heureuse issue de mes examens, et dans un mois je reviendrai à Paris.

— Ne faisons pas de bruit, interrompit Aline, en se dirigeant sur la pointe des pieds du côté de la porte de la chambre, afin de ne pas réveiller cet animal.

Aline désignait Brisebois, qui ne s'était pas encore arraché au sommeil. Agnelet se félicitait aussi à l'idée de partir sans présenter ses compliments au maître de céans. Il est des êtres pour qui on éprouve des répulsions indicibles.

On sortit de l'antre du farouche séducteur, une voiture passait justement à vide dans la rue de l'Ancienne-Comédie. Les deux jeunes gens y montèrent. Aline ne cacha pas à son compagnon son impatience de se rendre auprès de Fortuné.

Elle ne s'attendait guère à trouver une chambre vide. Mais n'anticipons pas.

— Mon bon Agnelet, disait-elle en serrant les mains du jeune homme, vous me soutiendrez, n'est-ce pas, tout à l'heure? Vous lui direz qu'il n'y a pas de ma faute, que j'ai été surprise; vous ajouterez : Aline est innocente, elle ne voulait que s'assurer d'une chose : vérifier, par elle-même, l'exactitude des propos d'Olympe. Elle n'eût pas dû le faire, c'est vrai, car, après tout, un homme est libre, une femme c'est bien différent. Enfin pardonnez-lui, elle ne le fera plus.

Agnelet s'efforce de la tranquilliser. La distance qui les sépare de la rue Saint-Denis diminue graduellement.

Dix minutes plus tôt, ils se rencontraient nez à nez avec Fortuné. Aline arriva trop tard!

Le hasard se complaît à ces coups étranges.

— Ma p'tite dame, v'là la clé, dit le concierge.

— Ah! Fortuné n'est pas en haut?

— Non, il part à l'instant, après avoir emporté ses malles et donné congé..., mais, rassurez-vous, il a payé quinze jours d'avance.

Aline crut avoir mal entendu.

— Répétez-moi ce que vous venez de m'apprendre.

— C'est tout comme je vous l'ai dit, vot' m'sieu est parti pour de bon.

— Sans dire où il allait?

— Dame, j'y ai pas demandé; nous sommes la discrétion même.

— Il n'a pas seulement laissé un mot pour moi?

— Rien, mam'zelle, faut croire qu'c'est quéque chose de bon pressé qui l'appelle.

— Mais alors, il me fuit, il m'abandonne, Olympe ne me trompait donc pas; malheureuse que je suis!

Agnelet! mon ami, informez-vous, courez après lui, ça ne se fera pas, non, je ne puis vivre ainsi, sans lui....

— Hélas! je suis obligé de quitter Paris dans une heure.

— C'est vrai, je n'y pensais pas.... me laisser ainsi, comme c'est vilain! Et Aline fondit en larmes.

Une femme qui pleure inspire toujours de la compassion ; le concierge et sa moitié furent émus.

— Voyons, mam'zelle, ne vous désolez plus, il reviendra p't-être ; m'est avis qu'il a dû partir en voyage, vot'm'sieu, ses malles étaient ficelées.

— Ces braves gens ont raison, reprend Agnelet, évidemment pour verser un peu de baume dans ce cœur brisé ; retournez à votre atelier aujourd'hui, Aline, vous recevrez sans doute une lettre de Fortuné, dans la journée ou demain.... Tenez, voici un bout de billet pour Henriette, écrivez-moi l'une ou l'autre d'ici mon retour, et si Fortuné vous croit coupable, je me charge de dissiper ses soupçons.

Les adieux d'Aline et d'Agnelet furent pleins de larmes. La pauvre fille se voyait à présent toute seule, d'un coup elle perdait les deux hommes qui lui avaient témoigné le plus d'amitié, Fortuné, en la retirant de la débauche, Agnelet en l'empêchant d'y retomber. Elle eût donné sa vie pour ces deux êtres dans ce moment.

Un affreux désordre régnait dans la chambre des deux amants. En effectuant son départ précipité, Fortuné a mis tout sens dessus dessous. Les tiroirs d'une commode ouverts, çà et là des effets de femme épars, le jeu de cartes toujours en évidence sur la table et tel qu'Olympe l'a laissé.... Ce tableau augmenta la douleur d'Aline.

— Est-il possible? pensait-elle, me voilà seule à présent! Que vais-je devenir? retomber dans une vie pleine d'angoisses et d'infamie. Fortuné ne m'aime plus! Une autre femme m'a ravi son cœur! Eh bien, non, j'ai connu le bonheur quelques mois, je suis revenue à la vie calme... Je veux continuer... l'amour a épuré mon âme... En travaillant, je vivrai de privations, il est vrai, mais je vivrai la conscience nette... Si je tombe malade, l'hôpital est là, et puis enfin, une fois morte, eh bien, quelques pans de terre ne pèseront pas plus sur moi que sur le cercueil d'un riche et d'un heureux du monde.

Elle sanglotait. Fortuné avait oublié d'emporter une de ses photographies, pendue près de la cheminée.

— Ah! s'écrie Aline, il m'a laissé son portrait!

Un sourire effleura les lèvres de la jeune femme, puis la tristesse reprit le dessus.

— Je me trompe. continua-t-elle, c'est un oubli de sa part. On ne donne pas son portrait à la maîtresse qu'on chasse... Il était beau pourtant... Je me rappelle le jour où il m'apporta cette photographie... Mon amour était partagé dans ce temps-là. En me remettant sa surprise, il m'embrassa. Je voulais savoir tout de suite ce qu'il m'apportait. « Ouvre, me dit-il, tu verras. »

Et je déchirai les enveloppes en tremblant. Le portrait m'apparut, j'étais heureuse. Plus tard, pendant son absence, je contemplais cette image, en répétant : Il va venir... Aujourd'hui, elle ne me rappelle plus que mon isolement et de trop courts instants de bonheur.

En faisant ces réflexions poignantes, Aline ne cessait de pleurer amèrement. Les sources de ses larmes tarirent pourtant, les souffrances physiques se joignirent alors aux tortures morales pour l'accabler.

On ne subit pas impunément des chocs comme ceux qu'Aline vient d'essuyer coup sur coup. La malheureuse se sent prise d'une migraine épouvantable, tandis qu'un frisson parcourt ses membres ; elle se regarde dans la glace, sa figure bouleversée est d'une pâleur qui l'effraie. Désespérée, elle se laisse tomber sur une chaise, la tête cachée entre ses mains, dans la morne attitude du désespoir.

Un petit coup est discrètement frappé à la porte de la chambre. Aline a tressailli.

— Peut-on entrer? demande une voix douce qu'à son timbre elle reconnaît être celle d'Henriette, et presque aussitôt la gentille ouvrière paraît, tenant son panier à la main. L'expression rayonnante de la physionomie de la jeune fille contraste singulièrement avec la lividité et la contraction des traits du visage d'Aline.

— Je ne l'ai pas réveillé, au moins? continue tranquillement Henriette en s'approchant sur la pointe du pied, et en lançant à la dérobée un coup d'œil du côté de l'alcôve. Mais qu'avez-vous donc? vous êtes malade, ma pauvre Aline ! Cette pâleur... vous pleurez! Qu'est-il arrivé? Contez-moi vos peines.

J'ai oublié de dire au lecteur que chaque matin Henriette avait l'habitude de monter chez son amie, en passant, pour se rendre de là, avec elle, à l'atelier. Depuis deux mois, ce commerce durait. Henriette avait encore un motif pour agir ainsi ; elle voyait Fortuné et, lorsque celui-ci était éveillé, la jeune fille ne manquait pas d'amener la conversation sur Agnelet. Fortuné l'avait-il vu la veille ? Agnelet avait-il chargé son camarade de transmettre ses compliments à Henriette ? etc., et toujours il y avait quelques commissions d'Agnelet pour sa bien-aimée Henriette.

Aline raconte à son amie les tristes aventures de la nuit, la visite d'Olympe, la perfidie de Brisebois, la noble conduite d'Agnelet, la trahison de Fortuné.

— C'est bien mal de la part de monsieur Fortuné, repartit Henriette. Mais il reviendra peut-être.

— Non, c'est fini, continua Aline ; je connais les hommes à présent, ils sont tous les mêmes.

— Moi, je crois que M. Agnelet ne ferait pas ça.

— Tout comme les autres. Ah ! à propos, il m'a chargé de vous remettre un billet.

— Voyons, voyons, s'écrie la jeune fille en déchirant l'enveloppe d'une main impatiente, puis, après un silence :

C'est bien gentil ce qu'il me dit là.

— Ah ! murmure Aline avec un soupir.

— Oui, écoutez plutôt : « Mademoiselle, je suis
« forcé de partir pour un mois ; à mon grand regret,
« je n'ai pas le temps de vous faire mes adieux, mais
« votre amie vous dira pourquoi je m'absente. A mon
« retour, mon premier soin sera de me rendre à la
« sortie de votre atelier. En attendant, je vous écrirai
« souvent ; pensez à moi comme je pense à vous et

« permettez-moi de croire que vous m'aimerez un
« peu, comme je vous aime beaucoup.

« AGNELET. »

Les joues d'Henriette se sont colorées.

— Il m'en a écrit de pareilles, *lui*, murmure Aline avec reproche. Aujourd'hui, il n'a pas daigné me laisser un mot d'explication.

— Ma bonne petite amie, fit Henriette en pressant Aline dans ses bras et l'embrassant avec effusion, prenez courage, ne pleurez plus, j'irai le chercher, moi, ce M. Fortuné, ce vilain-là ; je lui dirai combien vous l'aimez, je lui exposerai votre chagrin et il faudra bien qu'il vienne. Oui, il viendra ; je ne suis pas forte, mais je suis tenace.

— Enfant, va ! vous ne réussirez pas : il promettra, il aura l'air de céder, pour se débarrasser de vos importunités, et puis il ne viendra pas ; du reste, je vous défends bien de faire cette démarche, j'ai de l'amour-propre, moi. Je ne courrai pas après lui, comme hier soir ; je me résignerai, je chasserai son souvenir et je m'efforcerai de ne pas le rencontrer... sa vue me ferait mal... Voyons, il est temps d'aller travailler, nous sommes en retard ; madame Graindorge se fâchera.

— Et la Biscotte, donc ? ajoute Henriette.

— Ne parlons pas de ces événements là-bas, dit Aline ; elles se moqueraient de moi, Follette surtout. Je serais capable de sangloter et je ne veux plus pleurer pour lui.

— Vous avez raison.

De toute la journée, Aline ne desserra pas les dents ; les ouvrières remarquèrent qu'elle avait les yeux rouges et noyés de larmes, mais personne ne se douta des graves incidents qui occasionnaient la tristesse de leur camarade.

Le soir, Henriette accompagna son amie et demeura un moment chez elle. Aline s'était demandé, dans la journée, quel parti elle allait prendre. Elle communique ensuite à Henriette les projets suivants :

— Un cabinet non garni est vacant, au sixième étage de cette maison. Le prix en est fort modéré, et j'ai envie de le louer. Maintenant, depuis trois mois que je mets chaque semaine mon gain à la caisse d'épargne, je puis avoir une centaine de francs d'économie. J'achète au bric-à-brac un lit complet, une chaise, une table, quelque peu de vaisselle et de linge, enfin un commencement de ménage. Ainsi dans mes meubles, je serai plus indépendante, et, changeant de place, rompant avec d'anciennes habitudes, une vie nouvelle commencera pour moi.

— Bonne idée, fit Henriette précipitamment ; retirez vite votre argent, et achetez un petit ménage ; c'est si bon des meubles à soi !

— Je n'ai pas encore connu cette satisfaction-là, moi, pensait Aline.

En effet, toujours comme l'oiseau sur la branche, ballotée de ci, de là, comme un navire démâté et sans gouvernail, Aline, l'enfant du pavé de Paris, n'avait pour ainsi dire jamais eu de domicile fixe, encore moins de mobilier. Cette victime du prolétariat avait constamment porté sa seule fortune dans son cœur.

XVII

LA FAMILLE PINSON

Ni l'or ni la grandeur ne nous rendent heureux.
Philémon et Baucis. — LA FONTAINE.

Aline ne tarda pas à mettre ses projets à exécution. Nous la retrouverons au sixième étage de la maison. La chambrette par elle occupée a pour plafond la toiture ; pas de cheminée ; une fenêtre à tabatière, sorte d'écoutille ouvrant au-dessus de la tête, laisse voir un mètre carré de ciel ; par là le vent souffle, la grêle résonne comme sur un tambour, n'importe, c'est le ventilateur du logement et l'issue pour la fumée. Voilà les quatre murs ! quand je dis les quatre murs, j'exagère, je devrais dire les trois murs. En effet, le toit est incliné et coupe, à angle aigu, une des extrémités du plancher.

Aline a rangé contre la cloison son petit lit en fer, de façon à perdre le moins d'espace possible, la chaise est vis-à-vis, une table, grande comme un mouchoir de poche, complète l'ameublement, elle constituera la salle à manger; à ses heures elle servira également d'établi et de planche à repasser.

Un trou existe dans le mur, Aline en a fait son office et l'armoire à la vaisselle. Quand on est seul, un verre, deux assiettes suffisent. Nous avons constaté l'absence de cheminée, or, on était en plein mois de décembre : Aline achète un poêle dont le tuyau est engagé dans un conduit faisant saillie dans la chambre. Les femmes ont quelquefois de ces goûts enfantins, elles se plaisent à des mièvreries : Aline conservait précieusement, depuis des années, un mirliton, souvenir de la foire de Saint-Cloud, une potiche de dix centimes, gagnée au tourniquet, un vieux bouquet desséché, présent d'un jour de fête, et d'autres bibelots. Il fallut placer cela. Aline se procura une étagère.

Il reste peu de chose, à présent, sur les cent francs retirés de la Caisse d'épargne. Assez cependant pour acquérir un vieux cadre qui reçoit la photographie de Fortuné. La place d'honneur lui est naturellement réservée.

Les détails de cet emménagement préoccupèrent la jeune femme au point qu'elle oublia un instant ses peines, mais, peu à peu, ses pensées se tournèrent de nouveau en arrière. Le cœur de la pauvre fille était gonflé ; toujours prête à pleurer, son existence se partageait exclusivement entre l'atelier et son triste réduit. Jamais elle ne sortait; tout, au dehors, lui semblait ennuyeux; elle ne mangeait plus. Joignez à cela une toux d'irritation qui la fatigue extrêmement en la tenant éveillée une partie des nuits.

— Il faut soigner ce rhume, lui disait-on

— Ça ne sera rien, répondait-elle.

Néanmoins, la toux persiste, et la triste esseulée dépérit à vue d'œil.

Il est temps de présenter au lecteur la famille Pinson.

Cette famille occupe un appartement en mitoyenneté avec la petite chambre de la fleuriste.

M. Pinson remplit une place de caissier dans une maison de commerce; c'est un homme d'une cinquantaine d'années, chétif et jaune. Les préoccupations de son emploi et ses charges de famille ont provoqué chez lui une calvitie hâtive. Les travaux du soir ayant affaibli sa vue, il est obligé de recourir aux lunettes à verres bleus. Enfin, comme M. Pinson ne quitte jamais ses conserves, personne ne peut dire de quelle couleur sont ses yeux. C'est là, du reste, un détail sur lequel il est permis de passer.

M. Pinson disait toujours : un sou est un sou. Pour un homme habitué à manier les espèces, du matin au soir, il n'y a rien là que de fort naturel. Mais l'honnête caissier est un peu ladre et tient madame Pinson très-serrée. Pour tout dire, M. Pinson parlait peu.

Madame Pinson est d'une nature toute différente. D'abord physiquement : des traits hommasses, haute en couleur, ornée d'appas plus sensibles qu'à l'ordinaire, grande et forte; tout indique, chez elle, une beauté sur le retour. Commune dans ses manières, trèsbavarde, se mêlant de tout, de ses voisins, de ses voisines, gourmandant les enfants de la maison, faisant à l'occasion la police de l'escalier, madame Pinson n'en est pas moins l'obligeance même. S'agit-il d'assister une femme en couches, de poser des sangsues à la concierge, de couper la queue d'un jeune chat, de suite on frappe à la porte de madame Pinson, et madame Pinson quitte tout pour voler auprès de ceux qui réclament son intervention.

Ces braves gens s'étaient *saignés* (expression consacrée par les familles) pour donner à leurs enfants une bonne éducation.

Élise et Joséphine, ainsi s'appellent les deux filles Pinson. Nées à deux ans de distance, l'aînée atteignait, à l'époque ou nous faisons leur connaissance, l'âge de vingt ans. Un bel âge pour les jeunes filles ! l'âge où il faut sérieusement songer à les caser définitivement. Quand une jeune personne de vingt ans est jolie et pourvue d'une dot, l'établissement devient facile ; mais si la beauté est son seul apanage, les demandes en mariage sont rares. Malheureusement, pour mademoiselle Pinson aînée, la dot manquait ; quant au physique, il eût fallu être bien difficile pour ne pas s'accommoder de celui de la jeune fille : grande, brune, bien faite, Élise réalisait le type de la beauté féminine la plus régulière. Ajoutez à cela l'expression agréable du visage qu'accentuaient deux ardentes prunelles.

Les jolies femmes ont conscience de leurs attraits et bon nombre mettent tout en œuvre pour faire ressortir davantage leurs charmes. En conséquence,

Elise, comme bien d'autres, s'occupe trop de sa toilette. Le père Pinson se fâche lorsque sa fille parle d'acheter un chapeau, mais la mère appose *son veto*.

— Pourquoi, dit-elle, refuser un chapeau à Elise ? croyez-vous, par hasard, mon ami que notre enfant trouvera un époux si elle est en souillon ?... Élise, je t'achèterai ton chapeau.

Elise embrassait alors sa mère avec transports et M. Pinson haussait les épaules en maugréant.

Extérieurement, Joséphine est le portrait vivant de sa sœur. Mais, autant l'une paraît née pour le commandement, autant l'autre subit volontiers l'influence des gens qui l'entourent. Avec Joséphine, un jeune homme eût été séduit par la femme dévouée aux soins de la famille et du ménage ; avec Élise, il eût été captivé par des qualités peut-être plus brillantes, mais moins solides.

Élise donne en ville des leçons de piano à deux ou trois élèves. Le produit de ce labeur est mis religieusement de côté par M. Pinson. Brave père, il avait son idée.

— C'est toujours ça qu'elle aura de plus, quand elle se mariera, pensait-il.

Joséphine, elle, reste à la maison, vaquant, avec sa mère, aux occupations intérieures, elle fait aussi les commissions. Néanmoins, madame Pinson n'a d'yeux que pour son aînée.

Elle répète à qui veut l'entendre :

— Elise se tirera toujours d'affaire avec son talent sur le piano, son air distingué et son esprit. Joséphine, c'est différent : elle est bonne et douce, il est vrai ;

elle a reçu la même instruction que sa sœur, mais je lui préférerais un bon état dans les doigts.

Pauvres mères, voilà de vos raisonnements. Vous aussi, êtes éblouies par ce qui reluit et cependant vous connaissez l'adage : « *Tout ce qui brille n'est pas d'or.* »

On connaît maintenant à peu près la famille Pinson; en résumé : une réunion de bonnes gens, mais de ces gens chez lesquels il se rencontre moins d'intelligence que d'honnêteté.

Aline rencontrait souvent les demoiselles Pinson et leur mère dans l'escalier. Les premiers jours on s'effaça pour se laisser passer mutuellement sans se dire un mot, plus tard on se salua du geste et de la voix, graduellement on était arrivées à échanger de ces banalités.

— Il fait *joliment* froid ce matin.
— Vous allez travailler, ma voisine ?
— Oui, madame, je me sauve, car je suis en retard.

Aline succédait, dans sa petite chambre, à une blanchisseuse. La blanchisseuse fut très-liée, un moment, avec sa voisine. Tout d'un coup des points noirs surgirent à l'horizon de cette intimité; madame Pinson était en présence d'une commère pourvue d'une langue démesurée. Celle de madame Pinson ne lui cédant en rien, un beau jour ces dames, parlant toutes les deux à la fois, finirent par ne plus s'entendre. On se disputa, on se ferma les portes au nez avec fracas, on déféra réciproquement ses plaintes à la loge, il fut référé de l'incident en haut lieu et le propriétaire décida que la blanchisseuse aurait congé.

En effet, la famille Pinson occupait un appartement de trois pièces et la blanchisseuse un seul cabinet. Cette dernière était évidemment dans son tort.

Toujours l'arbitraire, la raison du plus fort, l'absorption des petits par les gros, dans les affaires d'état comme dans les choses domestiques.

Après le départ de la blanchisseuse, madame Pinson se promit de ne jamais adresser la parole, à l'avenir, aux gens du voisinage.

— C'est encore une ouvrière qui prend la chambre à côté, fit-elle au moment où Aline s'installa, nous ne lui parlerons pas, mes enfants, entendez-vous?

Serment de femme... Huit jours après environ, madame Pinson dit à Elise.

— As-tu vu notre petite voisine?

— Oui, maman, elle paraît bien gentille, mais je la crois poitrinaire.

— En effet, elle a une vilaine toux.

— Elle a l'air de s'ennuyer aussi.

— Je le crois, répond soucieusement la mère. elle ne voit personne. Dès qu'elle rentre, je l'entends fermer sa porte à double tour. Je suis curieuse de savoir ce qu'elle peut faire toute seule.

— La portière m'a conté, ajoute Elise, que cette jeune fille travaille dans les fleurs. Avant, elle habitait au quatrième étage de la maison, sur le devant, avec un monsieur qui est parti, un beau matin, on ne sait où.

— Fi! Quelle horreur! Mon enfant, je te défends de lui parler à ce mauvais sujet. Tu as eu raison de me rapporter ces détails, nous n'avons pas de chance.... après la blanchisseuse, une fille perdue... une rien du tout.

— Cependant, hasarda Elise, elle a une figure intéressante, la petite voisine. Je la crois bonne... et puis elle ne sort jamais.

— Laisse-moi faire, Elise, je saurai bien ce qu'est cette personne et, s'il y a danger pour vous, mes enfants, à ce voisinage, j'en parlerai au concierge ; nous nous sommes débarrassés de la blanchisseuse, on pourra bien agir de même avec sa remplaçante. Désormais, je veux pour voisins des gens qui me conviennent. Tu entends, Elise, et toi Joséphine, je vous interdis expressément de répondre aux avances de cette personne.

Bonjour, bonsoir, rien de plus, c'est déjà trop.

Le soir même de cet entretien, madame Pinson se creusa la tête pour trouver un prétexte d'introduction auprès d'Aline.

— Si j'allais lui demander une carafe d'eau, justement elle vient de remonter avec un seau plein.

Elle prend sa carafe et frappe chez Aline. De l'intérieur, deux tours de clé sont donnés et la porte s'ouvre.

— Pardon, mam'zelle, mais je n'ai pas une goutte d'eau, pourriez-vous m'en prêter un peu?

— Avec plaisir, madame, répond tranquillement Aline en prenant le récipient des mains de madame Pinson et s'empressant de le plonger dans son seau.

Tandis que la carafe se remplit, la femme du caissier a jeté, de droite et de gauche, des regards investigateurs. L'ordre et la propreté sont les seules parures du ménage du pauvre. L'intérieur d'Aline à ce titre était irréprochable.

Madame Pinson parut satisfaite de cet examen sommaire.

— Entrons maintenant dans le vif de la question, pensa-t-elle. Tiens! vous travaillez, mademoiselle? qu'est-ce que vous avez là de beau? continua-t-elle en s'approchant de la table où sont étalées des fleurs.

— Je gaufre mes pétales de roses, madame; nous avons une commande très-pressée et je fais *de l'avance* pour demain.

— Vous en avez pour longtemps?

— Pour une partie de la nuit probablement.

— Il ne faut pas tant travailler, mon enfant, vous vous rendrez malade. Voyez-vous, moi, comme je dis à mes filles, le jour est fait pour travailler, la nuit pour dormir.

— Sans doute, madame, vous avez raison, mais une ouvrière ne peut pas raisonner comme les rentiers. Nous sommes des mois sans ouvrage, et puis tout d'un coup les commandes arrivent, on est débordé, il faut *livrer*, et l'on rattrape le temps perdu.

— Oui, oui, je comprends *les mortes-saisons*. Et madame Pinson se penchait sur la table d'Aline en examinant attentivement.

Il y eut un silence, dont l'ouvrière profita pour reprendre certain outil qui chauffait dans une *poêle* à côté d'elle.

— Qu'est-ce cela? fit madame Pinson.

C'est une tige de fer terminée à l'une de ses extrémités par une boule, à l'autre par un manche et que nous faisons chauffer pour donner à nos pétales le creux nécessaire ; cette opération s'appelle gaufrer.

— C'est très intéressant. Voyons, montrez-moi comment vous vous y prenez.

— Regardez, je place ces pétales en tas sur mon *coussin*, maintenant je pose ma boule dessus et j'appuie de toutes mes forces.... les voilà gaufrés.

En ce moment Aline est prise d'une quinte de toux.

— Vous toussez beaucoup, mademoiselle, interrompit madame Pinson, quelle tisane employez-vous ?

— Je n'ai pas encore eu le temps de m'en occuper.

— Ah bien ! non, c'est une fameuse imprudence de votre part ; il faut boire de la tisane, mon enfant ; attendez, j'ai chez moi une excellente recette pour le rhume, ça vous le coupe net... je vais vous la montrer.

Madame Pinson retourne chez elle et, pendant qu'elle cherche l'ordonnance, ses filles lui demandent des détails sur la voisine.

— Je ne peux encore rien vous dire, mes enfants ; ces femmes-là, ça trompe si bien leur monde, elles vous ont des airs doucereux qui cachent souvent tant de noirceurs.... Ah ! je la tiens.

— Quoi donc ? fait Elise.

— Le looch pour le rhume.

— Ah ! oui, une fameuse panacée.

— Un pana... quoi ? Parle donc autrement, on ne te comprend jamais, toi.

— Je veux dire que papa affirme que ta tisane produit l'effet d'un cautère sur une jambe de bois.

— Ton père... ton père, il ne sait ce qu'il dit.

Et madame Pinson se précipite triomphalement chez Aline, un papier à la main.

— Voici, ma chère demoiselle : « Envelopper le sujet
« de flanelle, des pieds à la tête ; tisane : dattes ju-
« jube, figues, pruneaux ; laver le tout ; fendre
« dattes, jujube, pruneaux, jusqu'au noyau, les
« figues en deux. Traiter dans un ustensile neuf
« ou qui n'aura jamais senti le gras, comme un con-
« sommé de bœuf. Les fruits suffisamment fondus,
« goûtez, rajoutez de l'eau chaude, du sucre et un
« peu de bon vin, selon la quantité du tout. »

C'est souverain, mademoiselle, prenez de ma boisson, ajoute-t-elle, après avoir lu, vous vous en trouverez bien.

— Demain, si j'ai un moment à moi, madame, je vous prierai de me donner ces renseignements par écrit et j'userai du remède.

— Comment, demain ! mais ce soir même, il faut en boire. Au fait, je vais vous en faire un pot.

— Madame, s'écrie Aline avec confusion, vous êtes trop bonne, je ne veux pas abuser.

— Il n'y a pas de dérangement, j'ai ce qu'il faut chez moi. Je vais même préparer deux pots de tisane, car une de mes filles a, je crois, un commencement de rhume, ça ne lui fera pas de mal ; et puis, moi, tenez, j'ai comme des chatouillements dans le gosier, j'en prendrai aussi. A tantôt, je vous apporterai votre pot.

Aline ne pouvait en revenir, de tant de prévenances.

— Elle a l'air d'une bonne femme, ma voisine, pensait-elle.

D'un autre côté, madame Pinson, en donnant ses soins à la macération, disait à ses filles :

— Elle est très-gentille la petite ouvrière d'à-côté.

— Ce n'est pas ce que tu prétendais tout à l'heure cependant, mère, repartit Élise, avec espièglerie.

— Moi, je n'ai rien dit ; elle est charmante cette jeune fille, et puis adroite, une vraie fée... Franchement, je serais bien heureuse si Joséphine avait un pareil métier dans les doigts.

— Voilà comme tu es, continue Élise, tu te prends tout de suite d'amitié pour les gens et puis le lendemain, ils ne sont plus bons à donner aux chiens.

— En voilà assez, mademoiselle.

La tisane est prête, madame Pinson en porte un bol chez Aline.

— Tenez, ma pauvre enfant, buvez-moi ça, vous m'en direz des nouvelles ; prenez garde, c'est chaud.

— Merci, madame, répond Aline interdite, votre bonté me confond.

— Oh ! n'ayez crainte, il faut bien s'obliger un peu. Dites-moi, je réfléchis à une chose : pourquoi donc avez-vous mis votre lit de ce côté ? il serait bien mieux là, vous n'auriez pas, le matin, le jour qui vous vient par cette lucarne, en plein visage.

— Le jour ne me gêne pas, madame, au contraire, il me sert d'horloge et m'apprend qu'il est l'heure d'aller à l'atelier.

— Vrai, vous avez tort, essayez une fois. Tenez, c'est si facile.

Et madame Pinson a déjà roulé la maigre couchette d'un autre côté.

— Ah! voyez-vous, de la sorte, il est bien mieux.

Aline n'eut garde de contrarier la bonne dame, elle finit même par avouer, pour lui faire plaisir, que le lit était bien mieux là. Mais il devenait nécessaire à présent de changer l'ordonnancement des autres meubles. La table et la chaise sont transportées en face.

— Eh bien! continue madame Pinson rayonnante, quand je vous le disais, votre chambre a un tout autre aspect. Il faut maintenant reculer un *tantinet* le poêle, il est trop près du lit.

— Je procéderai demain à ce changement, madame.

— Demain, demain. Voilà bien les jeunes filles, toujours retarder, et puis on oublie et l'on n'aboutit à rien. J'ai un vieux coude à la maison, je vais le chercher; avec cette rallonge ajointée à vos tuyaux il nous sera permis de reculer votre poêle.

Aline dut en passer par là, bien que les arrangements de la voisine ne lui convinssent qu'à moitié.

L'arrivée du caissier mit un terme à l'ingérence de madame Pinson dans le domicile de la fleuriste.

— Ah! voilà mon mari qui arrive. Au revoir, mademoiselle.

XVIII

UNE SOIRÉE
CHEZ DES PETITS BOURGEOIS

« Rien n'empêche tant d'être naturel
« que l'envie de le paraître. »
Maximes. — LA ROCHEFOUCAULD.

Dès que le chef de la famille Pinson rentrait au logis, madame Pinson embrassait son mari, Elise et Joséphine s'empressaient autour de leur père pour le débarrasser de sa canne et de son chapeau, de son cache-nez et de son paletot, puis on se mettait à table. Les premières paroles du bonhomme étaient invariablement celles-ci :

— Il n'y a rien de neuf? Il n'est venu personne?

M. Pinson retraçait ensuite aux siens les incidents de la journée : le patron avait été de mauvaise humeur, ou bien le travail était écrasant; si cela continuait, il n'y résisterait pas.

— J'abrége mes jours, s'écriait M. Pinson irrité, je mène la maison de commerce, sans moi tout serait perdu.

— Aussi tu es bien bon, mon ami, répliquait madame Pinson, de te donner tant de mal... on ne t'en saura pas plus de gré. Je me rappellerai toujours une parole qui fut prononcée devant moi, dans la loge du concierge. La personne à laquelle je fais allusion disait : « Nous autres, pauvres mercenaires, on se « sert de nous comme de citrons ; lorsqu'on en a ex-« primé le jus, on les jette au vent. »

Le soir où nous introduisons le lecteur au sein de cette famille, M. Pinson est tout guilleret ; sa femme en fait la remarque :

— Tu as l'air content, mon ami, ce soir.

— Moi? non, oui... mangeons vite, mes enfants, je vous conterai cela.

— Voyons, Joséphine, dit madame Pinson, dépêche-toi, tu as oublié de donner un verre à ta sœur; et sa chaufferette, est-elle prête? Elise, tu as froid aux pieds, j'en suis sûre.

Joséphine, je l'ai dit, se dévouait spécialement aux soins du ménage. De plus, par une sorte d'injustice trop souvent commune aux mères de famille qui ont plusieurs enfants, Joséphine avait été instituée la très-humble servante de sa sœur. Mademoiselle Elise la laissait faire volontiers, jamais elle n'eût épargné à la douce Joséphine la plus minime des corvées de l'intérieur. Joséphine préparait les aliments, lavait la vaisselle, balayait les chambres, époussetait les meubles, cirait les chaussures, etc.... Pendant ce temps, Elise préparait ses cours sur *son Pleyel!*

Joséphine apporte le verre et la chaufferette de sa sœur et le repas commence.

—As-tu du thé et du rhum? dit à sa femme M. Pinson sans plus de préambules.

— Toujours, mon ami, pourquoi cette question?

—Parce que nous aurons du monde ce soir.

— Du monde? interrompt Élise avec curiosité, et quelles sont les personnes?...

— Un jeune homme très-bien, repartit le père.

— Ah! fit Élise négligemment.

— Oui, continua l'excellent caissier en s'adressant à madame Pinson, ce jeune homme qui a invité plusieurs fois Élise à danser au dernier bal de mon patron, je l'ai rencontré ce matin, il m'a demandé de mes nouvelles et des vôtres, et je n'ai rien trouvé de mieux à lui répondre que de le prier de venir s'assurer lui-même de l'état de vos santés...Or, ce soir, à huit heures, je l'attends... enfin, dans le but d'amener un peu de gaîté, et pour qu'il ne s'ennuie pas chez nous, j'ai prié les Leplat d'être des nôtres...On fera une partie... Élise chantera...

— En ce cas, avalons les morceaux doubles, observa madame Pinson, nous avons juste le temps. Élise, cours à ta toilette de suite... tu mettras ta robe de soie neuve... Ah! pourvu que Joséphine t'ait repassé un col et des manchettes... As-tu brossé les bottines de ta sœur, Joséphine?.... je suis certaine que non, la petite sotte n'en fait jamais d'autres.

— Je vais réparer de suite cet oubli, maman. Et Joséphine vole à la chambre qu'elle occupe en communauté avec Élise, pour disposer les effets de gala.

— Moi je me charge d'enlever le couvert, reprend madame Pinson, j'irai ensuite acheter quelques petits fours. Sais-tu, mon ami, que ce jeune homme qui a tant fait danser notre Élise, et que tu a invité pour ce soir, a l'air très-distingué?... Il faudra que tu sois fort gracieuse auprès de lui, ma fille. Qui sait? on a vu des choses plus extraordinaires, tu es en âge qu'on te fasse la cour... surtout parle, ne reste pas coite, les hommes aiment qu'on ne laisse pas languir la conversation... Mais, j'y pense, pendant que ta sœur brosse tes vêtements, étudie donc un peu cette sérénade de Yolan, paroles de Victor Hugo, tu sais?... ta.... ta... ta..

« Quand tu chantes, bercée
Le soir entre mes bras,
Entends-tu ma pensée
Qui te répond, tout bas?.. »

— Ta mère a raison, dit le père à son tour, tu nous chanteras cela, c'est ton triomphe; et surtout, ne tremble pas, aie de l'assurance.

Élise se met en devoir de répéter le morceau de circonstance, en imprimant à toute sa personne un balancement de droite et de gauche, pour se donner des airs passionnés.

— Veux-tu la glace, mon enfant? demanda M. Pinson; de cette manière tu pourras te composer plus aisément une physionomie.

—Oui, oui, oui, donne-lui la glace, répond la mère vivement. Joséphine! le miroir de ta sœur?

La docile enfant, en apportant le miroir, prévint Élise qu'il ne lui restait plus qu'à passer à son cabinet de toilette.

—Alors, quitte ton Pleyel, ma fille, et toi, Joséphine, va coiffer ta sœur, nous allons mettre de l'ordre ici, avec ton père.

Les deux jeunes filles ont disparu dans leur chambre.

—Maintenant, mon ami, que ces enfants ne sont plus là, commence la mère des jeunes filles, avec une certaine émotion, j'ai une chose à te demander : ce jeune homme pense-t-il à se marier?

— Je le crois, ma femme, sans cela je ne l'aurais pas attiré.

—Bien, c'est tout ce que je voulais savoir... et puis as-tu quelques données sur lui, sur ses occupations, sur son origine?

— Oui, tout me porte à penser qu'il sort d'une assez bonne famille... il espère occuper très-prochainement une belle position. De plus, il est bien physiquement, il a de vingt-trois à vingt-quatre ans. En un mot, sans nous bercer d'un fol espoir, c'est un mari comme j'en veux un pour Élise.

— Bon, mon ami, nous le ferons causer.

— Il faudrait, ce me semble, faire un peu de frais pour le recevoir?

—Oui, respirer l'aisance, n'est-ce pas?.. Une idée : je vais placer, ici, sur la cheminée, les deux couverts d'argent qui viennent de ta pauvre tante... à un moment donné, j'en laisserai tomber un à terre, par mégarde... on ne se méprend point à ce son-là... il verra de suite que nous ne nous servons pas de maillechort, et puis je retire les housses de nos chaises... Ah! introduis des bougies neuves dans nos chandeliers, mon ami, on les allumera toutes deux ; avec la lampe sur la table, on y verra suffisamment... Pour le service à thé, en récurant la théière en métal anglais que tu m'a donnée pour ma fête, elle passera pour être en argent ; du reste, je lancerai à propos de ces petits mots qui attirent l'attention sur certaines choses bonnes à voir.

Madame Pinson et son mari sont encore occupés à leurs préparatifs lorsque Joséphine et Élise ont achevé leur toilette.

— Ah! voyons, fait madame Pinson, approche un peu, Élise, ta robe est-elle bien propre?... oui, et tes mains? c'est bien ; tu a mis ta bague? tiens, prends aussi la mienne, elle est un peu large, tu la placeras dessous l'autre... Et tes cheveux?... pas mal. Joséphine, tu as coiffé ta sœur dans la perfection, mais il lui manque quelque chose à cette enfant.

— Oui, une fleur dans les cheveux, reprend M. Pinson, qui examine sa fille avec béatitude, en joignant les mains.

Cette réflexion fut pour sa femme un trait de lumière.

— Une fleur? dit-elle ; oui, attendez... Et elle disparut.

On pressent où madame Pinson est allée. Frapper chez Aline, lui demander une fleur artificielle est l'affaire d'un seconde.

— Mais avec grand plaisir, madame, a répondu la jeune fleuriste, quel genre voulez-vous ? voici un carton plein de modèles.

En même temps, Aline montre à sa voisine émerveillée une collection de fleurs sorties de la fabrique Graindorge depuis le commencement de la saison.

— Oh ! les jolies roses ! la belle marguerite ! que ces muguets sont frais ! et ce coquelicot, et ces pensées, et ce bouquet d'héliotrope, il embaume d'ici, tant l'illusion est complète... venez chez nous, ma fille fera son choix.

Aline suit l'obligeante voisine. M. Pinson a salué la jeune fille, tandis que Joséphine et sa sœur lui souhaitent le bonsoir.

— Mademoiselle a bien voulu apporter ses délicieux produits pour que tu choisisses.... regarde, Élise, dit madame Pinson.

Après avoir examiné longuement, Élise cueille deux branches dans le carton.

— Je prends ces boutons d'or, ils sont charmants.

— Permettez-moi une observation, interrompt Aline : à quel usage mademoiselle les destine-t-elle ?

— C'est pour les mettre dans mes cheveux.

— Alors, reprend Aline, en souriant, je vous conseillerai autre chose.. Ces roses pompons, par exemple, cette grappe de cerises, ou bien encore ces jasmins, si vous les préférez... Le jaune n'est pas assez jeune pour vous.

— Mademoiselle a raison, ajoute M. Pinson, en dodelinant sa tête chenue, le jaune ne convient pas aux jeunes filles. Elles doivent attendre qu'elles soient mariées pour adopter cette fade nuance. Ainsi, ta mère, Élise, peut porter du jaune, c'est de son âge.

Ces réflexions du bon caissier amusaient beaucoup Aline, qui continua en ces termes :

— Est-ce pour une coiffure, mademoiselle, ou bien pour poser simplement dans les cheveux ?

— Nous n'aurions pas le temps de confectionner une coiffure, ma fille piquera tout simplement les deux roses dans son chignon, comme ça.

— Qu'à cela ne tienne, madame, continue Aline, une coiffure, c'est pour moi l'affaire de quelques minutes, et si vous permettez, dans une demi-heure, je rapporterai à mademoiselle votre fille une parure appropriée à son teint et à son visage. Je vais y procéder.

— Vous êtes certaine d'avoir terminé d'ici une demi-heure? dit madame Pinson avec inquiétude.

— Même avant, madame.

Tandis qu'Aline a couru dans sa chambre pour monter la coiffure de mademoiselle Élise, madame Pinson exalte la gentillesse de la jeune fleuriste.

— Hein? mes enfants, je ne me trompais pas en vous vantant la petite voisine.

— Oui, répond Joséphine, elle est si empressée à vous servir! Lorsque je la rencontre en bas, elle veut toujours m'aider à monter mon panier ou mes seaux.

— Pourquoi ne serait-elle pas de notre soirée, cette petite? murmure M. Pinson en regardant sa femme, comme pour lui demander son adhésion.

— Comme tu voudras, mon ami.

— Oui, oui, invitez-la, mes bons parents, s'écrie Joséphine avec enthousiasme, elle s'ennuie tant, la pauvre fille, toujours cloîtrée dans sa chambre sans fenêtre.

— Eh bien, convie-la, Joséphine, à notre soirée. De cette façon nous aurons l'air de n'y être pour rien et, si parfois son visage est trompeur, je me sentirai plus à mon aise pour l'éloigner d'au milieu de nous.

Aline revient sur ces entrefaites, tenant à la main une délicieuse branche où le jasmin minaude avec la rose. Elle la place elle-même sur la tête d'Élise. La jeune personne, ainsi parée, fut vraiment jolie du double. Le père pensa tomber en adoration devant sa fille. Ah! dame, quand on se dit : c'est moi qui ai fait cela... on a bien le droit d'être un peu orgueilleux de la beauté de ses enfants.

Madame Pinson se tenait à quatre pour ne pas sauter au cou d'Aline.

Cette dernière accepte avec reconnaissance l'invitation de Joséphine et, de son côté, Élise remercie la fleuriste.

Néanmoins le temps fuit et madame Pinson songe seulement, à huit heures moins dix minutes, qu'elle doit s'occuper de sa toilette. Les mères de famille sont expéditives à cette besogne, heureusement.

Huit heures sonnaient, comme le jeune invité frappait à la porte de l'appartement.

— Va vite ouvrir, dit madame Pinson à sa fille cadette.

— Eh! bonjour, monsieur Canulard, donnez-vous la peine de vous asseoir. Et le maître de la maison présente une chaise au visiteur.

C'est effectivement Canulard qui a fait danser mademoiselle Elise ; sous sa toilette inusitée : bottes vernies, pantalon nuance tendre à large bande teinte foncée, gilet blanc, gants couleur thon mariné, avec énorme chaîne et médaillon, plus gigantesque binocle, ce dernier mot du gandinisme, on n'eût pas reconnu l'élève en pharmacie.

—Mesdemoiselles, je suis votre serviteur; madame, recevez mes hommages.

Le père et la mère jettent un coup d'œil, à la dérobée, du côté d'Élise, et paraissent satisfaits de la manière dont leur fille a répondu aux salutations du jeune homme.

Canulard ne s'attendait guère à trouver Aline en cet endroit ; il s'est incliné devant elle, mais en relevant la tête, il a reconnu l'ex-étudiante.

Les deux jeunes gens éprouvent un mouvement de forte surprise, vite réprimé de la part de Canulard, mais qui faillit faire perdre contenance à Aline. Néanmoins la discrétion de Canulard la rassure. Madame Pinson entame la conversation :

— Vous êtes bien aimable, monsieur, d'avoir répondu à l'invitation de mon mari. Mes filles et moi sommes très-heureuses de vous posséder; nous attendons encore deux personnes, dès qu'elles seront ici, *nous commencerons...*

— Qu'est-ce qu'on commencera? se demandait Canulard, danserait-on par hasard?.. enfin disons-leur quelque chose, à ces braves gens... Il fait un temps exécrable, ce soir, madame, et j'ai eu beaucoup de mal à découvrir une remise pour me rendre chez vous. Cette circonstance a même failli me mettre en retard.

— Vous eussiez peut-être trouvé plus facilement place dans les omnibus, monsieur Canulard, a répondu le mari.

— Oh! cher monsieur, les omnibus, ne me parlez pas de ces berlingots-là. Je préfère cent fois aller à pied.

— Cependant c'est si agréable, les omnibus, ajoute madame Pinson; pour six sous vous traversez tout Paris... Demandez plutôt à ma fille : lorsqu'elle va à ses cours, elle prend toujours l'omnibus... N'est-ce pas, Élise?

— Oui, maman.

— Vous voyez, je ne le lui fais pas dire.

— Certainement, madame, je comprends... vous autres, Parisiens.., l'habitude... mais moi, madame, chez mon père, il y a trois voitures : une calèche, un coupé, une américaine, sans compter une voiture à bras... Eh bien, depuis ma plus tendre enfance, je n'ai pas connu d'autre système de locomotion, j'ai été bercé en voiture; plus tard, à l'époque de mon sevrage, j'eus un petit véhicule dans lequel on me traînait, enfin je ne sais même pas si je ne suis pas venu au monde en voiture....

— Alors ce goût-là date de loin, répond madame

Pinson, et je m'explique que les omnibus soient d'un usage déplaisant, quand on a le moyen de rouler carrosse.

— Vous dites vrai, madame. Ainsi ma mère, qui passe tous les ans quelques mois à Paris, dans la saison des bals et des soirées du faubourg Saint-Germain, n'a jamais pu regarder en face ces espèces de maisons roulantes ; à leur seule vue elle manque de se trouver mal.

— C'est extraordinaire, articule M. Pinson ; madame votre mère est donc bien impressionnable ?

— Oh ! très-impressionnable, monsieur, à tel point que, dernièrement, lors d'un grand bal donné par elle, à l'occasion de l'arrivée du nouveau préfet de notre département, le valet de chambre de mon père laissa tomber, par maladresse, un plateau couvert de tasses en porcelaine de Saxe ; or, l'émotion arracha à ma mère un cri terrible, on s'empressa autour d'elle... ses cheveux avaient blanchi instantanément !

— Ah ! mon Dieu, firent les demoiselles Pinson, avec surprise.

— Et le service fut perdu ? interroge madame Pinson.

— Oui, madame, oh ! une bagatelle, ces tasses valaient quatre-vingts francs la pièce.

Trois coups frappés à la porte suspendent le cours des billevesées de l'étudiant.

Joséphine est allée ouvrir, ce sont les Leplat.

— Bonsoir, madame Leplat, s'écrient ensemble les époux Pinson, prenez donc le fauteuil... débarrasse

M. Leplat de sa canne et de son chapeau.., Joséphine.

Ces nouveaux personnages étaient ce que l'on appelle conventionnellement des personnes respectables, c'est-à-dire flottant entre soixante et soixante-cinq ans.

— Ah çà! se disait Canulard, je serais curieux de savoir ce *qu'on va commencer* avec ces particuliers, ce n'est pas une contredanse assurément.

—Permettez que je vous présente M. Canulard. un des premiers élèves de nos facultés, fait M. Pinson en s'adressant à M. Leplat, puis il continue, en se tournant vers l'étudiant:

— M. Leplat, rentier, retiré des affaires.

— Enchanté de faire votre connaissance, monsieur, répond Canulard, en serrant avec effusion la main du nouveau venu.

Jusqu'alors Aline est demeurée, dans un coin, sans oser bouger, ni ouvrir la bouche.

— Canulard va m'adresser quelque maladroite question, pensait-elle, oh! mais je suis décidée à faire la sourde oreille et à disparaître au besoin, sous un prétexte quelconque.

Elle se trompait. Canulard, on a dû le remarquer, posait, depuis son arrivée chez les Pinson, pour le fils de famille. La présence d'Aline le gênait extrêmement, néanmoins il réfléchissait.

— Je tiens ma gaillarde. Si elle dément mes effroyables mensonges, je lui enverrai tel coup de patte qu'elle sera obligée de quitter la partie; d'un autre côté, si Aline a le bon esprit de m'écouter sans rire, je lui rendrai à mon tour un service analogue.

Afin d'être plus sûr de son fait, Canulard profite de l'entrée des Leplat pour s'approcher d'Aline et lui dire à voix basse :

— Vous savez, je ne vous connais pas et je suis le fils d'un provincial richissime.

Une signe affirmatif de tête du côté d'Aline, signifiant : *j'ai compris*, rassure Canulard, et il monologue :

— Faisons l'aimable à présent auprès de mademoiselle Élise... gente personne, ma foi... mais quelle toilette a cette Agnès ! serait-ce une façon de lancer des pierres dans mon jardin ? Baste ! laissons aller, ce sera drôle et luttons à qui saura jeter le plus de poudre aux yeux... hasardons quelques galanteries...

— Vous êtes plus ravissante encore ce soir avec cette coiffure, mademoiselle, que l'autre jour, vous savez ? à ce bal où j'eus le plaisir de valser le cotillon avec vous.

Canulard s'est rapproché de la jeune fille pour lui adresser *affettuoso* ce compliment ; il reprend ensuite :

— Avez-vous dansé beaucoup depuis ce bal, mademoiselle ?

— Non, monsieur, nous ne sommes plus sortis. J'ai eu un commencement de rhume et mes parents ont voulu que je demeurasse à la chambre.

— Ah ! je croyais cependant que vous sortiez tous les jours pour faire vos cours de piano.

— Oh ! c'est bien différent cela, monsieur, répondit Élise en se mordant les lèvres, parce qu'elle s'aperçoit qu'elle vient de commettre une bévue.

La conversation est générale ; madame Pinson

en profite pour parler de sa fille et acquêter des éloges.

— Comment trouvez-vous Élise, ce soir, ma chère dame Leplat?

— Mademoiselle Élise est toujours charmante, mais aujourd'hui je la vois plus ravissante que d'habitude... c'est une grande fille à présent.

— Oui, oui, vingt ans le 15 de ce mois, à midi et demi, oh! je m'en rappellerai toujours de cette heure-là.

— N'est-ce pas, chère madame Pinson? moi aussi qui en ai eu cinq, dont trois vivants...ah! c'est un vilain moment à passer.

— Aussi quand on pense que ces pauvres enfants éprouveront cela un jour... car les filles sont faites pour se marier.

— Vous parlez comme un livre, madame Pinson, et le plus tôt c'est le mieux, comme j'ai toujours dit à Leplat, c'est à vingt ans qu'il faudra marier notre fille, c'est l'âge.

— Et entre vingt et vingt-cinq pour les jeunes gens, ajoute madame Pinson, en lançant un regard du côté de l'étudiant.

— Vlan! pense Canulard, *ça commence*.. maintenant je comprends pourquoi on attendait les Leplat. Comblons de joie cette brave maman. Il n'en coûte rien... Ma mère a les mêmes idées que vous, mesdames, ainsi elle voulait me marier dernièrement avec la fille de la comtesse de la Molardière, mais un empêchement survint...

— Et lequel? fit madame Pinson, avec intérêt.

— Une triste aventure, madame, mademoiselle de la Moladière mourut.

— De la poitrine peut-être? interrompt madame Leplat.

— Non, madame, à la suite d'un accident.

— D'un accident! répètent toutes les voix.

— Oui, d'un accident de voiture!

— Oh! c'est affreux!

— Épouvantable! mesdames... ça donne la chair de poule rien que d'y penser.

— Racontez-nous cela, monsieur?

— Diable! diable! je m'enferre, fit mentalement Canulard; parlons toujours et pinçons la corde de l'improvisation... Voici : je vous ait dit tout à l'heure que ma mère avait un dégoût profond pour tout ce qui ressemble à un omnibus ou à une diligence; or, cette répugnance date de l'horrible catastrophe dans laquelle mademoiselle de la Molardière trouva la mort... A travers le Cantal, il n'y a pas encore de chemins de fer, ma bonne mère voyageait donc en chaise de poste, avec la famille de la Molardière... En route, on fut accroché par une voiture de roulage, les chevaux de la chaise prennent le mors aux dents...

Ici madame Leplat se couvre la figure et madame Pinson joint les mains...

Le postillon est précipité en bas de son siége...

— Ah! mon Dieu, s'écrient les auditeurs de Canulard, en frémissant.

— Je patauge, je barbote, gagnons du temps, se disait ce dernier... Ah! mesdames, la parole me manque à ce souvenir...

Enfin la voiture, abandonnée par son guide, est ainsi traînée avec une vitesse vertigineuse l'espace de vingt-cinq kilomètres.

— Six lieues! interrompt M. Pinson.

— Oui, un peu plus de six lieues, reprend Canulard.

Tout d'un coup l'une des roues saute de l'essieu, le timon se brise, la voiture se renverse sens dessus dessous, et les chevaux s'abattent, haletants... Des paysans accourent... on relève les pauvres voyageuses... Madame la comtesse de la Molardière avait le crâne fendu.

— Mais c'est terrible! vocifère madame Pinson.

— Effroyable! madame...

Quant à mademoiselle de la Molardière, ce n'était plus qu'un cadavre en capilotade... affreusement mutilé...

— Horreur! répètent toutes les voix.

— Et votre mère? demande madame Pinson avec anxiété.

— Ma mère... ah! oui... eh bien! elle n'avait pas reçu la moindre égratignure... Elle fut préservée par un sac de nuit qui lui servait d'oreiller.

— Voyez-vous, un sac de nuit! ce que c'est que la Providence!

— Tel est, mesdames, le récit de cet accident dont tous les journaux se sont entretenus il y a trois ans.

— Oui, effectivement, murmure M. Leplat, je me rappelle avoir lu les détails de la catastrophe... Maintenant que monsieur nous retrace les faits, ces émouvants détails me reviennent.

— J'ai de la chance, par exemple, pense Canulard en s'épongeant le front.

Cette terrible histoire ayant jeté une certaine tristesse parmi l'auditoire, M. Pinson supposa qu'un peu de musique changerait les idées. Il fit un signe à sa femme, signe convenu, car madame Pinson se leva en interpellant sa fille.

— Allons, Élise, mets-toi à *ton Pleyel*... Monsieur Canulard, aimez-vous la musique ?

— Si j'aime la musique, madame, c'est-à-dire que je vais deux fois par semaine à l'Opéra-Comique, et, pour vous donner une idée de mon penchant inné pour la mélodie, je vous citerai ce seul fait : dans mon enfance, si je pleurais, ma mère n'avait qu'à jouer du piano, je cessais tout de suite de crier... Depuis, ce goût s'est développé et a constamment grandi chez moi.

Mademoiselle Élise parcourt ses cahiers de musique ; en ayant l'air de chercher, elle rejette l'un, puis l'autre. — Ceci est une vieillerie, dit-elle, cela ne se joue plus... Elle se montrait fort indécise sur le choix d'un morceau, et cependant nous savons bien qu'elle va chanter la sérénade de Yolan, son triomphe.

En saisissant les chandeliers placés sur la cheminée, madame Pinson a fait tomber un des couverts.

— Ah !... ramasse ce qui est à terre, Joséphine... Tu as encore oublié de mettre l'argenterie en place.

— Mais non, maman, c'est toi qui...

Joséphine reste bouche béante, sur un froncement

de sourcils du père qui veut dire : pas un mot de plus.

Cet incident n'eut pas de suite. Aussi madame Pinson, supposant que Canulard n'a rien remarqué, crut devoir ajouter :

— Laisse les couverts *en argent* sur la cheminée, ma fille, je les placerai moi-même dans la boîte à l'*argenterie* ce soir.

— Vous avez donc eu d'autres couverts dans votre héritage, chère madame? fait madame Leplat d'un air surpris.

— Oui, quelques douzaines ; mais avec les enfants, vous savez, ils sont si peu soigneux! je me sers rarement des belles pièces, je leur conserve cela pour plus tard... quand on les mariera.

— Oh! mais vous ne me l'aviez pas dit; je vous prierai de me montrer toutes vos richesses, madame Pinson, un de ces jours; ces choses-là m'intéressent.

— Allons, chante. Élise, interrompt madame Pinson, afin de mettre, par cet échappatoire, un terme à des questions qui peuvent devenir très-embarrassantes.

Élise débute par de bruyants arpéges ; elle continue tantôt en sourdine, en appuyant sur les pédales, tantôt en donnant aux notes toute leur sonorité; puis, le corps penché, la tête rejetée en arrière, les yeux au plafond, les bras allongés, les mains pendantes sur le clavier, elle lance les premières notes d'une voix vibrante.

— Elle est si émue, la chère enfant, lorsqu'elle

chante devant des hommes... Va, rassure-toi, Elise.

Le morceau fini, des applaudissements frénétiques et des bravos remplissent l'appartement.

— Délicieux! crie Canulard : mademoiselle a un talent hors ligne... De qui est cette romance?

— De Yolan, monsieur, reprend Élise en exécutant un demi-tour sur son tabouret.

— Et les paroles?

— Du grand poëte, monsieur, ajoute sentencieusement M. Pinson.

— J'entends, de Victor Hugo.

— Je réclame quelque chose de gai maintenant, moi, interrompt M. Leplat : *Au clair de la lune, Cadet Rousselle, Monsieur et Madame Denis...*

— Fi donc, monsieur Leplat, dit madame Pinson; c'est bon pour faire danser les ours, ces airs-là.

— Mais c'est fort joli, je trouve, au contraire, en quadrille surtout.

— Chut! vous n'êtes pas compétent, mon cher, dit madame Pinson.

Puis, s'adressant à Canulard :

— A votre tour à présent, monsieur, de nous chanter un morceau, ma fille vous accompagnera.

— Tout ce que vous voudrez... le grand air de la *Favorite*, *Robert le Diable*, *Guillaume Tell*, je sais tout mon Verdi, mon Rossini, mon Auber, un peu moins... Avez-vous les partitions, mademoiselle?

— Non, monsieur, répond Élise; mais je vous accompagnerai néanmoins; donnez-moi le ton... Qu'allez-vous chanter?

— Hum! hum! fit Canulard pour s'éclaircir la

voix... je vais vous donner la primeur, si vous le permettez, d'une romance inédite que tout Paris chantera cet été. Les paroles sont empreintes de l'atticisme le plus séduisant, et l'air est délicieux.

— Les premières mesures, s'il vous plaît, monsieur? continue l'accompagnatrice.

Et Canulard entonne, avec un aplomb superbe, une *scie* populaire que toutes les orgues de Barbarie ont répétée il y a cinq ans environ : *Te v'là, Pingoin, j' suis heureux de ta rencontre,* etc.

— C'est charmant ! s'écrie madame Pinson.

— A la bonne heure, répète M. Leplat, voilà une vraie romance ; j'aime les morceaux de ce genre, moi, on retient de suite l'air, et puis ça vous donne comme des titillations dans les jambes.

L'imperturbable assurance de Canulard amuse extrêmement Aline, et Joséphine lui communique de temps à autre ses impressions.

— Comment trouvez-vous M. Canulard? glisse tout bas Joséphine à la jeune fleuriste.

— Et vous? répond celle-ci.

— Ma foi, il est drôle ; mais je crois qu'il nous en conte avec les voitures de son père... Papa le porte aux nues, il ne faudrait pas dire du mal de M. Canulard devant lui, au moins...

— Il n'est pas mal, ce monsieur, répond Aline.

— Moi, il me déplaît ; d'abord il n'y voit pas clair ; il a beau porter un binocle, il vous met son nez presque sur la figure pour vous parler.

— Je le crois bien, pensait Aline ; Canulard n'a jamais porté lunettes, c'est encore un genre, ou bien il a voulu cacher ses vilains yeux verts.

— Et cette espèce de romance? continua en souriant Joséphine.

— C'est une chanson d'atelier.

— Ah! bon, ne l'applaudissons pas, ça y est, hein?

L'espiègle enfant riait sous cape. L'entente la plus cordiale s'était établie, comme on le voit, entre les deux jeunes filles. Les mutuelles confidences qu'elles se faisaient, à l'égard de Canulard, n'en sont-elles pas la preuve?

Notre étudiant parut ravi de l'effet qu'il avait produit; madame Pinson lui demanda s'il jouait d'un instrument.

— Certes, madame, répondit-il sans barguigner.

— Un instrument à vent ou à cordes? interrompit Élise.

— A cordes, mademoiselle; je pince assez agréablement de la harpe et de l'*accorda*.

M. Pinson presse le jeune homme de promettre une audition à sa femme et ses filles.

— C'est facile : quand vous voudrez... Le diable m'emporte si j'en sors cette fois, se dit Canulard.

Depuis que la pauvre Aline se trouve face à face avec l'étudiant, le souvenir de Fortuné remplit son cœur : Canulard a-t-il eu occasion de voir son amant? lui a-t-il parlé? la chose est possible. Aline se promet de ne pas laisser partir le jeune homme sans obtenir de lui quelques renseignements.

Les Leplat s'étant retirés, Canulard lève la

séance, et Aline prend aussi congé; mais, au lieu de rentrer dans sa chambre, elle descend l'escalier, dans le but d'arrêter Canulard au passage.

Ce dernier promet de revenir le plus souvent possible.

— Nous avons nos jeudis, observe madame Pinson.

— Comme madame Charbonneau, répond Canulard en riant.

— Vous connaissez une dame de ce nom?

— Non, c'est un simple rapprochement.

— Ah! j'avais peur que vous ne fussiez pris le jeudi.

— Bonsoir!

Sur cette banalité, Canulard empoigne la rampe de l'escalier, et madame Pinson s'élance à la fenêtre pour constater l'état du temps.

— Il ne pleut pas, dit-elle. Viens à la croisée, Élise, dire un dernier adieu à ce charmant Canulard.

Quelqu'un ouvrait justement la porte de la maison, un homme sortait.

— Enfin, le voilà parti! s'écrie madame Pinson. Au revoir, M. Canulard, psst... psst! à jeudi, n'est-ce pas? Voyons, Élise, fais comme moi, agite ton mouchoir; tu vois bien que ce monsieur lève la tête et nous regarde.

— Qu'est-ce qu'elles ont donc là-haut, celles-là? fait une voix d'enbas.

— C'est moi, monsieur Canulard; vous êtes tout

désorienté, je le vois ; mais c'est bien ici madame Pinson, et voilà ma fille Élise.

Madame Pinson ne peut en croire ses oreilles, lorsque la personne interpellée répond :

— On vous connaît, la femme du sixième, merci, je sors d'en prendre, quelle honte ! Appeler ainsi les gens par la fenêtre, dans une rue si fréquentée ; à d'autres, vieille proxénète !

— Entends-tu ? fit Élise à sa mère toute consternée, il nous injurie, tu te seras trompée, ce n'est pas M. Canulard.

Le père Pinson s'approche de la fenêtre et demande à sa femme de quoi il s'agit.

— Regarde, lui dit sa femme.

Une dizaine de personnes s'étaient arrêtées en face : on s'informait ; les premiers arrivés montraient la fenêtre du sixième en disant :

— C'est là, où il y a de la lumière.

— Oui, oui, le voilà, c'est lui.

— Comment, lui ! interrompt une voix partie du groupe, tout à l'heure on parlait d'une femme.

— Vous y êtes, ajoute un autre ; on s'est battu là-haut. La femme voulait se jeter par la croisée pour échapper aux sévices de son mari.

— Le misérable !

Une formidable huée accueille M. Pinson dès qu'il met le nez à la fenêtre. En pareille occurence on est tellement abasourdi que le mieux est de se dérober aux regards des curieux.

M. Pinson s'empressa de tirer ses persiennes et ses rideaux. Il fit bien.

Dans l'intervalle, Aline et Canulard causaient au bas de l'escalier. La première question posée par Aline fut relative à Fortuné.

— Je ne l'ai pas aperçu, répondit Canulard, et personne ne m'a parlé de lui. Le seul événement digne de remarque qui se soit produit là-bas est relatif à cette malheureuse Olympe. La pauvre fille est entrée à l'hôpital de la Charité, avant-hier.

— Ah ! bah ! fit Aline, vous êtes allé la voir, sans doute.

— Pas le moins du monde ; d'ailleurs le temps me manque, et puis nous en avons tant vu d'Olympes paraître et disparaître... une de plus ou de moins.

— Monsieur Canulard, c'est mal, cette réflexion-là. Comment! nul de vos amis n'est allé porter des consolations à la malade... Gustave a dû se rendre auprès d'elle?

— Pas davantage... Gustave ne quitte plus sa nouvelle maîtresse.

— Il a une autre ?...

— Oui, depuis qu'Olympe est tombée malade.

— A propos, monsieur Canulard, ne dites pas à Brisebois que vous m'avez rencontrée ici, il n'aurait qu'à lui prendre fantaisie de venir me relancer.

— Soyez tranquille : du reste, en ce qui me concerne, je ne tiens pas à ce que Brisebois se faufile du côté de la famille Pinson. Nous avons eu quelques différends ensemble depuis un mois. Brisebois m'a fait crasses sur crasses : entre nous soit dit, c'est un triste sire. Fortuné et Agnelet l'avaient bien jugé...

Mais je me sauve ; si on nous voyait causer ainsi, la chose paraîtrait drôle.

— C'est vrai, la famille Pinson jaserait.

— Tout juste, et...

— Vous ne voulez pas vous compromettre ?

— Vous l'avez dit.

— Merci.

Avant de rompre cet entretien, Canulard pria instamment Aline de ne pas démentir, vis-à-vis des Pinson, les assurances effrontées qu'il leur avait données sur la position de fortune de sa famille. Aline promit, sous la condition expresse que Canulard ne ferait, de son côté, aucune allusion à ses antécédents à elle, et qu'il obtiendrait le plus tôt possible des nouvelles de Fortuné.

XIX

DEUX COMPLICES

> Un réchaud de charbon dans un grenier
> « ou les dalles de l'école pratique. »
> *Le Pays latin.* Chap. XII. — HENRY MURGER.

Aline fut excessivement peinée de ne rien savoir touchant Fortuné ; puis elle se prit subitement à songer à la malheureuse Olympe. Elle se représente la pauvre fille malade, abandonnée dans un hospice, dépourvue d'argent, de cet argent avec lequel on se procure à l'hôpital de ces mille et mille petits riens dont est si friande l'imagination des misérables.

— J'irai la voir, se disait Aline, pas plus tard que demain, c'est dimanche. Ce soir, j'ai touché ma semaine, juste 12 fr.; avec la moitié, je pense passer mes huit jours... je porterai 6 fr. à mon ancienne amie.

La fleuriste se rend le lendemain à la Charité, ou

lui enseigne la salle et le numéro du lit de la personne qu'elle cherche. Olympe était aux prises avec une petite vérole des plus caractérisées.

— Te voilà! murmure Olympe en apercevant Aline.

— Oui, ma pauvre petite. J'ai connu ta maladie par Canulard et je m'empresse d'accourir... Ça ne sera rien, n'est-ce pas ?

— Les médecins prétendent que j'ai la petite vérole, je suis couverte d'éruptions.

— En effet... As-tu un peu d'argent ?

— Pas un sou; Gustave est un lâche, il n'est pas venu.

— Oh! je ne suis pas riche, moi, mais enfin voici une livre de chocolat et quelque menue monnaie.

— Merci, je te le rendrai.

— Quand tu pourras... je ne suis nullement pressée.

— Tu travailles toujours ?

— Oui. Tu ne sais pas? que je te conte : Fortuné m'a quittée.

— Ah! fit Olympe avec émotion. Un éclair de joie a illuminé ses traits. Aline, sans remarquer l'effet produit par ses paroles, continue :

— Il m'a quittée depuis le fameux soir où tu m'as conduite chez Brisebois pour me fournir les preuves de sa trahison. Or, la suite m'apprenait que tu étais bien informée. Cependant on n'est pas maîtresse de ses sentiments... j'aime Fortuné de toutes les forces de mon âme, plus encore peut-être qu'avant notre upture. Canulard s'est chargé de tout; bientôt, j'espère, le raccommodement se fera ; je suis décidée à y mettre les pouces.

A ces mots, Olympe a senti se réveiller, en elle, cette sombre jalousie qui l'avait induite à porter la discorde entre les deux jeunes gens. Elle se contint, et interrogeant Aline :

— Tu vois donc Canulard ?

— Oui. le hasard, je l'ai rencontré hier, nous avons causé ; naturellement, la conversation a roulé sur les gens que nous avions connus.

— Je comprends, et tu habites ?

— Toujours la même maison, rue Saint-Denis, mais un peu plus haut, sous les toits, une chambre mansardée.

— Bon ! dit Olympe à part, ce que je voulais savoir ; à présent, si tu revois ton Fortuné, je veux ne sortir de l'hôpital qu'entre quatre planches.

En quittant le chevet de la malade, Aline a promis de revenir le dimanche suivant ; elle engage encore Olympe à lui écrire si elle a besoin de ses services, d'ici-là.

A peine la généreuse Aline a-t-elle tourné le dos, qu'Olympe demande à la sœur de quoi écrire, et sur un carré de papier elle trace ces lignes :

« J'ai une importante communication à te faire,
« Aline sort d'auprès de moi.

« Ton amie,
« OLYMPE.

La lettre est ensuite pliée et mise sous enveloppe à l'adresse de Brisebois.

— Il ne tardera pas à venir, pensait l'abjecte créature, le laconisme de mon billet piquera sa curiosité et le seul nom d'Aline, mêlé à cette histoire, le décidera. Attendons.

Olympe ne se trompait pas : avec sa carte d'étudiant en médecine, Brisebois se rend le lendemain à la clinique de la Charité.

— Te voilà! lui dit celle-ci, il en faut un cérémonial pour vous décider à venir voir les gens malades, vous autres; ah! vous êtes gentils, messieurs. Tant que nous pouvons servir à vos amusements, vous nous entourez, vous nous choyez. Vienne l'instant où nous ne sommes plus bonnes à rien, on nous abandonne, on nous laisse crever comme des chiens... et vous nous dépecez après sur les dalles de l'amphithéâtre.

— Des reproches ? repartit Brisebois avec acrimonie; dis donc, ma chère, est-ce pour entendre cela que tu m'as dérangé?... en ce cas, je te tire ma révérence.

— Non, reste. J'ai des nouvelles à te communiquer. Écoute : Fortuné s'est fâché avec Aline depuis la soirée du *café à la mort*.

— Je l'ignorais.

— Je te l'apprends. D'un autre côté, cette femme grille du désir de revoir son amant, et sais-tu quel est l'individu qui s'est chargé de négocier le rapprochement?

— Non.

— C'est ton cher ami Canulard.

— Je n'en reviens pas. Où donc Canulard a-t-il vu Aline ?

— Il importe peu, le fait est celui-ci : Canulard a promis de lui retrouver son amant... Or, il ne faut pas que cela soit.

— Très-bien, Olympe, tu nages dans mes eaux. Ils ne doivent pas se revoir, c'est convenu; d'abord, je m'offre Aline aux lieu et place de Fortuné.

— Et moi, ce dernier, je me l'approprie.

— Basta ! ainsi nous signons un pacte et la réussite pour l'un garantit le succès de l'autre.

— Nous nous entendons à merveille.

— Enfin, comment obtenir ce résultat ?

— Tu es naïf, mon pauvre Brisebois. Il te faut simplement surveiller les allures de ton ami Canulard et le circonvenir adroitement.

— Oui, si je n'étais à couteaux tirés avec lui depuis quinze jours.

— Il y a un moyen de trancher la difficulté : te réconcilier avec lui.

— Au fait, Aline vaut ce léger sacrifice.

— Donc, voilà. tu observes les faits et gestes de Canulard; tu le suis le soir, s'il se rend en cachette quelque part; s'abouche-t-il avec Fortuné, tu surviens, et franchement l'éloquence de l'apothicaire sera impuissante sur l'amant, lorsque tu affirmeras qu'Aline a demeuré chez toi certaine nuit.

— La nuit du *café à la mort*... oh! délicieux. Agnelet ne nous a pas quittés, il est vrai, mais il s'en est allé dans sa province. Il ne me gêne pas.

— Agis promptement, moi, je me charge du reste.

Les deux complices formaient un agrégat hideux.
Étendons le voile. . . . .
. . . .

— Des chanteurs ambulants, le soir ? Où allez-vous avec c'te harpe ? On ne veut pas de musique dans la maison... je vous défends de chanter dans not' cour.

— Ah çà ! vous êtes fou, mon brave ; répond un des deux personnages ainsi interpellés ; je vais chez M. Pinson, au sixième, avec mon domestique.

— Je vous *demande excuse*, mais ce que porte le m'sieu qui vous accompagne m'a trompé et je....

— J'accepte les excuses que vous me *demandez*...

Les deux particuliers, que le concierge de la maison des Pinson vient de prendre pour des chanteurs de carrefours, ne sont autres que Canulard et le garçon de table de l'hôtel du Périgord.

A la dernière soirée des Pinson, l'imprudent Canulard avait promis, le lecteur s'en souvient, un échantillon de son savoir-faire sur la harpe. N'ayant oncques touché de cet instrument, le jeune homme était fort empêché. Pour sortir de cette situation difficile, Canulard avait avisé un de ces petits *pifferari* qui sillonnaient jadis nos boulevards en entonnant invariablement, chaque soir, le *Viva la France, viva l'Italia, viva, viva, viva Garibaldi*, et, moyennant vingt sous l'heure, le Piémontais avait promis à Canulard de lui apprendre à s'accompagner en quelques leçons. Le musicien ambulant ne connaissait que la marche de Garibaldi, mais il la possédait à fond, aussi l'élève en sut-il bientôt autant que le professeur.

Cela explique pourquoi Canulard se permettait d'introduire nuitamment une harpe dans une maison habitée, au grand désespoir du concierge.

Ces messieurs ne sont pas inquiétés davantage, mais Canulard a négligé d'attirer l'attention du garçon d'hôtel sur une des fenêtres ouvrant sur l'escalier et celui-ci donne en plein de sa harpe dans les vitres. Au bruit des carreaux cassés, les locataires sortent de chez eux, chacun maudit le maladroit. Canulard en est quitte pour descendre à la loge et payer la casse.

— Ah! mon Dieu! s'est écriée d'en haut une voix que l'on reconnait être celle de madame Pinson : faut-il être assez ahuri pour se jeter ainsi dans les fenêtres... avec ça qu'il fait chaud pour casser nos carreaux et que dans l'escalier il ne nous vient pas assez d'air... Tiens, c'est vous monsieur Canulard?.. Élise! voilà M. Canulard et sa harpe... Donnez-vous donc la peine d'entrer.

— Bonjour, madame, bonsoir, mademoiselle, M. Pinson, votre serviteur, ouf! mon domestique vient d'accrocher une croisée, en passant... il a brisé deux carreaux.

— Oh! il n'y a pas de mal, fait madame Pinson, un petit malheur qui peut arriver à tout le monde. Si personne ne cassait de carreaux, comment les vitriers vivraient-ils?..

— Alors, c'est votre domestique?.... ajoute M. Pinson, en regardant d'un air effaré le garçon d'hôtel.

Canulard se fit la réflexion suivante :

— Ma livrée étonne ces bonnes gens. Garçon,..., c'est-à-dire Jean, si j'ai besoin de vous tout à l'heure, je vous appellerai. Mettez-vous aux ordres de madame...

Jean disparaît du côté de la cuisine.

— Il vous manque quelqu'un ce soir, madame, continue l'étudiant.

— Qui donc?

— Eh! cette charmante petite fleuriste, votre voisine

— Mademoiselle Aline, a répondu Élise, nous ne la voyons pas habituellement, elle aime si peu le monde!

— Aline viendra, dit Joséphine; dès qu'elle sera rentrée de son atelier, j'irai la chercher.

Mademoiselle Élise n'avait pas l'air si enthousiasmée que sa sœur du commerce de la fleuriste et l'attention dont Canulard l'honorait lui déplut.

— Canulard s'occupe trop de cette petite ouvrière, pensait-elle, veillons à ne pas nous laisser éclipser.

Le époux Pinson ont pressé le jeune homme de se faire entendre. Canulard saisit son instrument avec l'assurance d'un harpiste consommé et entonne l'air national transalpin, en pinçant toujours la même corde avec fureur

— Quel brio! s'est écriée madame Pinson.

— Quel entrain et quelle verve! reprend M. Pinson.

L'artiste cède aux instances de toute la famille et va bisser, lorsqu'un coup de sonnette retentit.

Une voix inconnue des Pinson prononce du dehors le nom de Canulard.

— Une dépêche de province pour monsieur, fit Joséphine en amenant le visiteur.

— Brisebois! balbutie Canulard avec surprise, car c'était lui, Brisebois, qui tombait, comme une bombe, au milieu de la famille Pinson.

— Mon cher ami, je t'apporte ce télégramme parvenu à l'instant à l'hôtel. On m'a dit que tu étais ici avec le gar...

— Bon, bon, interrompt Canulard, vivement, en déchirant l'enveloppe de la dépêche, je te remercie.

— Asseyez-vous, monsieur, insinue madame Pinson, il suffit d'être l'ami de M. Canulard pour être le bienvenu chez nous; vous ne vous en irez pas avant d'avoir pris quelque chose. Joséphine, dis au domestique de M. Canulard d'activer le punch.

Canulard est sur des épines et la bavarde parle toujours.

— Il est fâcheux que vous ne soyez pas arrivé dix minutes plus tôt, votre ami répétait sur la harpe des choses délirantes... il a un talent extraordinaire... du reste quand on est élève de Vieuxtemps et qu'on a suivi des cours d'esthétique.

Brisebois contint avec peine son envie de rire.

Canulard, élève de Vieuxtemps, surtout, lui parut délicieux.

J'aurais peut-être dû expliquer déjà au lecteur par quel concours de circonstances Brisebois se trouvait chez les Pinson.

Au sortir de l'hôpital de la Charité, le complice d'Olympe s'était dit :

— A présent, chez Canulard, comme si de rien n'était.

— Il est en train de prendre sa leçon de musique, avait répondu le garçon de l'hôtel du Périgord à Brisebois.

— Peu importe, repartit celui-ci, je monte chez lui.

De cacophoniques accords remplissaient la maison.

— Eh! eh! Canulard, on m'annonce que tu as été touché par les grâces d'Euterpe; allons, tu vas à merveille; mais quelle drôle d'idée as-tu enfourchée en te lançant dans la connaissance de ce bizarre instrument?

A cette brusque interpellation de l'étudiant, Canulard avait répondu :

— Que veux-tu, mon cher? la harpe sera fort goûtée cette année, on en revient décidément aux modes de nos arrière-grand'mères avec les robes à taille courte

— Tu as donc l'intention de te produire avec cette machine?

— Peut-être.

— Tu fréquentes des artistes?

— Pas précisément.., cependant...

— Je ne t'en demande pas davantage, chacun est libre, du reste j'aurais dû m'en douter : depuis quelque temps tu mènes une conduite étrange, tu passes tes soirées on ne sait où, tu roucoules auprès de quelque belle... oh! tu as raison... je ne te dérange pas? Je venais faire la paix avec toi.

Canulard, peu rancuneux de sa nature, avait tendu la main à son ami. Le Piémontais s'était retiré en laissant son gagne-petit

— Tiens, il n'emporte pas son outil, continua Brisebois.

— Non, je sors avec, dans un instant.

— Ah! ah! je ne veux pas te retarder; au revoir... Canulard ne me retient pas, pensa Brisebois, il s'esquive tout à l'heure avec cet objet grotesque, où va-t-il?

Oh! le domestique de l'hôtel sait toujours une masse de choses, interrogeons-le.

Le garçon était au courant des allures de Canulard, comme on va le voir d'après sa réponse :

— M. Canulard n'est pas encore sorti avec son instrument, fit-il; mais ce soir je l'accompagne rue Saint-Denis, pour porter la harpe.

Cette révélation intrigua Brisebois.

— Ce garçon parle de la rue Saint-Denis, pensa-t-il, Aline demeure justement dans ces parages... Oh! j'ai comme une vague intuition que Canulard se rend chez elle. J'irai rôder de ce côté.

Une circonstance fortuite a favorisé les projets de Brisebois :

Une dépêche télégraphique étant apportée pour Canulard, à peine si celui-ci sortait, Brisebois se l'était fait remettre, pour la transmettre, disait-il, lui-même à son ami.

Nous savons le rest

XX

FATALE RENCONTRE

> « Vox faucibus hæsit. »
> Virgile.

Brisebois a senti tout ce qu'il y aurait d'inconvenant de sa part à trahir son ami. Dans une semblable circonstance, le mieux était de se taire.

Joséphine prend la parole un moment pour annoncer que la voisine est rentrée.

— Inutile d'aller la chercher, répond Canulard.

— Monsieur a raison, continue Élise. Elle travaille tard et a besoin de repos.

— Cependant, ajoute bonnement la mère des jeunes filles, nous aurions du plaisir à la voir. Monsieur, lui-même, la réclamait à l'instant. Va la prévenir, mon enfant.

Canulard épuise toute son éloquence auprès de Joséphine pour la dissuader de cette démarche. Ses tentatives sont vaines. Mademoiselle Pinson prétend amener sa petite amie.

Au seul nom d'Aline, Brisebois devine ; l'opposition de Canulard confirme ses soupçons. Aline paraît, elle est reçue à bras ouverts, M. Pinson s'informe de l'état de sa santé et madame Pinson l'embrasse en disant :

— Vous nous manquiez, mademoiselle.

Tout à coup la fleuriste aperçoit l'homme qu'elle redoute le plus ; elle change de couleur, un tremblement nerveux la saisit, puis faisant contre mauvaise fortune bon cœur et croyant tout racheter par un excès de franchise, elle a l'imprudence de dire :

— Ah ! monsieur Brisebois.

— Bonsoir, Aline.

Cette réponse *ex abrupto* la perdit. M. Pinson surprend les regards échangés entre la jeune femme et l'étudiant. Ceci lui semble extraordinaire. Il se promet d'en demander l'explication.

Aline ne s'est pas senti le courage d'affronter plus longtemps l'orage, elle prétexta la fatigue et rentra chez elle.

Après son départ, M. Pinson pose tout bas et nettement cette question à Brisebois :

— Vous connaissez cette demoiselle, monsieur ?

— Sans doute, répond-il froidement, qui ne connaît pas Aline ? Canulard, lui-même, a dû vous dire que cette personne est ce que nous appelons, au quartier latin, une *étudiante* dans l'acception du mot la plus étendue.

— Merci, monsieur, je sais ce que je voulais savoir.

Inutile d'entretenir davantage le lecteur des incidents qui terminèrent la soirée. Il suffira de dire que Canulard, attaché au char de mademoiselle Élise, oublia bientôt Aline et les promesses qu'il lui avait faites touchant Fortuné.

Quant à Brisebois, il n'eut pas seulement conscience de la vilaine action qu'il venait de commettre, en parlant aussi légèrement de la pauvre fille ! Pour lui, l'avenir d'une femme est si peu de chose ! D'un coup de langue, des gens de cet ordre perdent à jamais une réputation, ça ne les empêche pas de dormir.

Après le départ de ses invités, M. Pinson engagea ses filles à rentrer dans leur chambre, et, prenant sa femme à part, il lui tint ce langage d'un air grave :

— A partir de demain, je ne veux plus que nous recevions cette demoiselle Aline.

— Pourquoi donc, mon ami ? repartit madame Pinson avec étonnement.

— Parce que c'est une femme perdue... l'ami de M. Canulard m'en a raconté de belles sur son compte. Il paraîtrait que cette malheureuse n'est qu'une fille... ce que les jeunes gens nomment : une *étudiante !*

— Infamie ! s'écrie madame Pinson. Et nos filles !

— Oui, nos filles ! tu l'as dit, ma chère amie ; veux-tu exposer nos chastes enfants à ce contact pernicieux ?

— Non, non, mille fois non ; les pauvres petites ! que Dieu nous garde de cette peste !

— Ainsi, c'est entendu, tu vas les prévenir ; plus

de conversation avec cette créature ; interdiction absolue de notre domicile, et puis je verrai le propriétaire, et il donnera congé à cette espèce. La maison a besoin de se laver d'une telle souillure.

La conversation des deux époux paraîtra exagérée à bon nombre de lecteurs ; à ceux-là, je répondrai : Représentez-vous une famille du genre de celle des Pinson, un père et une mère n'ayant d'yeux que pour leurs filles, des braves gens aveuglés par l'amour paternel ; ils ont peu couru le monde et ne connaissent que la vie d'intérieur.... ils sont intolérants.

Ayant vu grandir leurs enfants dans une aisance relative, les conséquences de la misère sont pour eux l'inconnu.

Vous comprenez maintenant les raisonnements de M. Pinson.

Assurément, si ce digne père et sa femme avaient connu l'histoire d'Aline, — de celle qu'ils appelaient une vile créature, — s'ils avaient été témoins de ses souffrances, de son extrême indigence, oh! alors, au lieu de l'accabler de leur mépris, ils eussent tendu leurs bras à la triste orpheline, à la malheureuse enfant bafouée, à la femme entraînée malgré elle par le tourbillon des débordements de la grande ville. Ils eussent admiré sa résignation présente, ses efforts constants pour se soustraire à une existence de débauche. Je dirai plus, ils l'eussent citée comme une martyre à leurs enfants !

Quoi ! ceci vous étonne !

Mais pour moi, la jeune fille née de parents riches et qui n'a jamais par conséquent eu l'ombre d'une fantaisie qui ne fût aussitôt satisfaite, la même jeune fille absolument éloignée des objets de séduction, quel mérite a-t-elle donc d'être demeurée honnête? Aucun, pas plus que ce millionnaire qui passera tout à côté d'un coffre-fort sans percevoir le moindre tressaillement au-dedans de soi.

Mais la femme emportée, dès l'enfance, par le remous des vices honteux, à laquelle personne n'a présenté la moindre bouée de sauvetage, attendez au moins que la raison lui soit venue pour la condamner, et si jamais ses yeux se dessillent, si, par un suprême effort, elle se relève, dites-moi, n'est-elle pas admirable?

Et le jury de la conscience humaine l'absoudra, car sa résurrection est une virginité.

Le lendemain de la fatale rencontre, Aline fut frappée des allures inusitées de ses voisins. Contre l'habitude, madame Pinson ne lui apporta pas de tisane, Joséphine n'ouvrit point sa porte pour lui souhaiter le bonjour.

L'amour-propre froissé provoque des résolutions subites.

— Brisebois m'a dénoncée, se dit Aline, j'en suis convaincue; d'ailleurs cet homme me porte malheur. Fuyons-le ; en descendant, je vais donner congé de ma chambre. Au surplus, un jour ou l'autre, Canulard, par légèreté, me perdrait dans l'opinion de la famille qu'il fréquente. Il est sage de prendre les devants.

Aline annonça son départ au concierge ébahi.

— Comment, vous nous quittez, ma chère demoiselle ! répondit celui-ci, vous avez tort, nous vous aimons tant! C'est mame Pinson qui va être fâchée de vous perdre... Allons, je vas mettre l'écriteau, mais ça me fait *gros* sur le cœur.

Aline venait à peine de demander ses passe-ports à la loge que madame Pinson survint tenant sa boîte au lait à la main.

— Comment va mame Pinson? fit le concierge.

— Pas mal, et vous? Ah! dites donc, j'ai de drôles de choses à vous apprendre.

— Quoi que c'est ?

— Vous savez la personne du sixième, qu'on appelle mam'zelle Aline

— Oui ; eh ben, elle s'en va.

— Mais non, ce n'est pas cela que je veux dire.

— Si vraiment, elle a donné congé pas plus tard qu'il y a deux minutes.

— Pas possible!... alors ma commission est faite. Je venais vous conter des bruits qui nous sont revenus aux oreilles, c'est une fameuse effrontée, allez, cette fille-là avec ses airs de sainte-nitouche... elle a eu des amants au quartier latin, à ce qu'il paraît, et puis elle s'est remise à travailler... Quelle horreur! il aurait bien mieux valu qu'elle restât dans son opprobre que de venir troubler des intérieurs comme le nôtre. Songez que mes filles ont fait leur société de cette malheureuse depuis un mois, et que j'ai embrassé cette créature... je lui ai porté de la tisane... oh! comme je m'en repens! mais il est trop tard.

— N'empêche pas, avec tout ça, mame Pinson, que je respecte ben mam'zelle Aline. Elle est si compatissante pour les malheureux, et puis si propre, si laborieuse ; depuis que ce m'sieu Fortuné l'a quittée, ce rien du tout là, elle n'a reçu âme qui vive; ah! je suis certain que ce sont des méchancetés qu'on vous a dites. Et quand même, elle est ben libre, c'te petite, dès l'instant qu'elle n's'affiche pas.

— C'est bien ce que je disais à Pinson, mais les hommes sont meilleurs juges que nous. Lui, Pinson, ne casserait pas un œuf à une poule, n'est-ce pas? néanmoins il m'a dit : je vais prévenir le propriétaire pour qu'on se débarrasse de mademoiselle Aline.

— Ah ! ben, non, par exemple, vous savez, faut pas que m'sieu Pinson fasse tant son volume et s'imagine, parce qu'on a renvoyé la blanchisseuse, que l'on remerciera tout le monde pour ses beaux yeux. Pour moi, j'suis très-vesqué que mam'zelle Aline *part*... et si ne s'agissait que de moi pour la faire rester, elle resterait, entendez-vous, mame Pinson ?

— Vous fâchez pas, faut pas prendre la mouche. Pinson est un vrai brûlot, il a envoyé ça dans un moment de colère et je suis bien sûre qu'avec la réflexion il n'aurait rien dit au propriétaire.

— Alors pourquoi que vous venez nous raconter tout ça, mame Pinson?

— Oh! parce que je suis la franchise même... Sur ce, je vais acheter mon lait. Cette pauvre Élise, qui attend son petit café dans son lit !

— Ah, oui, c'te pauvre Élise... J'te conseille de la plaindre, c'te *fainiante*-là, murmure le cerbère, tandis que madame Pinson s'éloigne en sautillant.

XXI

LES AMES CHARITABLES

> « J'étais nu et vous m'avez vêtu ;
> « J'étais malade et vous m'avez visité;
> « J'étais en prison et vous m'êtes venu voir. »
> *Chap XXV. Vers, 36.*—Saint-Mathieu.

On se demande sans doute ce qu'est devenu Fortuné, depuis le jour où nous l'avons vu abandonner précipitamment sa chambre de la rue Saint-Denis.

Selon lui, Aline était coupable, cette femme l'avait indignement trompé, il ne voulait plus entendre parler d'elle, et, pour chasser de son esprit l'image de sa maîtresse, il s'était retiré dans un quartier éloigné. Rue de Vaugirard, il a loué une petite chambre et s'est mis résolument au travail.

Dans la journée, l'étudiant suit les cours de la Faculté ; le soir il se renferme sous les verrous de la solitude et, au coin du feu, il s'efforce d'oublier, dans ses livres, un rêve passager de bonheur. Souvent il s'abîmait au heurt de ces tristes réflexions :

— Où est cette femme maintenant ? Dire que je l'aimais pourtant. Oh ! Aline, si tu avais voulu, nous serions heureux ; mais non, le cœur humain est fragile. Tu as brisé toi-même le lien qui nous enchaînait, j'attendais que tu vinsses implorer ton pardon, tu ne l'as pas fait...

La nostalgie du cœur comptait une victime de plus.

Cette vie solitaire ne tarde pas à fatiguer l'étudiant. Sa seule distraction, il la trouve quotidiennement dans la promenade, et quelquefois il pousse ses reconnaissances jusqu'aux grands boulevards.

Un soir, à la hauteur de la porte Saint-Martin, il s'entend appeler, quelqu'un lui courait après. Il se retourne, c'est Agnelet.

— Tiens, vous êtes de retour ! dit Fortuné en serrant la main à son ami.

— Oui, mon cher, depuis ce matin ; je viens de votre ancienne demeure... Que s'est-il donc passé depuis mon départ ?... et Aline ?

— Aline, il y a un mois qu'elle a disparu.

— Vous m'étonnez.

— C'est bien simple pourtant. Tenez, mon cher, par accident : je rentre un soir chez moi : plus d'Aline ; je vais aux Folies-Dauphines, j'y rencontre Canulard et un autre, cet ivrogne surnommé La Consolation : ils m'apprennent que ma maîtresse doit passer la nuit dans les bras de ce coquin de Brisebois. Effectivement, la nuit s'écoula, Aline ne parut pas, alors je ne fis ni une ni

13.

deux, je dis adieu à la rue Saint-Denis et je m'embarquai, avec mes malles, pour la rue de Vaugirard... Voilà.

— Fortuné, vous avez été le jouet d'un fâcheux concours de circonstances. Aline n'a pas eu la moindre relation avec Brisebois. Elle ne vous a pas trompé, j'étais là.

En peu de mots, Agnelet expose à son ami la duplicité de Brisebois, sa collusion avec Olympe, les terribles effets du *café à la mort* sur Aline, les incidents de la nuit, enfin le retour à la rue Saint-Denis et le désespoir de la pauvre femme en apprenant le départ inopiné de Fortuné.

— Mais alors, c'est moi qu'elle doit accuser, s'écrie Fortuné en serrant le bras du jeune docteur. Ah! mon ami, il faut la retrouver aujourd'hui même ; je me jetterai à ses pieds, je lui demanderai pardon... Enfin vous venez de mon ancien domicile : que vous a-t-on dit, le concierge sait-il où est Aline ?

— Hélas ! non, il m'a seulement répondu : « La « pauvre demoiselle était bien malade lorsqu'elle « partit, elle toussait beaucoup, nous la croyions at- « teinte d'une maladie de langueur. Elle n'a pas dit « où elle se rendait... » Ces braves gens paraissent la regretter ; elle se tuait au travail pour joindre les deux bouts, m'ont-ils ajouté.

— Je suis un misérable, alors, interrompit l'étudiant avec véhémence. Comment ! cette enfant est malade et c'est moi qui en suis la cause peut-être... Oh ! Agnelet, je vous en supplie, aidez-moi à la retrouver.

— Rassurez-vous, demain je verrai Henriette, cette jeune personne qui travaille chez madame Graindorge, elle nous apprendra sans doute...

— Au fait, je n'y songeais pas. A l'atelier, on doit savoir...

— Laissez-moi faire ; avant de partir, je promis à Aline de vous conter la vérité sur son escapade. Je veux avoir la satisfaction de réunir vos deux cœurs.

Le lendemain Agnelet demanda Henriette à l'atelier. Depuis une huitaine Aline n'avait pas paru, on fut aux informations chez le concierge de la rue Saint-Denis, mais il ne pouvait dire autre chose, sinon que la fleuriste s'en était allée, accompagnée d'un commissionnaire portant son chétif mobilier sur ses crochets.

Agnelet flottait dans un ambiant d'incertitudes, et se creusait en vain la tête pour y trouver le moyen de découvrir la retraite d'Aline.

. . . .

. . . .

La tisane de madame Pinson avait été impuissante pour guérir Aline. S'il se fût agi d'un rhume ordinaire, il est probable que cette simple médication eût suffi, mais la toux dont la jeune femme était atteinte provenait d'une grande irritation. La poitrine semblait attaquée.

A la suite des fatigues causées par un travail assidu, de l'émotion produite, lors de la rencontre fortuite de Brisebois, le découragement s'est emparé d'Aline, et sa santé est fortement ébranlée.

Le jour qui suivit son départ de la rue Saint-Denis, elle ressentit un grand malaise.

— Mon Dieu! s'écria-t-elle en se levant, je suis toute tremblante... vais-je tomber malade, seule ici, dans une maison où je ne connais personne!... Non, il ne faut pas cela, ayons de l'énergie, continua la pauvre fille en essayant de s'habiller, il est indispensable que je fasse une bonne semaine, ça coûte cher de se soigner...

Les forces d'Aline trahissent son courage. Un étourdissement la saisit. Elle chancelle et tombe à terre en poussant un gémissement. Il lui reste encore assez de force pour se traîner jusqu'à l'entrée de sa chambre et demander du secours.

Une voisine, en entendant des plaintes, a ouvert sa porte en disant :

— On appelle, je crois?

— Oui, madame, répond Aline, ayez pitié de moi, je me trouve mal.

— C'est pourtant vrai! attendez, ma chère demoiselle, j'accours.

La bonne dame s'empresse de soutenir Aline, dont la pâleur cadavérique est effrayante en ce moment, elle la débarrasse ensuite de ses vêtements et l'aide à se recoucher.

L'obligeante personne que nous faisons intervenir est une petite vieille d'une soixantaine d'années, assez replète, et dont la physionomie est empreinte d'un air de sévérité n'excluant pas la bonté. Tout, dans son maintien, dénote une certaine distinction, et sa mise, quoique fort simple, ne laisse pas cependant de révéler la femme de bonne compagnie. Madame Bernard habite depuis de longues années le petit logement où nous la trouvons.

Les gens de la maison ont une grande considération pour madame Bernard, bien qu'elle ne mène pas l'existence large d'une personne fortunée. Les concierges eux-mêmes la vénèrent profondément, parce qu'elle n'est jamais rentrée passé dix heures du soir. De temps en temps on se demande curieusement, à l'oreille, quelle peut être cette dame ? d'où sort-elle ? etc., etc... Mais, sur ce chapitre, elle ne semble nullement disposée à satisfaire les commères. Les unes disent : c'est la veuve d'un officier mort au champ d'honneur, elle mange paisiblement sa pension ; d'autres affirment que madame Bernard a occupé jadis une haute position dans la société, que des revers de fortune l'en ont éloignée. Les mauvaises langues hasardent encore leur petit mot : le mari de madame Bernard existe, c'est un homme riche et puissant, dont elle vit séparée pour incompatibilité d'humeur.

Madame Bernard, dans une complète indifférence de ces propos ridicules, ne cherche pas à détruire les soupçons dont elle est l'objet. Sa vie étant sobre, régulière, comme exempte de toute critique, le sentiment de son honnêteté lui suffit.

Madame Bernard s'informe immédiatement, auprès d'Aline du sujet de ses souffrances.

— Vous n'y pouvez rien, madame. réplique faiblement la jeune femme. C'est à la poitrine, là... que je souffre... depuis un mois, une toux opiniâtre me dessèche et me tue...

— Pauvre demoiselle, faut-il envoyer chercher un médecin ?

— C'est peut-être inutile ; du reste, une de mes amies doit venir aujourd'hui, et si je me sens plus malade, elle avisera.

Madame Bernard n'insiste pas et se retire. Aline a cru pouvoir se lever, dans la journée, pour se rendre à l'atelier, mais elle est obligée de renoncer à ce projet. Malheureusement la personne qu'elle attendait ne parut pas.

Un jour s'écoule ainsi. Chez madame Graindorge on a été très-étonné de cette absence d'Aline, elle qui ne manque jamais. Aussi, en s'en retournant rue Saint-Benoît, Henriette s'informe-t-elle de sa jeune amie auprès du concierge de la maison des Pinson.

— Du moment où elle a déménagé, pense Henriette, il n'y a rien d'extraordinaire à son absence, demain elle reviendra.

Mais le lendemain se passe sans apporter de nouvelles d'Aline; le surlendemain, les jours suivants, ainsi de suite ; une semaine entière s'écoule, et l'on n'a pas encore entendu parler d'elle Henriette a revu Aguelet, ils se sont épuisés en vaines démarches pour retrouver les traces de la jeune femme, tout l'atelier s'y mit, voire même la mère Biscotte.

La fleuriste avait su s'attirer l'estime et l'amitié de ses compagnes d'atelier, sans en excepter une, et son étrange disparition inquiétait d'autant plus qu'on la savait souffrante.

Aline était alors étendue sur son lit de douleur, sans feu, par un rude hiver, dans une misérable chambre ouverte à tous les vents, sans rideaux à sa glaciale couchette de fer. Le mal fit en peu de jours d'effroyables progrès et Aline eût incontestablement succombé de froid, de misère et de faim, si madame Bernard n'eût pas été là.

Voici ce qui s'était passé :

Le concierge, ne voyant point paraître sa nouvelle locataire, eut l'idée de monter jusque chez elle, il frappe, on ne répond pas. La clé était sur la porte, il entre. Un spectacle navrant s'offrait aux regards ! Au fond de la chambre en désordre, sur le lit, gisait Aline amaigrie et grelottante, la face livide, les yeux ternes, les lèvres blêmes ayant à peine la force de s'entr'ouvrir pour laisser échapper quelques cris plaintifs.

Madame Bernard connut bientôt l'état de dénûment et d'abandon dans lequel se trouvait la malheureuse.

— Ah ! mon Dieu ! s'est-elle écriée, j'ai offert mes services à cette jeune fille, elle m'a dit qu'on devait venir la voir, personne ne s'est donc rendu auprès d'elle ?

Ici commence le rôle de la femme charitable.

Un docteur est mandé. Il trouve le cas grave et ne cache pas ses appréhensions.

— Cette jeune personne est-elle de vos parentes ? dit-il à madame Bernard.

Sur la réponse négative de celle-ci, le médecin continue :

— Alors, je puis vous dire que je n'augure rien de bon de la malade. Elle est atteinte d'une péritonite aiguë, compliquée d'un trouble mental évident. Toutes les facultés semblent dominées par une idée fixe, cette femme est sous l'empire d'un immense chagrin. Le moral affecté trouble chez elle toute l'économie physique.

Ces confidences émurent madame Bernard. Elle se promit d'observer Aline afin de pénétrer la cause de ses peines.

La pauvre ouvrière n'a plus conscience de ce qui se passe autour d'elle, la prostration est complète, et la dame charitable, en considérant, avec une profonde tristesse cet être abandonné, s'est fait les réflexions suivantes :

— Malheureuse enfant, d'où viens-tu? et ta famille, où est-elle? As-tu seulement connu ta mère? Oh ! si tu avais une mère, elle serait auprès de toi maintenant, son cœur lui apprendrait l'affreuse position dans laquelle tu te trouves, et une voix secrète lui dirait : Va soigner ta fille, qui se meurt sans avoir un ami pour recueillir son dernier soupir.... Mais c'est horrible, une situation pareille !... Elle a dû être belle, cette jeune fille ; et la bonne dame se penchait vers Aline pour distinguer les traits de son visage, grimés par la souffrance. Oui, continuait-elle, mais la misère a creusé çà et là des rides anticipées, les roses de son visage de vingt ans ont disparu.

Tout à coup madame Bernard a tressailli.

— C'est étrange, murmure-t-elle, plus je la regarde, plus elle m'intéresse... cette ressemblance doit être plus frappante encore lorsqu'elle est en bonne santé... hélas ! elle aussi je l'ai vue à l'agonie, la chère enfant avait cet âge, une maladie semblable l'emporta.

Ce souvenir me fait mal... quelle perte ! mon Dieu, quand j'y pense, je l'aimais tant... Elle au moins a eu la consolation de mourir dans mes bras. Oh! les soins ne lui ont pas manqué, tandis que celle-ci se voit abandonnée de tous. Dieu seul veille sur elle. Ah! et moi, ne suis-je pas là ? non, il ne sera pas dit que j'aurai vu disparaître tant de charmes sans faire mon possible pour lutter avec la mort, on ne descend pas à vingt ans dans la tombe !

Les effets des médicaments ne tardèrent pas à se manifester. Bientôt Aline regarde autour d'elle avec égarement, elle prononce des paroles sans suite, peu à peu les mots sortent plus distinctement et plus pressés de sa bouche. Madame Bernard prête une oreille attentive aux discours de sa malade, qui dans son délire prononce à plusieurs reprises le nom de Fortuné.

— Il s'appelle Fortuné ? pense l'excellente femme. C'est un homme qui occupe son imagination, un homme jeune sans doute, pauvre fille ! Si je l'interrogeais ?...Eh bien, mademoiselle, interrompit-elle, comment vous sentez-vous ?

— Qui est là ? répond Aline en se dressant avec stupeur sur son lit. Ce n'est pas lui qui me parle... et cependant je le vois... il est là... dans le coin... là-bas.

Et sa main décharnée désignait en face un être imaginaire.

— Vous voulez parler d'un M. Fortuné ? fait madame Bernard en obligeant doucement Aline à se recoucher.

— Qui donc a prononcé ce nom? s'écrie cette fois la malade d'une voix stridente. Fortuné, oui, c'est cela, Fortuné est là, n'est-ce pas? Il est venu, il a su que j'étais bien malade, il m'a pardonné, nous ne nous quitterons plus désormais?... Oh! dites-moi que vous ne me trompez pas; c'est bien vrai?...

La bonne dame Bernard ne savait plus comment s'y prendre pour contenir Aline, dont les forces semblaient revenues et qui voulait absolument se jeter à bas de son lit. Cette crise amena chez elle un abattement passager. La secousse eut pour résultat de faire cesser le délire et, au bout de quelques heures, elle put causer. Madame Bernard profita du mieux pour interroger la jeune femme en la priant de lui raconter, avec la plus entière franchise, les motifs de son chagrin.

La confession fut pénible; mais madame Bernard écoutait avec tant d'indulgence, les yeux de la vieille dame se remplissaient si souvent de larmes à certains passages de cette triste narration, qu'Aline fit les révélations les plus complètes. Lorsqu'elle eut fini, madame Bernard lui prit les mains en lui disant :

— Mon enfant, vous avez été bien éprouvée... Elle ne put continuer et se détourna un instant pour pleurer d'attendrissement.

. . . .
. . . .

Fortuné attendait impatiemment le résultat des démarches de son ami Agnelet et ce fut avec une pénible émotion qu'il apprit la disparition d'Aline. Que faire? Battre tout le quartier, il n'y fallait pas songer. Retourner à la maison de la rue Saint-Denis, voir le concierge et tâcher de tirer quelques inductions d'un nouvel interrogatoire, tel fut le dernier parti auquel Fortuné s'arrêta, comme lui paraissant laisser une lueur d'espoir.

Il mit, en conséquence, ce projet à exécution, mais il sortit de la maison de la rue Saint-Denis sans avoir rien pu obtenir. Triste et soucieux, il se disposait à regagner son domicile et marchait tête baissée, quand tout à coup il lui sembla entendre une petite voix timide et fraîche appeler derrière lui : Monsieur ! monsieur ! Il se détourne et voit, en effet, une jeune fille qui le suit.

— Je me serai trompé, pense Fortuné, je ne connais pas cette jeune personne.

Il se remet en marche. Un nouveau : Monsieur ! plus accentué que les précédents, le tire de nouveau de sa rêverie.

— Décidément c'est bien à moi qu'elle en a, attendons...

La jeune personne aborde hardiment Fortuné :

— Monsieur, lui dit-elle, je vous suis depuis dix minutes, mais vous marchez si vite que j'ai eu de la peine à vous atteindre.

— Et que désirez-vous, mademoiselle? répond l'étudiant étonné.

— Vous êtes bien monsieur Fortuné, n'est-ce pas?

— Oui, mademoiselle, mais pourquoi?...

— Ah! voilà, c'est que j'ai cru vous entendre parler de mademoiselle Aline au concierge de notre maison, comme je sortais tout à l'heure.

— Vous dites vrai, mademoiselle, et...

— Permettez, je vais vous apprendre d'abord pourquoi je tenais à vous rejoindre. C'est que j'ai vu ce matin la pauvre Aline, ma petite amie; ah! elle est bien mal, allez...

— Comment ! articule Fortuné, qui sent son cœur bondir dans sa poitrine, vous l'avez vue ? Vite, conduisez-moi auprès d'elle.

— Oh! pas si vite; sans préparation, votre visite serait pour elle un coup funeste, elle est trop malade en ce moment. La moindre émotion amènerait une crise redoutable, et le médecin l'a défendu... Oh! mais elle parle souvent de vous dans son délire... Il paraît que vous êtes *fiancés*.

Fortuné tomba de son haut.

— Fiancés, s'écrie-t-il, non... oui... certainement, mademoiselle, et si le mot de mariage peut rendre la santé à ma chère Aline, j'irai de suite l'assurer de... mais enfin dites-moi au moins où elle est?

— Plus tard vous le saurez. Je vous affirme seulement qu'elle est bien soignée par une vieille dame, qu'elle habite près d'ici et que je vais la voir tous les matins, en faisant les commissions de maman.

— Mademoiselle, vous me rendez le plus heureux des hommes; maintenant mon désir est de me rendre près d'elle le plus tôt possible.

— Écoutez, je vais vous conter la chose en deux mots, parce que je ne veux pas qu'on nous aperçoive plus longtemps ensemble. Oh! si maman me voyait causer dans la rue... Demain matin, soyez à dix heures précises dans le passage du Ponceau ; j'aurai eu le temps de prévenir Aline, et nous irons ensemble... Adieu.

Fortuné, tout étourdi, n'eut pas le temps de revenir de sa surprise, que la gentille messagère avait disparu avec la rapidité d'un faon.

XXII

DÉVOUEMENT

> PAUL. — « Pourquoi ne pas marier
> « ensemble ceux qui se convien-
> « nent, les jeunes avec les jeunes,
> « les amants avec les amantes. »
> *Paul et Virginie.* — BERNARDIN DE SAINT-PIERRE.

Est-il nécessaire d'en informer nos lecteurs ? La jeune fille avec laquelle Fortuné vient de s'entretenir est mademoiselle Joséphine Pinson.

Aline, nous le savons, a fui la rue Saint-Denis pour éviter Brisebois et s'épargner les mécomptes que ce dernier n'eût pas manqué de lui susciter par ses bavardages. Elle s'est donc bien gardée de dire où elle se rend ; mademoiselle Joséphine seule est dans la confidence de la fleuriste.

Cinq ou six jours après le départ d'Aline, Joséphine s'est transportée chez son amie en allant aux commissions, et son étonnement fut mêlé d'un excessif chagrin lorsqu'elle vit l'ouvrière aussi sérieusement atteinte. Selon madame Bernard, le médecin n'était pas sans inquiétude ; quant à la malade, elle avait confié à Joséphine le secret de ses maux, et le nom de Fortuné revenait sans cesse sur ses lèvres.

J'ai dit par suite de quel hasard providentiel mademoiselle Pinson rencontra Fortuné, il s'agissait maintenant de préparer Aline à le revoir.

Le matin du jour où elle a donné rendez-vous passage du Ponceau, à Fortuné, l'aimable enfant s'est réveillée de meilleure heure que de coutume.

— Pourvu, pensait-elle, qu'il ne prenne pas fantaisie à maman d'aller elle-même en courses ! Ma foi tant pis ! je sortirai tout de même, pendant son absence.

Elle n'eut pas à se rendre coupable de cette petite désobéissance.

L'excellente créature ne courut pas chez son amie ; elle ne fit qu'un bond pour s'y rendre, et d'abord ce fut madame Bernard qu'elle rencontra.

— Eh bien, comment va-t-elle, ce matin ?

Telles furent les premières paroles de Joséphine.

— Il y a un peu d'amélioration, mon enfant.

— Tant mieux, madame, et je vous annonce une bonne nouvelle : j'ai vu monsieur Fortuné.

— Vous avez vu ce monsieur, mon enfant ? où cela ?

Et madame Bernard fronça légèrement le sourcil, en posant cette interrogation à la jeune fille.

— Dans la rue, madame, répondit Joséphine en baissant les yeux avec embarras. J'ai bien fait, n'est-ce pas? de tout lui dire ; car c'est le *prétendu* d'Aline, il doit l'épouser, à ce qu'il m'a dit, et, voyez-vous, ça lui fera beaucoup de bien de lui parler.

Madame Bernard reprit sa sérénité habituelle.

— Je suis loin de blâmer votre démarche, mademoiselle, du moment où ce M. Fortuné a des vues honnêtes sur notre petite protégée. Invitez-le, au contraire, à se rendre ici. Néanmoins, je désire avoir une entrevue préalable avec lui, avant de mettre les deux jeunes gens en rapport.

— Je cours le chercher.

Quelques instants après, Fortuné est introduit chez madame Bernard, qui invite l'étudiant à s'asseoir. Joséphine les laisse causer et vole auprès d'Aline.

L'émotion du jeune homme n'échappa pas à la bonne dame, elle lui dit :

— Vous savez déjà, monsieur, comment il se fait que je donne des soins à la personne qui vous intéresse. Je ne vous cacherai pas que sa maladie est grave. Or, sans prendre aucun détour, est-il vrai que vous songiez réellement à faire votre femme de mademoiselle Aline?... Ah! tenez, je puis me permettre de vous poser une pareille question, mon âge m'y autorise, et puis je m'intéresse vivement à cette jeune femme. Elle m'a conté l'histoire de sa vie avec un tel accent de vérité, que je me suis sentie touchée... Elle a été si malheureuse, monsieur!

— Je sais cela, madame.

Et Fortuné se rappelait en cet instant que lui aussi fut profondément troublé le jour où *elle* lui fit le récit de son étrange existence.

— Ainsi, reprit madame Bernard, vous connaissez le passé d'Aline, et vous voulez l'épouser ?

— Madame, si l'idée de cette union pouvait la sauver, je n'hésiterais pas.

— Ce serait, dans ce cas, une sorte de sacrifice ; mais admettez qu'à force de soins la malade revienne à la santé, alors persisterez-vous à la prendre pour votre femme ?

Mis ainsi au pied du mur, Fortuné dut répondre catégoriquement :

— Oui, madame, je persisterais.

Ce cri partait de l'âme.

— Vous êtes un brave cœur, monsieur ; ainsi ni les préjugés du monde, ni la crainte d'encourir la disgrâce d'un père et d'une mère, rien ne vous empêchera de donner votre nom à cette jeune femme. Il y a bien peu d'hommes de votre âge qui se mettraient au-dessus de ces considérations. A mon avis, ils ont tort ; mais, puisque vous êtes dans ces dispositions, je puis me rencontrer avec vous sur le même terrain. Moi, je remplace une mère absente, et je reçois un homme que ma fille aime... Je soigne le corps, à vous de guérir les plaies du cœur..., Attendez-moi, je vais vous annoncer.

Aline poussa un grand cri.

— Venez, monsieur ! fit madame Bernard.

— Fortuné !

— Aline !

Les deux amants tombèrent dans les bras l'un de l'autre.

La bonne dame entraîna Joséphine pour laisser à

ces deux êtres qui s'adoraient la faculté de s'épancher plus librement.

Un cerveau, affaibli par les tortures morales et les souffrances physiques, ne reçoit pas impunément une pareille commotion. Incapable d'articuler un mot, Aline étouffait, un torrent de pleurs inondait son visage en la soulageant. Les symptômes sont les mêmes pour la joie comme pour la douleur.

Fortuné ne croyait pas la trouver si changée; c'était au point qu'il ne l'eût pas reconnue. Aline a remarqué l'effroi de son amant, et dès que la parole lui fut revenue, elle s'exprima ainsi :

— Je suis bien maigrie, n'est-ce pas? Mais j'ai été si éprouvée, Fortuné! j'ai cru mourir, va..... Oui, eh bien, c'est étrange, je me suis toujours dit : Je le reverrai avant de m'en aller... Je savais que tu allais venir, Fortuné... D'abord je te voyais tous les jours... là-bas, dans le coin de la chambre.... tu me regardais... N'est-ce pas que c'était toi?

L'étudiant s'efforce de contenir ses larmes, il tient toujours Aline embrassée.

— Tu me pardonnes? lui dit-il.

— Te pardonner! mon ami, mon Fortuné, moi qui suis la coupable... moi qui me suis si mal conduite envers toi... Oh! j'ai mérité cette leçon... Mais maintenant, dès que je serai guérie, je ferai tout ce que tu m'ordonneras de faire... Je ne sortirai plus... je ne serai plus jalouse... je n'écouterai plus ce que les autres me diront, parce que je veux que tu m'aimes.

— Dis-moi, Aline, il ne faut pas te fatiguer à parler. Laisse-toi soigner par madame Bernard, elle a tant d'amitié pour toi, l'excellente femme ! Quant à moi, je viendrai te voir chaque jour, deux fois, trois fois, quatre fois ; je vais même me loger ici près, afin que l'on puisse m'appeler quand tu le désireras

Le jeune homme éprouvait le besoin de sortir, le trop plein de ses larmes allait déborder.

Il embrassa la douce Aline.

— Déjà ! fit-elle avec un air de reproche. Oh ! oui, tu veux que je me repose, tu as raison ; je vais essayer de dormir... Attends... encore un mot... Tiens, regarde.

Elle sortit en même temps de son sein un petit médaillon que son amant lui avait donné jadis, puis elle ajouta :

— Tu le reconnais... ouvre-le... Il y a dedans une mèche de tes cheveux... Ils ne m'a pas quitté depuis ma maladie... J'ai eu seulement une vilaine pensée : il me semblait que, si je venais à mourir, on me l'ôterait....

La charitable voisine est entrée sur ces entrefaites. Fortuné comprend qu'il doit se retirer et il promet de revenir dans la soirée.

Tous les efforts de la science n'eussent certainement pas obtenu le résultat produit sur Aline par la présence de Fortuné. Le médecin l'avait dit, le corps est gravement atteint, mais le cœur l'est encore davantage.

Aline reprit peu à peu ; au bout d'une semaine elle se leva, et madame Bernard demanda au jeune homme s'il ne serait pas temps de parler de ses projets d'avenir.

— Le voulez-vous ? avait-elle dit ; je me charge de la négociation. Il vaut peut-être mieux que la chose vienne de moi.

Fortuné consentit.

La vieille dame, saisissant un moment où la malade lui parut calme et disposée à la conversation, aborda la question en ces termes :

— Vous n'avez peut-être pas encore songé à vous marier, ma chère enfant ?

— Moi, madame ? Mais c'est impossible, répondit-elle, en se frappant la poitrine.

— Comment, impossible, et pourquoi ?

— Parce que l'homme qui me demanderait en mariage, c'est qu'il ne connaîtrait pas ma vie ; et comme je ne voudrais pas le tromper, je lui dévoilerais mon passé, et il s'éloignerait de moi comme d'une pestiférée... Ensuite, j'aime quelqu'un... je n'ai jamais aimé que lui et je n'en aimerai jamais un autre.

— Voilà où je voulais en venir... Et si la personne que vous aimez songeait à s'unir à vous par des liens indissolubles ?

— Ne dites pas cela, madame, cette idée me ferait mourir de chagrin... Lui ! faire sa femme d'une fille comme moi !... il ne le peut pas, il ne le veut pas... Ah ! oui, il se mariera un jour, mais avec une jeune fille du monde. Elle est heureuse, celle-là... elle aura une dot. Elle a un père qui viendra la prendre par la main pour la conduire devant l'autel, auprès de son mari... Dieu bénira leur union, des enfants naîtront peut-être... mais moi, épouser Fortuné, moi, l'enfant du hasard, fille d'un forçat ou d'un grand seigneur, on ne sait pas, doute horrible quand j'y songe ; moi, séduite dès l'âge de quatorze ans... je vous ai fait ce triste aveu ; moi, une femme sans instruction, sans éducation, sans une obole dans le présent ni dans l'avenir ; moi, qui suis forcée désormais de fuir le monde, de me cacher comme une voleuse de peur de rencontrer des gens qui m'ont connue jadis. Ah ! ce rapprochement suffit, madame ; vous le voyez, une telle félicité ne doit pas exister pour moi...

— Mon enfant, reprit madame Bernard, la fatalité ne s'acharne pas constamment après ses victimes. Vous avez assez souffert pour aspirer à un dédommagement. Je crois, je ne vous le cacherai pas, au système des compensations. Or, un homme est envoyé vers vous pour accomplir une mission providentielle ; cet homme, vous l'aimez et il vous aime ; il me l'a dit ; il m'a chargé de vous entretenir sérieusement de cet objet.

Madame Bernard eut beaucoup de peine à persuader Aline que cela n'était pas une plaisanterie, et ce fut seulement lorsque Fortuné lui confirma les paroles de la bonne dame que la jeune femme commença à réfléchir.

La perspective d'un mariage avec Fortuné l'attristait, et la réalisation de cet acte immense que son cœur appelait de tous ses vœux, sa conscience la repoussait.

— Cela ne se peut pas, répétait-elle sans cesse ; quelle folie d'y songer ! La famille de Fortuné ne consentira jamais, et moi je ne saurais le pousser à désobéir à son père, à compromettre son avenir. Non, je l'aime trop pour faire cette méchante action.

Depuis que l'idée d'épouser Aline a surgi dans le cerveau de Fortuné, il se demande quel chemin il prendra pour parvenir à son but. S'il ne s'agissait que de lui, tout s'arrangerait pour le mieux ; mais il ne se dissimule pas les difficultés presque insurmontables qu'il devra vaincre du côté de sa famille.

— Il faut cependant que je fasse part de mes projets à mon père et à ma mère, se disait l'étudiant, en fils soumis ; quand même j'aurais atteint mes vingt-cinq ans, âge auquel la loi reconnaît à l'homme le droit de se dispenser de l'autorisation paternelle, je ne me déciderais jamais à lancer des sommations respectueuses

XXIII

LE PÈRE ET LA MÈRE

> « Mais nos fils, qu'on me le pardonne,
> « Vaudront bien moins que nous encor. »
> *L'âge futur.* — BÉRANGER.

Transportons-nous à Saint-Malo, sans allonger démesurément ce chapitre par la description de cette sombre, rocailleuse et sale petite cité, plantée sur une île, étouffée entre d'épaisses murailles léchées par les vagues d'une mer toujours houleuse. Je pourrais vous dire aussi que Saint-Malo possède de remarquable la tour *Qui qu'en grogne*; que Duguay-Trouin y a sa statue, que Surcouf y est né, que Châteaubriand y est enterré sur l'île du Grand-Bé, à une portée de fusil de la ville ; mais tout cela, vous le savez. Or, je vous conduirai, tout simplement, rue Jean-de-Châtillon (ancienne rue Corne-de-Cerf), à l'extrémité sud-est de la ville, dans une vieille maison (elles sont toutes plus ou moins centenaires à Saint-Malo) construite en granit, — le granit est la pierre de taille du pays ; – au rez-de-chaussée de cette maison existe une boutique, au-dessus de laquelle on lit, en gros caractères, l'enseigne que voici : RIGOBERT, PHARMACIEN. Nous sommes arrivés.

M. Rigobert est un homme obèse et pâle ; une couronne de rares cheveux grisonnants orne son crâne poli comme un genou ; la figure n'est pas précisément souriante, l'état du nez dénote, chez son possesseur, l'usage immodéré du tabac en poudre ; de barbe point, de sourcils pas davantage ; les yeux, on n'en voit rien, des lunettes les cèlent à l'observateur. Enfin, de cet ensemble, nous devons conclure hardiment que le personnage peut avoir la soixantaine.

Est-il besoin d'ajouter que nous sommes en présence du père de Fortuné ?

L'honnête pharmacien, le jour où je vous le présente, était descendu au laboratoire de meilleure heure que de coutume ; les ordonnances pleuvaient drues comme grêle. C'était, en effet, la bonne saison : février ! le mois des catarrhes, des pleurésies, des lumbagos avec leur interminable cortége de pituites et de coryzas ; il fallait préparer les potions, décanter les sirops, manipuler les pâtes de lichen et de guimauve.

Tout en vaquant, avec son aide, aux soins méticuleux de sa profession, M. Rigobert faisait, de temps à autre, ses réflexions tout haut. Le plus souvent il débutait par ces mots :

— Dis donc, Julie, es-tu là ?

Et l'on apercevait la tête du brave homme dans l'entre-bâillement de la porte donnant au fond de la boutique Le coup d'œil jeté, M. Rigobert disparaissait, et si Julie se trouvait à son poste, il continuait sa phrase.

Julie, c'est madame Rigobert.

Pharmacienne par goût, comme par habitude, connaissant admirablement les formules, suppléant son mari quand besoin était, à Julie incombait la surveillance exclusive de la pratique.

Du reste, madame Rigobert figurait avec avantage dans un comptoir. Plus jeune que son mari de quatre lustres au moins, madame Rigobert jouissait d'un physique encore fort agréable, et plus d'un Malouin de vingt-cinq ans allait acheter à la pharmacie dix sous de boules de gomme uniquement pour le plaisir de se les voir servir par les blanches mains de Julie, qui accompagnait toujours ses livraisons du plus aimable sourire. Oh ! l'honnête pharmacien savait tout cela, aussi répétait-il sans cesse à sa femme :

— Vois-tu, Julie, à toi la pharmacie, à moi l'officine.

A l'instant où nous pénétrons chez lui, M. Rigobert interpelle sa femme :

— Julie, es-tu là ?

— Qu'est-ce qu'il y a, mon ami ? interroge cette dernière.

— Le facteur a-t-il apporté une lettre de Paris ?

— A l'instant, il m'en remet une, mais elle n'est pas de notre fils.

— Ah ! c'est fabuleux ; depuis un mois le gars ne donne plus signe de vie.

Et M. Rigobert apparaît, portant trois ou quatre bouteilles qu'il dépose sur le comptoir en disant :

— Tiens, Julie, bouche-moi ces fioles, pendant que je vais lire la lettre... je ne me rappelle pas cette écriture... c'est laconique... voyons la signature... Veuve Bernard... connais pas... Je lis :

« Monsieur, quoique n'ayant pas l'honneur d'être « connue de vous... »—A propos, Julie, ne te trompe pas d'étiquette ; il y a pour l'usage interne et pour l'usage externe. — « Quoique n'ayant pas l'honneur « d'être connue de vous, je ne puis cependant pas « tarder plus longtemps à vous faire part de certains « projets qui vous intéressent au plus haut degré. « Monsieur votre fils manifeste l'intention d'é- « pouser... »

— Comment ! s'écrie madame Rigobert avec stupeur, Fortuné veut se marier ! mais c'est impossible, il est trop jeune, et puis, sans nous avoir demandé si cela nous convient ; il pense déjà... Oh ! c'est trop fort. Continue, Rigobert, j'ai hâte de savoir...

L'émotion du pharmacien est si grande qu'il lui est impossible de poursuivre sa lecture. Ses yeux se brouillent, il passe la lettre à Julie, qui répète :

« ..... Votre fils manifeste l'intention d'épouser une « jeune personne dont il est sérieusement épris ; « néanmoins, il me charge, tout en vous demandant « votre consentement......

— Je le refuse, dit M. Rigobert interrompant sa femme.

— « ... votre consentement, pour cette union, de

« vous apprendre que la jeune fille est orpheline,
« qu'elle n'a aucune fortune... »

— Mais c'est une horrible plaisanterie, une dérision, une infamie ! s'écrient en chœur les deux époux. Ce grimoire est l'œuvre d'un fou, ajoute M. Rigobert en se précipitant sur la lettre que sa femme vient de jeter à terre, après l'avoir froissée convulsivement entre ses mains. Lisons cependant jusqu'au bout...
« Maintenant, mademoiselle Aline est jeune et d'un physique agréable... » Je me moque pas mal de la jeunesse et des grâces de ma future bru, articule le pharmacien, ça ne remplace pas les espèces... Ah ! il y a un *post-scriptum* :

« ... Dans le cas où vous refuseriez à M. votre
« fils votre consentement, je crois devoir vous préve-
« nir, qu'en le plongeant dans une douleur profonde,
« vous le réduirez peut-être à commettre un acte de
« désespoir. »

La plume est impuissante à peindre la stupéfaction dont les deux époux furent saisis.

— Eh bien ! qu'en dis-tu, ma femme ? murmure M. Rigobert avec anxiété.

— Je dis, mon pauvre ami, que je vais te préparer ta malle et que tu vas partir de suite pour Paris.

— Tu crois ?

— Comment ! si je crois ! mais il le faut. Ne vois-tu pas que notre Fortuné marche vers l'abîme ? Le pauvre enfant a été séduit ; j'avais un pressentiment cruel, lorsque je le vis s'embarquer pour cet affreux Paris.

Mais tu n'as pas eu de cesse qu'il n'allât dans cette ville infernale, à présent nous sommes bien lotis!

— Pouvais-je deviner?...

— Oui, vous allez vous retrancher désormais derrière le « pouvais-je le deviner? » ce n'est pas faute que je vous aie averti cependant. Maintenant, voyez, il ne vous reste plus qu'une chose à faire, voir votre fils, causer avec lui, tandis que l'on prendra des informations sur la jeune fille, dissuader Fortuné de cette monstrueuse union, le pauvre petit, et s'il persiste, le ramener ici et le marier au plus vite avec une femme de notre choix, la petite Kergomec, par exemple.

— Y penses-tu ! la petite Kergomec, elle a coiffé sainte Catherine.

— N'importe. J'aime mieux lui voir prendre une femme ayant dix années de plus que lui, mais dotée raisonnablement, que de le donner à une aventurière, car une orpheline sans dot n'est pas autre chose.

— Mais la petite Kergomec n'est pas belle... hasarde M. Rigobert.

— L'argent lui permettra d'acheter des toilettes qui remplaceront les charmes absents. Les parures ne vieilliront pas, le visage se détériore.

— Elle est ennuyeuse et maussade.

— Le mariage la formera.

— Il lui manque des dents.

— Elle s'en fera mettre de fausses.

— En somme, Julie, tu as raison, j'aime cent fois mieux la petite Kergomec avec ses fausses dents et sa dot que cette inconnue avec sa jeunesse et sa gueuserie.

Le soir même, le père de Fortuné vole vers la capitale. Pour la première fois, il accomplissait un long voyage, jamais il n'avait dépassé Rennes, où il fit ses études.

En arrivant à Paris, M. Rigobert descend dans un hôtel, et son premier soin est de se transporter chez son fils. Justement le jeune homme se levait et se préparait à se rendre à la Faculté.

Si l'étudiant s'attendait à une visite, ce n'était certes pas à celle de son père. L'entrevue est pleine d'émotion. Un instant, M. Rigobert oublie même le but de sa démarche en pressant son fils sur son cœur et en l'embrassant avec effusion.

Cet accès de tendresse bien naturel cède aussitôt place à d'autres sentiments.

— Fortuné, l'étrange lettre que j'ai reçue d'une dame Bernard m'amène ici, je viens savoir ce qu'elle signifie ?

— Oh! mon père, s'écrie le jeune homme ému, je comprends vos appréhensions, vos craintes, mais vous m'aimez trop pour vous refuser à mon bonheur.

— Ton bonheur, ton bonheur, tu ne peux guère juger cela, toi, les parents seuls sont aptes à traiter cette question..... Avant tout, quelle est cette jeune fille? où l'as-tu connue ?

Fortuné redoute ces questions, et cependant ce sont les premières que doit tout naturellement lui poser son père; l'étudiant réfléchit... dire la vérité, est impossible; dans son trouble, il essaie d'un mensonge :

— Mon père, vous le dirai-je, je suis coupable, cette jeune fille est une honnête ouvrière que j'ai séduite ; puis, abandonnée par moi, elle est tombée sérieusement malade... elle allait mourir, par ma faute, lorsque je suis revenu à elle ; ma vue l'a ranimée... Aujourd'hui, sa guérison est proche et je l'aime.

— Malheureux enfant, et cette jeune fille est mère, peut-être de ton fait ?

— Non, mon père.

— Comment ! non ; ah! je respire... et tu songes à l'épouser ! Mais tu n'as pas de faute à réparer, puisque la preuve matérielle échappe.

Elle n'existe que pour toi et elle, la preuve de la faute, or, tu es trop galant pour le crier sur les toits, et cette jeune fille est trop intéressée à ne pas s'en vanter. Dès lors, tout est pour le mieux, allons, il faut te dépayser un peu.

Je t'emmène à Saint-Malo, demain nous retournons en Bretagne. Tu resteras à la maison un mois ou deux, j'écrirai à cette dame Bernard qu'elle prévienne la jeune personne que le mariage est impossible, que tu as quitté Paris définitivement, etc., etc.

— Elle en mourra de chagrin, mon père.

— Qui? ta fiancée? allons donc! Elle te fait croire cela, pauvre niais. C'est comme ces hommes qui menacent les jeunes filles timides de se brûler la cervelle si elles résistent à leur ardeur, les sottes se livrent et les farceurs en rient ensuite longtemps dans leur barbe. Oh! Paris ne t'a pas rendu malin, à ce que je vois, Fortuné. Décidément, en province, nous y voyons plus clair.

— Mon père, je suis désolé de vous désobéir, mon parti est irrévocablement pris, je reste ici...

— Alors c'est un refus catégorique de ta part... ta pauvre mère en mourra de chagrin.

— Je vous demande pardon, mon père, loin de moi la pensée de vous manquer de respect, mais si je vous disais : en m'emmenant à Saint-Malo, en m'éloignant de celle que j'aime, vous me réduirez au désespoir ?

— Si tu disais cela, je te répondrais : mieux vaut encore te réduire à ce désespoir, qui ne durera pas, que de tuer ta pauvre mère.

— Et si, allant plus loin, j'ajoutais que perdre Aline pour toujours, c'est m'exposer à m'ôter la vie ?

— Tu es fou.

— Oui, mon père, je suis fou, vous l'avez dit, oui, fou d'amour, d'un amour que je ne puis raisonner et dont aucune puissance ne me distraira.

M. Rigobert ne croyait pas rencontrer autant d'obstacles. Il s'était dit : folie de jeunesse que ces amourettes. Mon fils a une tête faible. Je n'aurai qu'à paraître et j'en aurai vite raison.

Il comptait sans une première passion et un amour de vingt-deux ans

M. Rigobert dut en rester là pour le moment et pria son fils de l'accompagner dans différentes courses qu'il voulait faire à travers Paris.

— Et mon ami Boucaille, comment va-t-il ? fit-il à Fortuné.

— Votre ami Bou...

— Boucaille, parbleu! pour qui je t'ai donné une lettre de recommandation.

— Mon père, j'ai un aveu à vous faire, j'ai perdu cette lettre.

— Tu es un maladroit. Enfin, comment *est-il* pour toi? t'invite-t-il à dîner souvent, et sa fille? on la dit charmante... j'avais pensé que peut-être on pourrait songer à toi de ce côté. Ah! voilà un mariage auquel j'aurais applaudi des deux mains... Boucaille a de l'argent, et puis un fameux fonds, à ce qu'il paraît, rue de la Parcheminerie; c'est dans les grands quartiers, n'est-ce pas?

Fortuné ne s'attendait guère à cette tuile. Comment avouer à son père que, depuis son arrivée à Paris, il n'a pas été voir cet ami d'enfance de l'auteur de ses jours, dont il a oublié l'adresse et même le nom?

— Tu n'as pas été chez Boucaille? s'écrie le pharmacien, ah! voilà qui est fort, par exemple; tu n'as donc fait que des infamies depuis que tu as quitté ton père et ta mère! Ne pas être allé voir Boucaille! l'ami intime de ton père, malheureux! mais tu ne sais donc pas que Boucaille t'aurait poussé, t'aurait introduit dans le monde? Boucaille a le bras long; ah! mon Dieu! mon Dieu! il était temps que j'arrivasse... Je n'oserai jamais me présenter chez Boucaille, à présent. Je ne m'étonne plus s'il ne répondait à aucune de mes lettres te concernant, moi qui croyais que tu dînais au moins deux fois par semaine chez lui... et je le remerciais encore des soins qu'il te prodiguait!

XXIV

LES AMIS DE M. RIGOBERT

« Amici !!! »

M. Rigobert s'est décidé à se rendre chez son ami Boucaille. Ce dernier tient une pharmacie borgne dans la rue de la Parcheminerie.

En arrivant, le provincial saute au cou de son confrère en disant :

— Il ne me *remet* pas ! je suis Rigobert, tu sais, et voilà mon fils.

— Ah ! je ne vous aurais pas reconnu, il y a si longtemps.

— Oui, mon très-cher Boucaille, vingt-deux ans à la Saint-Jean prochaine. Oh ! il s'est passé bien des choses à Saint-Malo depuis ton départ.

M. Boucaille répond d'un air indifférent :

— Du reste, je n'ai conservé là-bas aucune relation et....

— Aucune relation ! et moi donc, Boucaille... pour qui me prends-tu? mais je parle de toi tous les jours à ma femme.

— Tiens, vous êtes donc marié?

— Ah çà ! d'où sors-tu, puisque voilà mon fils !

— Pardon, c'est vrai, murmure Boucaille dépité.

L'innocent pharmacien de Saint-Malo trouve la réflexion de son compatriote au moins extraordinaire, il cherche en vain dans son confrère de Paris cet ami à la vie à la mort qu'il fréquentait jadis. L'air froid et ennuyé de Boucaille, ses *vous* en réponse aux *tu* et *toi* dont M. Rigobert est fort prodigue, tout cela choque horriblement le père de Fortuné. La conversation languit de part et d'autre, l'embarras est marqué. Quand M. Rigobert demande à être présenté à madame Boucaille, le mari de celle-ci répond que sa femme n'est pas encore visible et que sa fille prend une leçon de piano.

M. Rigobert est atterré ; il pense qu'on va l'inviter au moins à déjeuner. Un ami avec lequel on a été en nourrice, c'est bien le moins. Mais non, rien ! pas même le petit coup de l'étrier, entre pharmaciens, c'est roide.

Le père et le fils prennent congé.

— Cette réception t'étonne, fit Fortuné en sortant.

— Considérablement, mon fils, Boucaille est un pleutre.

— Non, mon père, il habite Paris depuis vingt ans !

M. Rigobert avait encore un vieux camarade à Paris.

— Celui-là, du moins, pensait-il, ne saurait manquer de se souvenir de moi... Maintenant allons chez Baudrille.

— Qu'est-ce que cela ? répond Fortuné.

— Baudrille, mon fils, est un de mes condisciples, un bon garçon ; il s'est lancé tour à tour dans le commerce, dans la banque, aujourd'hui il s'intitule agent d'affaires. Il paraît qu'il gagne pas mal d'argent.

M. Baudrille habitait une modeste chambre meublée, rue de Grenelle-Saint-Honoré. Il était chez lu lorsque ces messieurs se présentèrent.

— Ce cher Rigobert, s'écrie Baudrille, comment se fait-il que tu sois ici ? Embrasse-moi, mon vieil ami, c'est gentil à toi d'être venu me voir. Dis-moi, es-tu pour longtemps à Paris ?

— Pour quelques jours seulement, j'ai fait le voyage afin de trouver mon fils, ce grand jeune homme que je te présente.

— Ah ! c'est ton fils. Permettez-moi de vous serrer la main, jeune homme. Rigobert, il te ressemble, il a tes yeux... Tu dînes avec moi ce soir, n'est-ce pas ?

— J'en serai charmé.

— Entendu. Ainsi, de toute la journée et de toute la soirée, nous ne nous quittons plus. Au diable les affaires aujourd'hui. On n'a pas si souvent le plaisir de posséder un vieil ami d'enfance.

M. Baudrille était un de ces individus entreprenants comme nous en connaissons tous. Hâbleur à l'excès, flattant les gens dont il croyait pouvoir tirer quelque profit, *blaguant*, au contraire, ceux dont il pensait ne pas avoir besoin ; paresseux de sa nature ; n'ayant jamais su conserver une position quelconque, intelligent néanmoins pour le négoce, gagnant cent francs dans un jour et les dilapidant le soir, avec des filles, en folles orgies, puis traînant la savate ensuite pendant des semaines entières, vivant d'emprunts, ne laissant jamais échapper l'occasion de se faire payer à dîner, y donnant naissance le plus souvent. Bref, ce Baudrille était ce qu'on appelle vulgairement un *farceur*.

— Messieurs, continua Baudrille, pendant que je procède à ma toilette, si vous alliez m'attendre au café en face ? je vous rejoins dans une minute.

— Comme tu voudras, mon excellent ami.

M. Rigobert sortit avec Fortuné et, dans son enthousiasme, il dit à son fils :

— Eh bien, qu'en penses-tu ?... En voilà un brave garçon, quel accueil ! Ah ! je reconnais bien le Baudrille d'autrefois, tandis que ce Boucaille... quel ours mal léché !

Fortuné songeait qu'il faut attendre pour juger. Cet individu ne lui plaisait qu'à demi, il en avait déjà tant rencontré, depuis son arrivée dans la capitale, de ces gens aimables à première vue et dont le commerce ne tarde pas à devenir insipide.

Cependant il s'abstint de toute réflexion.

Ils sont à peine installés au café que Baudrille revient en disant :

— Voyons, Rigobert, que prends-tu ?

— Je ne sais pas... un verre de bénédictine de ces bons moines de l'abbaye de Fécamp.

— Mais, mon père, c'est une erreur grossière, il n'y

a pas l'ombre d'un moine à Fécamp, objecte Fortuné avec un sourire.

— Tu ne lis donc pas les journaux, mon fils? interrompt le pharmacien en saisissant un numéro du journal *le Pays*, placé à sa portée ; regarde plutôt : « Bénédictine. Liqueur fabriquée par les révérends de l'abbaye de Fécamp. »

— Votre fils a raison, poursuit Baudrille, l'abbaye de Fécamp fut supprimée en 1792, à l'époque de la Révolution française.

— Mais alors, c'est un chantage odieux !... Et Julie, qui croyait boire une sainte liqueur !... eh bien, je prendrai ce que tu voudras.

— Garçon ! des *bitters havrais*..... beaucoup de bitter, un flot de cognac, du sucre et une goutte d'eau.

— C'est fort ! s'exclame le père de Fortuné, en portant son verre à ses lèvres.

— Tu trouves? reprend Baudrille. Néanmoins ce breuvage est délicieux et hygiénique ; à Paris, il faut du tonique.... Moi, je prends régulièrement deux bitters par jour, en manière d'apéritifs.

Le pharmacien est si content d'être en face d'un vieil ami qu'il avale son bitter presque sans s'en douter. Mais un homme aussi réservé d'ordinaire ne pouvait pas absorber impunément un semblable mélange. De plus, comme il parle beaucoup, il ne tarde pas à se sentir étourdi.

Fortuné croit remarquer que son père se lance; pour la première fois, le brave pharmacien se permet, devant son fils, un pareil écart de régime. Ils bavardaient à ventre déboutonné, et le temps s'écoulait, un temps précieux qu'on pouvait utiliser d'une façon plus profitable qu'au café.

Baudrille fit, en conséquence, cette proposition :

— Comme je suppose, Rigobert, que tu as envie de connaître un peu de tout à Paris, veux-tu visiter un magnifique établissement thérapeutique, près d'ici? C'est *chic*; là, vont les ambassadeurs, les princes étrangers et l'élite du monde parisien.

— Très-volontiers, mon ami; allons voir cet établissement. Au fait, je ne suis pas fâché de me rendre compte de l'aménagement; tu sais, ça rentre dans ma partie, et nous sommes si mal outillés, dans ce genre, à Saint-Malo... Ma foi, vive Paris pour le confort!

— Et puis, si le cœur t'en dit, tu pourras prendre un bain russe... moi, je me paierai un bain de vapeur... avant dîner, il n'y a rien qui dispose comme une ablution générale.

— Ah! les bains de cette espèce épuisent un peu, quand on n'y est pas habitué, je crois que je m'en dispenserai.

— Allons donc, cher ami, tu as voyagé, tu es fatigué, rien ne saurait te remettre à l'égal d'un bain russe, et je te dirai que c'est bien porté, le bain russe; à Paris, tout le monde en prend.

Il contait ces sottises avec un sérieux tel, que le bon M. Rigobert n'y soupçonnait aucune malice.

— Ne lui déplaisons pas, pensait le provincial, à ce cher ami, je prendrai un bain russe pour lui faire plaisir.

On lève la séance, et tandis que M. Rigobert paie le garçon, Baudrille est allé mettre sa montre à l'heure du côté de l'horloge du café, puis il revient vers ses compagnons en s'écriant :

— Garçon ! combien vous dois-je ?

— Monsieur, c'est réglé, répond celui-ci.

— Rigobert, ce n'est pas bien, tu m'as prévenu...

— Allons donc, interrompt le père de Fortuné, tu plaisantes, mon cher.

Arrivé à la porte de l'établissement de bains, le fils de M. Rigobert demande la permission, à son père, de s'absenter quelques heures. Le brave homme est contrarié, mais Baudrille trouve tout naturel que le jeune homme ait besoin de sa liberté. M. Rigobert se rallie peu à peu à cette opinion, et Fortuné quitte ces messieurs, en promettant de les joindre à cinq heures et demie, au plus tard, galerie d'Orléans, au Palais-Royal, d'où ils se rendront ensemble au restaurant.

Baudrille était affecté de certaines douleurs rhumatismales, conséquence d'une jeunesse fort orageuse. Les médecins lui avaient recommandé les bains de vapeur. Mais ses ressources financières ne lui permettaient pas de s'offrir cette douceur aussi souvent qu'il l'eût désiré. Or, le parasite avait eu l'idée sublime de se faire régaler encore de ce côté par le provincial, et le mauvais plaisant sut rendre la farce plus cynique encore, en induisant l'inoffensif pharmacien à se soumettre à la désagréable épreuve du bain russe.

Vous direz, sans doute, que M. Rigobert fut niais

d'en passer par l'étrange caprice de son ami. Mais non, c'était une nature molle et sans énergie, un de ces hommes qu'un enfant eût menés par le bout du nez s'il eût su s'y prendre, et voilà cependant où l'avait conduit le *conjungo*.

Julie portait les culottes, et son pauvre mari, façonné, depuis vingt-cinq ans de ménage, au rôle le plus passif, était devenu la chose de son épouse.

Affranchi pour un jour de cette tutelle, il ne savait plus où donner de la tête, il eût fait les plus grandes folies, comme il eût revêtu la plus grave attitude. Cela devait dépendre uniquement des mains dans lesquelles il allait tomber.

O femmes qui avez des maris, si vous lisez ces lignes, méditez le cas du pauvre M. Rigobert; ne marchandez jamais à l'avenir, au chef de votre communauté, la part d'autorité et d'initiative qui lui revient, de crainte de ne posséder, à la place d'un époux, qu'un béat, presque idiot dix ans plus tard, avec la triste perspective, lorsque vous fêteriez le cinquantième anniversaire, de n'avoir plus à vos pieds, qu'un *gâteux* de la pire espèce : cela s'est vu.

Baudrille se sentit tout guilleret en sortant de son bain de vapeur, mais le malheureux Rigobert ne put pas en dire autant.

Le bain russe l'avait fort éprouvé et il répétait :

— C'est égal, Baudrille, tu as eu une drôle d'idée de me forcer à me mettre là-dedans, je suis fort mal à mon aise.

— Ah! pardon, mon cher; je ne t'ai nullement contraint, j'ai seulement prétendu que le bain russe était à la mode, voilà tout!... en dînant, ça passera.

Il va sans dire que le provincial paya encore son bain et celui de son compagnon. Baudrille n'eut pas l'air de remarquer cette particularité.

A l'heure dite, on rencontrait Fortuné au Palais-Royal.

— Maintenant, allons dîner, fit Baudrille.

— Je voudrais voir un beau restaurant, a répondu Rigobert, devenu plus joyeux à mesure que le souvenir du bain et de la commotion qui en était résultée s'efface de sa mémoire.

— Veux-tu que je te conduise chez Véfour?

— C'est peut-être bien cher, Baudrille.

— Non, quand on sait s'y prendre... tu me laisseras choisir le menu.

— Oui, oui, c'est entendu.

En pénétrant dans la salle du restaurant Véfour, M. Baudrille marche en tête et fait beaucoup de bruit. Il y a déjà pas mal de messieurs à boutonnières enrubannées, de gandins et de cocodettes qui dînent.

— Par ici, messieurs, crie avec force Baudrille, venez dans le fond, c'est ma place toutes les fois que je mange dans la maison.

En achevant sa phrase, il a ouvert avec fracas une fenêtre, du côté où il s'est dirigé, et paraît humer avec délices la bise glaciale qui se précipite dans la salle, au grand déplaisir des consommateurs. Mais les gens bien élevés supportent quelquefois avec un stoïcisme antique les incartades des goujats. Une dame s'est contentée, en manière d'improbation, de se couvrir de son châle. Fortuné remarque cette circonstance et dit à Baudrille :

— Je crois que l'air gêne cette dame... si nous fermions?

— Pas du tout, répond Baudrille, nous commandons la fenêtre, et ceux qui ne seront pas contents peuvent s'en aller.

— Mais c'est une femme, reprend Fortuné visiblement vexé.

— Mon fils, Baudrille a raison... chacun pour soi et Dieu pour tous.

— Garçon ! hurle Baudrille.

Le garçon accourt tout interdit à ce vigoureux appel, en demandant ce qu'il faut servir :

— Ostendes, trois douzaines; potage à la tortue; hors-d'œuvre variés; relevé de potage, brochet; filet de chevreuil; canetons, etc..., parfait glacé au café; dessert... quant aux vins : Sauterne, Clos-Vougeot, Hermitage et Saint-Péray.

Fortuné et son père ouvrent de grands yeux.

— C'est trop, murmure M. Rigobert; Baudrille, tu fais des folies.

— Non, non, ce que je commande est très-simple, c'est bon et ne saurait surcharger des estomacs disposés comme les nôtres, si j'en juge par le mien qui bat la générale depuis ce matin.

Comme les plats étaient soignés et que les vins se laissaient boire, les dîneurs restèrent longtemps à table. Jamais M. Rigobert ne s'était vu à pareille fête, et Fortuné trouvait que ce plantureux repas distançait de plusieurs longueurs ses festins d'étudiant.

On vide le dernier verre de Saint-Péray à la santé de madame Rigobert, et les visages empourprés des convives témoignent des nombreux toasts portés, durant le dîner, à la vieille Armorique.

Baudrille demande l'addition, que le garçon apporte sur *un plat d'argent*, probablement parce que ce sont les clés dont le restaurateur vous ouvre ses portes de sortie.

Comment cela se fit-il? ni M. Rigobert, ni son fils ne pouvaient le dire, mais Baudrille avait disparu comme un météore. Quant au garçon, il est là, attendant, roide et compassé, la serviette sous le bras.

M. Rigobert regarde le garçon, puis son fils, puis le *plat d'argent* sur lequel gît la carte à payer... la clé des champs.

— Où est donc Baudrille? articule faiblement le pharmacien, et machinalement il a pris l'addition de la senestre, tandis que de la dextre il tire sa bourse de sa poche..... 95 fr. 75 c. !!!!

M. Rigobert dépose un billet de cent francs sur l'assiette et se lève sans dire un mot. Fortuné le suit. Baudrille apparaît, et le provincial de s'écrier :

— D'où sors-tu donc?

— J'avais besoin de savourer l'air un instant, à présent ce n'est pas le tout... Garçon! et cette addition?... Comment, tu as payé, Rigobert! mais je n'entends pas cela, entends-tu? tu me diras ce que tu as donné... tu comprends, entre amis, je me fâcherais...

— Oh! c'est facile, nous en sommes chacun pour trente-trois francs, trente-trois centimes.

L'aigrefin répond sans se déconcerter :

— Eh bien ! franchement, ce n'est pas cher, qu'en dis-tu ?

Ces messieurs quittent le restaurant, Baudrille propose de prendre le café à la Rotonde.

Le père de Fortuné suppose que son ami lui rendra au moins trente-trois francs, trente-trois centimes, la quotité de son écot, au moment où l'on paiera les consommations du café, enfin il se dit :

— Il est si distrait, ce Baudrille, qu'il a déjà oublié cette bagatelle... après tout, il est si bon enfant.

L'ami de M. Rigobert quitte un instant ses compagnons et revient triomphalement en fumant un cigare d'un sou, il en dépose deux sur la table et prie ces messieurs de choisir.

L'honnête pharmacien n'a jamais fumé de sa vie, mais pour faire plaisir à Baudrille, il se prend à mâchouiller une de ces affreuses feuilles de choux tortillées par la régie. Il ne peut parvenir à en entretenir l'ignition, de sorte qu'il a bien vite épuisé une provision d'allumettes.

Baudrille propose de terminer la soirée au théâtre, M. Rigobert hésite, pressentant qu'il lui faudra probablement mettre de nouveau la main au gousset, mais l'autre devine cette pensée, car, au moment de solder le café, il s'écrie, tout à coup, avec une surprise parfaitement jouée :

— Ah ! mon Dieu ! j'ai oublié mon porte-monnaie, comme c'est désagréable !... Ah çà ! Rigobert, je te rendrai demain ce que je te dois.

— Ne te tourmente point, répond le provincial.

— Ce n'est pas l'embarras, nous sommes gens de revue, mais c'est excessivement ennuyeux de se trouver sans le sou dehors... On peut être séparés dans une foule... peux-tu me prêter vingt francs?

M. Rigobert glisse immédiatement un louis dans la main de son rusé compatriote.

XXV

FOLLES ORGIES D'UN PROVINCIAL

> « Naturam expellas furcâ, tamen usque recurret.
> *Liv. I. Epître X. A Fuscus.* — HORACE.
>
> « Chassez le naturel, il revient au galop. »
> *Le Glorieux.* — DESTOUCHES.

On se rend au théâtre du Châtelet.

Une féerie faisait fureur alors. Une foule de femmes demi-nues étalaient sur la scène, aux yeux de la populace friande d'impudicités, leurs appas à peine voilés ; cette pièce ne brillait aucunement par la valeur littéraire ; quelques jeux de mots vulgaires et des calembours orduriers constituaient tout le poëme, mais l'économie de ce genre de représentation aphrodisiaque s'embellissait de changements à vue, de pétarades et de feux de bengale. Les auteurs de ce morceau trouvaient dans leur œuvre un grand bénéfice pécuniaire, le public une flatterie à l'adresse de ses penchants vicieux et les figurantes un débouché vers la prostitution encouragée et brevetée.

Un moraliste eût jeté les hauts cris s'il eût assisté à pareille exhibition; la masse des irréfléchis et des mondains applaudissait chaque soir les danses hideuses des interprètes de cette turlupinade et leurs gestes obscènes. Peuple idiot que nous sommes!

Pour en revenir à nos héros, nous dirons que Baudrille vanta fort à ses compagnons le répertoire du Châtelet. M. Rigobert voulait aller à l'Opéra-Comique ou aux Français. L'avis de Baudrille l'emporta et l'on prit, au Châtelet, une loge d'avant-scène, de ces loges qui donnent dans les coulisses, et que la toile, une fois tombée, dérobe complétement aux regards des spectateurs de la salle.

C'est encore un raffinement, comme une incitation au badinage des cocodès avec les figurantes.

Ces messieurs se rendent là en foule et durant l'entr'acte ils entrent en pourparlers avec ces dames. On échange ses cartes, on offre des pralines enveloppées dans des billets de banque; ces nouveaux pachas à plusieurs queues lancent des bouquets en guise de mouchoirs, et l'on conclut des marchés au comptant.

Les deux amis et Fortuné prirent possession de leur loge sur la scène pendant un entr'acte.

— Le moment est propice, fit Baudrille, lorgnons ces dames. A propos, nous n'avons pas de jumelles.

Baudrille s'éclipse et revient nanti de plusieurs douzaines d'oranges, d'un sac de bonbons et de deux lorgnettes de louage.

— Que veux-tu faire de cette cargaison? fit M. Rigobert.

— Tu vas le voir, mon cher, les gens *chics* ne peuvent pas venir ici les mains vides. Prends d'abord un de ces instruments et lorgne le beau sexe.

Le pudique pharmacien se sent fort embarrassé, il lui semble que les yeux des figurantes qui se pressent sur la scène sont tournés vers lui, et de fait ces demoiselles chuchotaient entre elles, en observant ces messieurs.

— Eh bien, comment les trouves-tu, mon cher Rigobert ?

— Charmantes, mais elles sont d'un décolleté...

— Tu t'en plains ?

— Pas du tout... oh ! c'est très-drôle.

— N'est-ce pas ! veux-tu que j'appelle cette petite boulotte là-bas ?

— Laquelle ?

— La blonde qui a des paillettes d'or dans les cheveux, une étoile sur le front, avec un corsage bleu.

— Tu la connais ?

— Intimement, mon cher ; psst, psst, Stella !

— Baudrille ! s'est écriée la jeune *cabotine* en accourant sous la loge, as-tu des rafraîchissements là-haut ?

— Oui, attrape ! Et Baudrille lance sur la scène cinq ou six pommes d'or.

— Elle est charmante ! dit le pharmacien en poussant son ami du coude et sans quitter sa lorgnette des yeux.

— N'est-ce pas ?... et potelée, mon cher.... faite au tour.

— Oui, pour ceux qui aiment les femmes un peu grasses.

— Stella est adorable, mon cher, si tu savais ! spirituelle, aimable, aimante, et, en société, gaie comme un pinson.

— Vraiment !

Sur ces entrefaites, *on sonne au rideau*, les acteurs sont en scène, la toile se lève et la représentation continue.

Fortuné ne s'amusait guère, il pensait à sa chère Aline, à ses projets d'avenir, il se demandait aussi comment finirait cette aventure. Demain, son père ne manquera pas de reprendre sa gravité habituelle, et il faudra ou quitter Paris et laisser sa maitresse dans la plus affreuse détresse, ou bien voler auprès d'elle et se brouiller avec sa famille. Pénible alternative pour un cœur franc et loyal, pour un fils tel que Fortuné.

Quoique absorbé dans ces tristes réflexions, le jeune homme parcourt instinctivement la salle du regard. Tout d'un coup, il a cru reconnaître quelqu'un dans une baignoire de côté. Effectivement, cette personne, une femme, le lorgne depuis un moment. Evidemment il ne se trompe pas, c'est Olympe ! Olympe est au théâtre, elle a reconnu Fortuné.

— Pourvu qu'il ne lui prenne pas fantaisie de venir rôder par ici, pensa le jeune homme ; elle me fait horreur cette créature, depuis qu'elle a cherché à me brouiller avec Aline. Ah ! mon Dieu ! elle me sourit, elle me fait signe. Il est prudent à moi de me retirer. Je vais prétexter la fatigue pour rentrer, mon père s'opposera peut-être à mon départ..., ma foi, tant pis!

Contrairement à ce que croyait Fortuné, M. Rigobert laissa partir son fils sans manifester le moindre signe de désappointement ; il lui recommanda seulement de se rendre le lendemain de bonne heure à son hôtel.

Après son départ, M. Rigobert respira.

Le lecteur se demande sans doute pourquoi la retraite du fils soulagea ainsi le père d'un poids considérable. Il le saura bientôt.

M. Rigobert est encore sous l'influence des vins capiteux du restaurant Véfour : cet état anormal, loin de se dissiper, a été entretenu par la chaleur de la salle, et la vue des figurantes écourtées n'a pas été sans accentuer les dispositions folichonnes du provincial. M. Rigobert a vingt-cinq ans de moins depuis une heure.

— Dis-moi, fit-il à Baudrille, pourrait-on voir de plus près la petite blonde ?

Le ribaud devine son ami ; il répond :

— Puisque ton fils est parti, nous pouvons nous permettre d'être jeunes ce soir, agréable retour vers le passé. Si tu y consens, je vais assigner un rendez-vous à Stella pour tout à l'heure, à la sortie du théâtre... nous la ferons souper, et si elle te convient...

— Farceur ! répond en riant le pharmacien.

— Parbleu ! on ne vient pas tous les jours à Paris. Profite, mon bon, de l'occasion. Stella est charmante. Tu seras content.

Oh ! madame Julie Rigobert, si vous aviez été là, vous eussiez, sans doute, amèrement regretté d'avoir tenu votre timide époux en charte privée pendant si longtemps, mais vos remords eussent été tardifs, le mal était fait.

L'être privé de liberté et qui supporte le joug sans gémir, ne vous y fiez qu'à demi. Il suffit d'un éclair d'affranchissement pour que le voile tombe de ses yeux, et le courage revenant avec la raison, le libéré se donne carrière ; par un vigoureux élan, il rompt ses entraves et se livre avec d'autant plus d'ardeur à ses penchants qu'il a été privé depuis plus de temps de son libre arbitre.

M. Rigobert est précisément dans cette situation. Il subissait l'entraînement de son compagnon comme il pliait sous les caprices de sa femme.

Baudrille a lancé des pralines à Stella, non pas enveloppées dans des billets de banque, mais dans un morceau de papier sur lequel il a tracé ces lignes :

« Mon ami, opulent provincial, t'offre à souper ce
« soir. Acceptes-tu ? »

Stella, sur l'invitation de son correspondant, lit la missive et fait un geste affirmatif qui signifie : A la sortie, viens me trouver.

M. Rigobert est anxieux.

— Elle accepte, Baudrille ?

— Certainement ; pour lors, je vais te chercher un vis-à-vis, nous ferons partie carrée.

Pendant le dernier entr'acte, le compatriote de Rigobert s'est absenté.

— Victoire ! s'écrie-t-il en revenant, j'ai mon affaire dans la salle, mon cher.

— Quoi ! une femme ?

— Oui, une vieille connaissance, une célébrité du monde interlope. Une femme dont la conversation est des plus séduisantes.

La représentation tirant à sa fin, ces messieurs n'attendirent pas l'*apothéose* pour détaler; il fallait se rendre prestement à la sortie des artistes. En passant, Baudrille fit signe à la personne dont il venait de vanter les charmes à son ami. Cent sous lui restaient sur la pièce de vingt francs. Il les donne majestueusement à l'ouvreuse, et cette dernière balbutie un compliment très-bien tourné.

— Ne m'a-t-elle pas appelé monsieur le comte? dit Baudrille.

— Il me semble, répond Rigobert.

A Paris, les hommes en bonnes fortunes, jeunes comme vieux, offrent habituellement à souper aux nymphes pour lesquelles ils soupirent. Ces dames sont fines fourchettes et, la plupart du temps, douées de formidables appétits.

Or, si la tirelire du restaurateur de nuit y trouve son avantage, l'escarcelle des galants s'en allége d'autant.

Le boursicot de M. Rigobert se désenflait d'une façon désespérante depuis que Baudrille avait mis la main sur ce nouveau pigeon à plumer. Mais le provincial ne songeait plus à enrayer sur le versant des folles dépenses. Il n'était pas encore entré dans la période des regrets.

Stella est à la sortie des artistes; sans façon elle prend le bras de M. Rigobert. Celui-ci se sentit tout ému, lorsque ce petit bras rondelet s'appuya sur le sien, et les senteurs de patchouli, panachées à la violette, émanant de la chevelure de l'actrice, réjouirent agréablement son appareil olfactif.

— Ah çà! mon vieux, dit-elle, où me conduisez-vous?

Ce « mon vieux » est prononcé de telle sorte par la sirène que Rigobert en est tout étourdi.

— Je ne sais pas, mademoiselle; mon ami nous dirige... Au fait, où allons-nous, Baudrille?

— Chez Bonnefoy.

— Je préfère Vachette, moi, interrompt Stella.

Pour complaire à la figurante, on monte en voiture et l'on se rend au restaurant qu'elle a indiqué.

En cabinet particulier, ça va sans dire, nos héroïnes commandent le plus somptueux des soupers, il y avait à manger pour dix; mais le pharmacien est dans l'empyrée, il ne regarde pas au prix.

Pour posséder la femme charmante avec laquelle il se trouve, il eût, dans ce moment de délire, vendu jusqu'à sa pharmacie.

Ah! Julie, tu occupas, ce soir néfaste, une bien faible place dans le cœur de ton traître de mari! Mais passons.

Stella s'était laissé embrasser par le provincial, entre deux énormes tranches de pâté de foie gras, et elle avait ingurgité bon nombre de verres de champagne frappé, sans quitter le cou du Céladon que tenait sa petite main rose, lorsque la partenaire de Baudrille hasarda une question

M. Rigobert tressaille; en effet, elle demande :

— Et le jeune homme qui était dans votre loge, où est-il donc passé?

— Il est allé se coucher, ma charmante! répond Baudrille.

— C'est fâcheux, il aurait dû être de la partie.

— Vous connaissez ce jeune homme? interrompt à son tour M. Rigobert.

— Si je connais Fortuné! mais il est l'amant d'une de mes amies.

— Vous dites? répond le père étonné.

— Je dis que Fortuné est l'amant d'une de mes amies, d'une nommée Aline...

— Aline! s'exclame M. Rigobert en se levant avec précipitation.

— Eh bien! qu'a-t-il donc? crient les assistants.

— Rien, rien, seulement je serais curieux de savoir quelle est cette Aline, voilà tout.

— A quoi bon? observe Baudrille, que t'importe? ton fils est bien libre d'avoir une maîtresse, cela ne te regarde pas.

— Son fils! reprend à son tour la connaissance de Baudrille. vous êtes le père de ce jeune homme, monsieur?

Olympe se recueillit en ce moment, car c'était elle que Fortuné avait vue au Châtelet, elle que Baudrille tenait pour une charmante causeuse, elle qu'il était allé inviter pour tenir société à M. Rigobert.

— Ah! je suis en présence du père de Fortuné! pensa-t-elle, c'est bon à savoir.

— Enfin, me direz-vous quelle espèce de femme

est cette Aline? continue le provincial, que la curiosité aiguillonne.

— Aline est une femme comme moi. Nous avons fait la noce ensemble. Il y a quatre ans que je la vois fréquenter les bals publics et les *caboulots* du quartier latin. Tous les étudiants connaissent plus ou moins intimement Aline, *la brunette*.

Ce pauvre père n'en revenait pas. Il demande à Olympe si elle est sûre que cette Aline, dont elle parle, soit réellement la maîtresse de son fils.

— A tel point, répond la vipère, que je l'ai vue dernièrement encore; elle occupait, en commun, une chambre avec Fortuné, son amant.

— Mais, ajoute le pharmacien, cette Aline a cependant encore de la famille, des gens qui s'intéressent à elle?

— De la famille! s'écrie Olympe en riant aux éclats; Aline est une enfant trouvée.

La vendetta de l'amour est implacable.

— Une enfant trouvée! une Messaline! et voilà femme que mon fils veut épouser! pensait M. Rigobert en proie à une agitation fébrile.

Dès lors, ses idées prennent un autre cours, la conduite qu'il tient dans ce cabinet particulier, en tête-à-tête avec deux farceuses, lui paraît ridicule et immorale.

— Quoi! se dit-il, je suis venu à Paris pour arracher mon fils à une vie honteuse, et moi, le premier, je me vautre dans le bourbier des vices de la capitale, comme un vieux débauché que je suis! Non, non, fuyons ces lieux, que je puisse du moins affronter les regards de mon fils demain matin et parler avec l'autorité d'un père.

M. Rigobert a pris son chapeau.

Où vas-tu? lui dit son ami.

— Mon cher, je suis éreinté, j'éprouve le besoin d'aller me coucher; mais que cela ne vous gène pas; restez tous les trois, si vous voulez.

— Tu ne m'emmènes donc pas, mon gros? dit Stella, en adressant à M. Rigobert un regard suppliant.

— Ça m'est impossible.

La figurante n'entendait pas de cette oreille.

— Tout cela est bel et bon, fit-elle courroucée, mais je pense que tu me paieras une voiture pour rentrer.

Le provincial jette un louis sur la table, Stella fond sur sa proie.

De son côté Baudrille observe à son ami qu'il est sans le sou et qu'il est indispensable de régler la dépense. Le montant des débours s'élève pour le souper à quatre-vingts francs. M. Rigobert allonge un billet de cent francs et disparait sans attendre qu'on lui rende la monnaie.

— *Claquons* les vingts francs du vieux tout laid, dit Olympe, avec un œil de convoitise.

Nous ferons bien de laisser Baudrille seul avec ces dames.

Quand au père de Fortuné, il longe les boulevards tourmenté par une affreuse migraine et considérablement alourdi par ses libations inusitées. Maintenant, il lui faut retourner à son hôtel, et à deux heures du matin, un individu étranger à Paris, qui se trouve à une lieue de ses pénates, est fort embarassé. Un fiacre peut seul le tirer de peine.

Après une demi-heure d'attente, le noctambule voit poindre les deux lanternes d'un automédon, il le hèle, le véhicule s'arrête, le pharmacien est sauvé!

A trois heures du matin, il s'étend sur son lit d'hôtel. M. Rigobert se croit au Paradis.

Son premier soin, en rentrant au logis, a été d'examiner l'état de ses finances et d'établir son bilan. Le pauvre Malouin fut consterné, et il y avait de quoi.

Savez-vous à combien lui revenaient ses intempestives orgies? à 300 francs environ, se décomposant comme suit : Dîner et souper, 200 fr. ; loge sur le théâtre, au Châtelet, trois places, 30 fr.; prêt à Baudrille, 20 fr. ; à Stella, 20 fr.; bain russe et étrennes, 6 fr. ; café, voitures et menus frais, 20 fr. Il lui restait à peine de quoi regagner Saint-Malo avec son fils, en troisième classe, après avoir payé ses dépenses à l'hôtel.

— Que va dire Julie! pensa-t-il. Non-seulement j'ai mangé la pension de Fortuné, dont je m'étais chargé, mais encore les économies de ma femme, argent mignon qu'elle m'avait confié pour faire des achats de robes et d'étoffes. Décidément, je suis un misérable, et ce Baudrille un gredin. Il s'est moqué de moi ; je vois à présent que plus on a d'amis plus on a d'ennemis. D'un autre côté, à quelque chose malheur est bon, puisque cette femme m'a donné des renseignements sur la maîtresse de mon fils.

M. Rigobert ne ferma pas l'œil de la nuit. Le matin, à la première heure, il boucla sa valise, Fortuné survint.

— Eh bien, mon fils, as-tu fait tes dispositions de départ ? Nous quittons Paris dans la journée.

Telles furent les paroles avec lesquelles M. Rigobert accueillit le jeune homme.

— Mon père, voulez-vous m'écouter? répond l'étudiant avec terreur.

— Je ne veux rien entendre, je te l'ai dit, je suis venu ici te chercher, parce que tu n'es pas assez rassis pour te conduire seul. Tu as déjà traîné trop longtemps une existence de débauche et d'infamie.

— Que voulez-vous dire, mon père ?

— Tu le sais. Cette femme, que tu prétends aimer, dont tu as eu l'audace de me parler comme de ta future épouse, elle en vaut la peine vraiment. J'en ai appris de belles sur son compte, c'est tout simplement une fille sortant d'on ne sait où, une éhontée, faisant la contrebande de l'amour; une fille perdue, avec laquelle tu as vécu en concubinage. Je ne voulais pas te dire que j'en savais aussi long, mais tant pis, je te mets à présent au défi de me démentir, et surtout d'avancer un seul argument pouvant plaider en faveur de ta cause malsaine.

— Mon père, vous avez été étrangement abusé. Aline est l'enfant du hasard, c'est possible; une enfant trouvée, c'est vrai, mais pour être une fille perdue, ce n'est pas, je le proclame.... Aline a été malheureuse, voila tout. Je lui ai promis aide et assistance, et je ne faillirai pas à mes serments.

— Franchement, tu es délicieux, mon cher ami; telle est donc la résultante de ton séjour à Paris! ainsi, ni les principes religieux que ta pauvre mère t'a inculqués dès l'enfance, ni les bons exemples que t'ont sans cesse donnés un père et une mère, ni les sacrifices que nous nous imposons pour t'assurer un avenir indépendant, ni le respect dû à nos cheveux blancs, rien ne peut te détourner de cette voie funeste!.. Tu restes sourd à nos exhortations!

— Hélas! mon père, vos reproches me fendent le cœur.

— Tu méconnais mon autorité!

— Mon père, je vous demande pardon à genoux.

— Ta mère en mourra de chagrin.

— Assez, mon père, assez, je vous supplie.

— Veux-tu que je te dise, malheureux enfant! Si tu persistes dans ton dessein, si tu demeures à Paris malgré mes ordres, eh bien, je te rogne les vivres, entends-tu, je supprime net tes subsides : comment feras-tu alors?

M. Rigobert avait réservé cette dernière menace, espérant toujours que Fortuné céderait à ses instances. Devant l'entêtement du jeune homme, il se décidait à couper le fil qui retenait l'épée de Damoclès.

Le résultat ne remplit pas son attente, Fortuné releva la tête.

— Eh quoi! mon père, c'est à moi que vous dites ces choses! Vous croyez donc votre fils assez lâche pour croire qu'il refoulera, au dedans de lui, des instincts généreux, devant la perspective de la pauvreté! Non! j'ai du cœur, moi, la misère ne m'épouvante point. Au contraire, je sens qu'elle me stimulera, elle m'apprendra que le travail fait vivre. Je me mettrai à l'œuvre.... On ne meurt pas de faim à Paris.

— Brisons là, fit M. Rigobert exaspéré, vous n'êtes plus mon fils, je vous maudis, retirez-vous! Restez à Paris, monsieur, faites-vous le protecteur de ces filles, puisque telle est votre vocation, mais ne vous adressez plus à moi pour vous tirer de peine.

Fortuné se sentit blessé par ces reproches, il les trouvait injustes. Une lutte terrible se livrait dans son esprit : son père d'un côté, Aline de l'autre; l'amour l'emporta. L'étudiant quitta son père, en proie à une grande exaltation.

Dès que Fortuné fut dehors, M. Rigobert se serait flagellé volontiers; il pleura comme un enfant.

— Ah! mon Dieu, s'écria-t-il, qu'ai-je fait! J'ai peut-être été un peu prompt. J'eusse dû veiller aux précautions oratoires. Décidément j'ai accumulé sottises sur sottises depuis deux jours à Paris. Hâtons-nous de retourner à Saint-Malo retrouver ma femme. Julie me dira ce qu'il faut faire : deux avis valent mieux qu'un.

Quelques heures plus tard, Fortuné frappait à l'hôtel de son père, afin de tenter une dernière démarche conciliatrice.

Il était trop tard, M. Rigobert venait de partir pour la Bretagne.

XXVI

UNE MARIÉE

> « Tandem desine matrem,
> « Tempestiva sequi viro. »
> *Livre I. Ode XXIV.* — Horace.

Depuis que Madame Bernard a écrit à la famille de Fortuné, Aline, complétement rétablie, est retournée à l'atelier. Fortuné passe ses soirées auprès d'elle, tantôt chez Madame Bernard, qui éprouve une recrudescence d'amitié pour la jeune fille, tantôt dans la modeste chambre de la fleuriste.

La bonne dame manifeste déjà son étonnement de ce que sa lettre soit restée sans réponse, et le jeune homme se décide à lui apprendre la venue de son père à Paris et son refus formel de prêter la main à son mariage.

Aline est désolée.

— Il perd son avenir à cause de moi, pense-t-elle, je ne dois pas le supporter.

Cependant elle aime Fortuné, la crainte d'en être séparée la rend la plus malheureuse des femmes.

Pendant que la brouille a duré entre les deux amants, Fortuné a réalisé quelques économies. Cette somme lui permet de patienter un mois environ, et il se met en quête d'une place.

L'étudiant va trouver Agnelet et lui fait part de ses tribulations. Le jeune médecin a précisément un oncle possesseur d'une étude de notaire à Paris, il lui présente son ami. A la recommandation de son neveu, M. Gaillard agrée Fortuné en qualité de clerc auxiliaire, aux appointements de 1800 fr. par an. Celui-ci ne tarde pas à prendre goût à ses nouvelles occupations; le notaire est enchanté du travail de son nouveau collaborateur, auquel il suggère l'idée de quitter les études médicales pour les *Institutes* et les *Pandectes*.

Fortuné s'est reconnu plus de penchant pour la rédaction des actes et la liquidation des successions que pour le maniement du scapel et du bistouri, il prend immédiatement une inscription à l'école de droit. L'étudiant crut néanmoins devoir informer sa famille de cette décision, mais les Rigobert lui tinrent rigueur en ne répondant pas.

On comprendra l'indifférence de M. Rigobert, lorsqu'on saura qu'un ami du pharmacien le tenait au courant des faits et gestes de Fortuné, depuis que ce dernier avait refusé de retourner à Saint-Malo. De son côté, madame Rigobert envoie à son fils les Malouins de passage dans la capitale, l'un d'eux apporta même au jeune homme deux ou trois paires de chaussettes de laine tricotées dans lesquelles une main prévoyante avait glissé un sac de pâte de jujube. C'en fut assez, Fortuné se dit que ces cœurs de pierre ne tarderaient pas à s'attendrir.

Le nouveau clerc de M° Gaillard apporte à ses labeurs une fièvre d'opiniâtreté telle, qu'il s'initie rapidement aux procédures et à la législation ; il a parcouru des centaines de contrats, expédié des avalanches de testaments, compulsé des flots de minutes de toute nature et vu des choses fort étranges. Plus d'une fois la situation d'Aline lui venait à l'esprit ; pour cela, il lui suffisait de tomber sur des actes de légitimation d'enfants.

— Pauvre Aline, pensait-il alors, tes cruels parents avaient cependant l'intention de te réclamer un jour puisqu'ils ont eu le soin de laisser sur toi un signe de reconnaissance..... un simple fragment de papier imprimé..... mais, hélas ! tout espoir est perdu pour toi désormais. Au lugubre drame de ta vie, manque à jamais la première scène, le mystère de ta venue au monde.

Depuis que nous nous sommes éloignés de la famille Pinson, que s'est-il passé de ce côté ? des choses dignes d'être rapportées, comme vous allez voir.

Canulard, de plus en plus assidu, a fait une cour en règle à mademoiselle Élise, et certain jour le mot de mariage fut prononcé. Mademoiselle Élise trouvait ce soupirant fort à son goût. Cependant l'on ne donne pas d'habitude sa fille sans savoir à qui, et M. Pinson s'informe officiellement de la position de famille de Canulard.

Le prétendant dut en rabattre, les équipages de son père s'évanouirent en fumée, les terres considérables formant jadis son patrimoine rejoignirent les voitures et ainsi de suite. Il devient avéré que l'étudiant en pharmacie est simplemement le rejeton d'un modeste boutiquier d'une petite ville de province, tenant un peu de tout : épicerie, rouennerie, auxquelles il joignait le commerce du vin au détail. Néanmoins le fonds est relativement productif, et Canulard fils unique. Le parti, quoique médiocre, parut aux Pinson en rapport avec l'importance de la dot d'Élise et l'on fixa le jour des épousailles.

Selon Canulard, il ne fallait rien négliger pour les splendeurs de la noce : toilettes, voitures, diners, bal, etc., etc.

Le beau père argue avec raison qu'il convient de procéder à cet acte solennel avec plus d'économie.

— Vous n'aurez pas trop d'argent, faisait-il, une fois en ménage. Ne mangez pas la dot de votre femme en fêtes, il sera préférable de vous acheter une douzaine de serviettes de plus.

— Certainement, continuait la mère d'Élise, on n'a jamais assez de linge dans une maison, assez de draps surtout.....

Le futur se rendit à ces justes observations et l'on arrêta les bases d'un programme modeste : après le mariage à la mairie, la bénédiction nuptiale, sans profusion de cierges et sans le concours des orgues ; à la cérémonie succéderait un repas où seraient invités les témoins avec les garçons et demoiselles d'honneur; une partie de campagne terminerait la fête.

Brisebois a été expulsé de chez ces braves gens, peu après le départ d'Aline de la rue Saint-Denis ; la conduite inconvenante de cet individu, à l'égard de mademoiselle Pinson, motiva son éloignement. Canulard s'est brouillé pour la vie avec son ancien camarade.

En énumérant ceux de ses amis pouvant lui servir de témoins, Canulard arrête son choix sur Fortuné et Agnelet.

Tous deux s'empressent d'accepter cette mission, ces sortes de services ne se refusent jamais.

Ce fut, pour la jeune fille, un beau jour, que celui où elle revêtit la robe blanche en taffetas à longue queue, avec l'abrifol tramé de fils de la Vierge et retenu par cette tresse de fleurs d'oranger, emblème de candeur et d'innocence.

Et quand je pense que ce symbole, déployé par la mariée, est généralement, pour la multitude, un sujet d'effrontés quolibets! Dans cette occurence, la critique ne prouve-t-elle pas qu'il serait sage de mettre une bonne fois de côté un attribut inutile puisqu'il ne prouve rien et demeure souvent l'antithèse de ce qu'il semble signifier?

— Eh bien, ma pauvre enfant, c'est pour aujourd'hui ; fit madame Pinson à sa fille en l'aidant à s'habiller, et deux grosses larmes coulaient le long de ses joues ; une grande circonstance de ta vie, mon Elise... tu relèveras ta robe, n'est-ce pas? en montant dans la voiture.... Et si ton mari te rend heureuse, comme tu le mérites, nous n'aurons plus rien à te souhaiter..... Tu vois, j'ai mis des coulisses à ta jupe, ça fait que tu pourras la retrousser plus facilement et l'empêcher de traîner dans la boue.... Nous allons être bien tristes, ton pauvre père et moi, lorsque vous serez partis.... ta sœur t'a-t-elle repassé ton jupon, au moins?... Joséphine! Joséphine! le jupon de ta sœur.

La jeune fille apporte le jupon demandé.

Lorsque la toilette fut parachevée (le coiffeur était venu dès le matin s'occuper de la chevelure de mademoiselle Elise), chacun pense à soi :

M. Pinson se vêt de noir des pieds à la tête sans omettre la cravate blanche traditionnelle, et sa femme sort ses plus beaux atours.

Canulard a offert à la sœur de sa future un délicieux costume bleu de ciel ; Joséphine est éblouissante de fraîcheur comme de gentillesse sous l'azur de sa toilette.

Tout le monde est prêt bien avant l'heure, l'on n'attend plus, pour aller à la mairie, que le marié et ses témoins.

Ils arrivent. Par devant l'officier de l'État civil, les conjoints disent *oui*, ils signent sur deux registres et mademoiselle Pinson est devenue, par ce simple moyen, madame Canulard.

Reste le mariage religieux.

Nos pères n'en connaissaient pas d'autre. Ils avaient peut-être raison, car la grandeur du mariage, que nous considérons avec J.-J. Rousseau comme la première et la plus saine institution de la nature (1),

---

(1) *L'Émile* — Profession de foi du vicaire savoyard.

existe moins dans la forme du serment, soit civil soit religieux, que dans la façon dont ce serment est gardé.

A la sortie de l'église, Canulard donne le bras à sa femme, la noce remonte en voiture et l'on va déjeuner chez les Pinson. Un restaurateur fournit le matériel et le menu, avec un garçon pour servir les invités.

Canulard est vraiment très-empressé auprès de son épouse et madame Canulard est l'amabilité même avec son mari ; l'observateur eût pu tirer un heureux présage de leur attitude.

Le repas est très-gai, au dessert chacun chante une petite ariette de circonstance.

— Maintenant que faisons-nous? dit madame Pinson.

— On a parlé d'une partie de campagne.

— Oui, oui, à la campagne....

— Mais où?

— N'importe.

— Si nous allions aux Buttes-Montmartre? hasarde Agnelet ; à la tour Solférino, il y a des balançoires ; et au *Moulin de la galette* existent un point de vue admirable et des jeux variés.

— Va, pour les Buttes-Montmartre.

La mariée voulait conserver sa robe de noce ; son mari s'y opposa, en observant que les importuns et les curieux ne manqueraient pas de pourchasser madame Canulard si elle sortait à pied sous ce costume ; de plus, par le mauvais temps qu'il faisait, c'eût été gâter de gaité de cœur une fraîche toilette.

Canulard eut l'exquise délicatesse de laisser sa

femme procéder seule avec sa mère à ce changement de parure, et l'on sortit.

Le marié tient à bien faire les choses. Malgré l'avis de son beau-père qui prétend monter en omnibus, Canulard retient deux voitures, afin de conduire son monde à Montmartre.

XXVII

LES BUTTES MONTMARTRE

« Mons Martyrum. »

Je me suis toujours demandé pourquoi l'on jette comme une sorte de défaveur sur ce coin de Paris. Est-ce parce que les loyers y sont moins chers que dans la Chaussée-d'Antin, parce que le macadam y est encore inconnu, parce que les marchands de marrons et de fritures y abondent et que les omnibus y sont passés à l'état de légende ? Il me semble au contraire que ces quelques raisons, accompagnées de mille et une autres, qu'il serait trop long d'énumérer, font de Montmartre un site des plus enchanteurs, une oasis calme et poétique, un véritable Eden pour les petites bourses.

Ne vous imaginez point que je sois seul à partager cette opinion : si le quartier latin est la patrie d'adoption des étudiants, la Butte-Montmartre serait presque la *villa-soleil* qu'a rêvée et préconisée M. de

Villemessant : une petite colonie littéraire, un cercle artistique.

Il y a là plus d'un Victorien Sardou en *bourrelet*, et bon nombre de Théophile Gautier à *la lisière*, sans compter les notoriétés : Paul Mahalin, Alphonse Duchesne, Hippolyte Babou, Richebourg.

Champfleury, ses faïences et ses chats, Léon Charly et son luth brochent sur le tout avec avantage.

Il fleure ici un agréable bouquet de papier, sorti tout humide des presses typographiques, allié aux senteurs de la cuisson des pommes de terre frites.

J'allais omettre ! Et les deux moulins, en ferez-vous une négation ? Je suis loin de ceux qui rangent ces vieux débris (vénérables frères jumeaux sortis de terre en 1295) au nombre des moindres curiosités de la métropole.

Dans l'un on fait, devinez quoi ? de la farine, ni plus ni moins. De véritables ailes de moulin à vent mettent en mouvement une meule pour tout de bon, qui écrase du froment, exactement comme je vous le dis, et produit de belle et bonne farine dont on fabrique des galettes renommées, mais indigestes.

De là le nom de *Moulin de la galette*.

Dans l'autre le *tic-tac* semble muet, la meule est inerte depuis des siècles, les ailes atteintes d'une paralysie séculaire, les meuniers absents. La baraque quadrangulaire reste, avec ses deux bras croisés, dans une morne oisiveté, comme type du genre. Ils ont abattu l'éteignoir qui lui servait de couvre-chef et ménagé une plate-forme, du haut de laquelle les amateurs de panoramas font une course à vol d'oiseau à travers Paris.

Malheureusement le mouvement industriel de notre siècle, que j'appellerai l'*âge de fonte*, a entraîné avec lui le charbon de terre et ses volutes d'épaisse et noire fumée qui enveloppent continuellement la capitale d'un linceul brumeux. Impossible de distinguer nettement toutes les parties de ce vaste plan en relief.

Un mélange incohérent de tuyaux de cheminées et de girouettes ; un salmigondis de toits obliques, plats et voûtés ; une macédoine de dômes, de colonnes et de tourelles ; une odeur indéfinissable tenant de l'œuf pourri et un brouhaha indescriptible : voilà Paris tel qu'il apparaît du haut du *Moulin de la Galette*.

On nous promet un square à la place de ces deux *specimen* de l'art mécanique des premiers âges. Mais faut-il nécessairement raser ces moulins, je vous le demande? Feront-ils mauvaise figure au milieu d'un massif de verdure ? Je préfère mille fois retrouver nos moulins que je connais, nos moulins que j'aime, nos moulins qui regardent Paris depuis six siècles, oui, je préfère mille fois retrouver cette dualité de la mouture dans le square plutôt que d'y rencontrer une parodie malheureuse du temple de la sibylle de Rome, que je ne connais pas.

Dans tous les cas, si, au mépris des traditions et du respect dû à de vieux commensaux, on opère l'amputation des deux moulins, on ne pourra pas nous enlever le *vent!*...

Voilà quelquefois comment le bon s'en va et le vilain reste.

Nous verrons bien.

Je disais donc, et j'attends de pied ferme les contradicteurs, Montmartre a du bon, les loyers y sont abordables, l'air y est pur, on n'y est pas écrasé par les voitures ; mais, ô revers de la médaille ! il existe autour de cette contrée une enclave qui aurait dû être reportée vers l'enceinte fortifiée, en même temps que la ligne municipale de l'octroi.

Je désigne les lieux d'ébaudissement de la barrière, guinguettes écœurantes connues sous les noms de Reine-Blanche, Élysée-Montmartre, Boule-Noire, Château-Rouge, Salon des Poissonniers et les industries qui en découlent.

Je me suis hasardé certain soir, d'un pas timide, au milieu de ces tabagies échevelées.

Quelles joies et quel monde !!...

Ça fait peine à voir et ça fait presque douter des progrès de la génération actuelle en avant. Quoi ! c'est là cette jeunesse sur laquelle nous fondons l'espoir des temps à venir !...

D'abord, est-ce bien de la gaîté ? Non, une joie qui se manifeste par des danses bruyantes, dévergondées, par des hurlements sauvages poussés dans des accès de délire alcoolique, par des facéties cyniques et ordurières, c'est le comble de l'absurdité.

Nous préférons trouver ce spectacle insensé et ridicule, de crainte d'être forcé d'en envisager toute l'immoralité.

En entrant là, je décomposais le pas ordinaire, j'en suis sorti au pas gymnastique.

Enfin, comme rien n'oblige les aborigènes de Montmartre à dépenser leurs soirées à la Reine-Blanche ou à la Boule-Noire, je ne vois pas pourquoi on regarderait le voisinage de ces réunions comme désagréable. Je m'en accommode, au contraire, fort bien (pas du voisinage, de la résidence), et je ne désire qu'une chose, c'est que la pioche des démolisseurs de M. Haussmann n'entame pas mon domicile, quand bien même la bonne ville de Paris me donnerait une indemnité de 62 fr. 50 c. pour effectuer un déménagement qui me coûtera les yeux de la tête, tandis que le marchand de vin d'à côté en recevra une de 25,000 fr. pour aller s'établir en face.

N'y a-t-il pas là de quoi méditer profondément sur la justice distributive des hommes?

Tout Paris connaît la *tour Solférino*, juchée au sommet de la butte Montmartre. Cet édifice en briques rouges fut élevé, vers 1859, par l'architecte Hennequin, et les curieux, moyennant une faible rétribution, y peuvent jouir du même point de vue qu'au *Moulin de la Galette*.

Une sorte de rotonde, servant de belvédère et de café, existe au pied de la tour. Ici, à travers des vitraux de couleur, l'œil du spectateur embrasse une immensité : la plaine Saint-Denis ; de plus, le plafond de la rotonde est émaillé de cartouches, sur lesquelles se détachent des devises bavochées du genre de celle-ci : « Les femmes, *c'est* comme le macaroni, on les aime quand elles filent ; » et le pinceau d'un artiste anonyme a enguirlandé la voûte de sujets capricieux.

En ces lieux nous retrouverons la noce Pinson-Canulard.

Bien qu'il n'y eût pas encore beaucoup de feuilles aux arbres, madame Pinson désira s'installer dans un bosquet.

Les balançoires sont prêtes à recevoir les amateurs.

— Allons, belle maman, dit Canulard, une partie d'escarpolette.

— Volontiers, mon gendre ; il y a un siècle que j'ai envie de jouer à ce jeu-là ; mais Pinson est si drôle ! il ne veut jamais. Aujourd'hui tout est permis.

Madame Pinson a pris place sur une des machines.

— Tenez-vous à la corde, continua Canulard, je vais pousser.

Et ce disant, il donne un vigoureux élan à la balançoire.

— Vais-je trop fort ?

— Non, mon gendre, un peu plus vite, s'il vous plaît.

— Prends garde ! cria M. Pinson à sa femme.

— Ah ! mon Dieu, elle n'aurait qu'à se laisser choir, observa Joséphine. Quelle imprudence !

— Il n'y a pas de danger, interrompt le marié en imprimant au véhicule aérien un mouvement vertigineux.

— Plus fort, mon gendre, dit sans cesse madame Pinson ; c'est si gentil, tout tourne, tout tourne.

Et Canulard faisait voltiger sa belle-mère avec une recrudescence d'énergie.

Tout à coup les assistants laissent échapper un grand cri ; madame Pinson, prise d'une faiblesse subite, a lâché la brandilloire qui la retient. Elle est projetée en avant à une certaine distance et va tomber dans un bouquet de buissons situé de l'autre côté de la haie qui limite le jardin de l'établissement.

On se précipite vers le lieu du sinistre ; Agnelet, Fortuné et Canulard franchissent la haie ; M. Pinson s'arrache les cheveux avec désespoir et ses filles poussent des gémissements lamentables.

Chacun croit que madame Pinson s'est tuée sur le coup, ou qu'elle a dû se casser au moins les deux bras et les deux jambes.

La Providence voulut que rien de pareil n'arrivât. La pauvre dame n'eut pas même une côte enfoncée ; quelques égratignures seulement aux mains et au visage, mais sa robe a beaucoup souffert et son chapeau est resté accroché à une branche d'arbre. C'est en piteux équipage qu'on la ramène.

— Te voilà bien avancée à présent, lui dit son mari. Si tu avais écouté la voix de la raison parlant par ma bouche... mais tu as toujours été comme ça. Si cet accident pouvait te corriger au moins de ta fureur des balançoires ; quand on est grosse comme toi, on doit se tenir tranquille.

Madame Pinson, très-irritée de sa mésaventure, n'est nullement disposée à recevoir des observations de ce genre ; aussi riposte-t-elle avec aigreur :

— Grosse comme moi ! Ne dirait-on pas, à vous entendre, que la Vénus hottentote est une sylphide à côté de moi !

— Certainement, tu es puissante et tu ne dois pas te lancer dans les gymnastiques périlleuses, je te dis.

— Vous savez pourtant que les médecins m'ont recommandé les exercices violents, la promenade, monter à âne...

— Et grimper aux arbres, peut-être ?

— Grimper aux arbres, c'est bon pour une haridelle comme vous, quand vous allez dénicher des oiseaux ; la preuve, c'est que cette manie vous a valu un bon procès-verbal du garde-champêtre. Vous vous rappelez, à Franconville ?

— Femme, tu es cruelle ; tu te souviens pourtant que je faisais alors une collection d'œufs pour mon musée ornithologique. C'est par amour pour la science que je grimpe dans les arbres.

— Belle fichue science que de conserver des œufs de toutes sortes de bêtes, que c'est une infection quand vous ouvrez l'armoire où ils sont douillettement couchés sur du coton. Tout le monde se moque de vous lorsque vous montrez vos œufs...

— Allons, maman, s'écrièrent les filles Pinson, c'est fini, calme-toi.

— C'est que votre père veut toujours avoir raison ; et puis, un malheur vous arrive-t-il, il cherche à vous prouver qu'il y a de votre faute. Je suis tombée, eh bien, je suis tombée, après ?... On ne se préoccupe pas de savoir si je me suis fait mal, non, ce qui vexe votre père, c'est de voir ma robe en lambeaux...

Le placide mari ne relève point cette boutade de son atrabilaire moitié. Il hausse seulement les épaules et propose une visite au *Moulin de la Galette*, les divertissements qu'on se procurait à la tour Solférino n'ayant pas tenu ce qu'on en attendait.

La noce se mit en marche pour le point de vue de *la Galette*, où l'on enfourcha les chevaux de bois. Après les chevaux de bois, les garçons d'honneur engagent une partie de tonneau, les jeunes époux s'égarent dans les allées du jardin et madame Pinson s'exerce à l'anneau.

Ce jeu d'adresse consiste à enfiler, dans un crochet planté au sommet d'un pieu, certaine bague de fer d'un décimètre de diamètre et attachée au bout d'une corde suspendue verticalement à une solive.

— Je te dis que tu n'y arriveras pas, fait M. Pinson en regardant, d'un air semi-gouailleur, sa femme s'évertuer en vain à lancer l'anneau dans la direction du but.

— Moi, je te dis que je l'enfilerai.

— Je parie que tu ne l'enfileras pas.

— Êtes-vous désagréable, aujourd'hui! Non, je ne l'enfile pas, et c'est de votre faute. Oh! à présent, je vois bien que c'est impossible.

— Tiens, regarde, c'est comme ça...

Et M. Pinson jette, à son tour, l'anneau, mais si maladroitement, que la corde, décrivant une trajectoire circulaire, sans qu'il s'y attendît, vient frapper malheureusement le joueur en plein visage.

— Ah! voilà, dit madame Pinson, c'est bien fait, le bon Dieu vous a puni... Allons, venez manger de la galette, ça vous fera moins de mal.

M. Pinson n'ose pas se plaindre de la douleur qu'il éprouve. Des galettes sortant du four de l'établissement sont apportées. Madame Pinson débite à chacun sa portion congrue et trouve le gâteau délicieux ; l'assistance n'est pas précisément de cet avis et les jeunes mariés, occupés de leurs amours, ne pensent guère à se bourrer de pâte feuilletée.

Seule, madame Pinson vante la délicatesse de cette gourmandise.

— Ne mange pas tout, lui dit M. Pinson, c'est lourd, tu te ferais mal.

— Bon ! vous allez encore m'empêcher d'y goûter à présent.

— Entre y goûter et absorber deux livres de pâtisserie, il y a un abîme.

— Vous me ferez passer tout à l'heure pour une ogresse. Eh bien ! puisque c'est comme cela, je mange tout.

— Tu as tort, maman, murmure Joséphine, il n'y a rien d'aussi indigeste.

Madame Pinson ne veut pas entendre : plus on l'adjure d'être sobre de ce régal, plus elle met d'acharnement à ne point en laisser vestige, et lorsqu'elle l'eût absorbé jusqu'à la dernière miette :

— Eh bien, fit-elle d'un air triomphant, suis-je bien malade à présent ?

A peine a-t-elle prononcé ces mots, que les effets d'un gâteau mal cuit et accommodé au beurre rance se font sentir. Madame Pinson, subitement indisposée, devient très-pâle et s'éclipse dans un bosquet. Un bruit insolite attire l'attention de la noce du côté où elle a disparu, on eût dit comme des gémissements plaintifs entrecoupés de hoquets.

— Ah! mon Dieu, s'écrie madame Canulard, je suis sûre que c'est maman qui est malade.

— Parbleu! répond M. Pinson, c'est toujours la même chose; chaque fois que nous allons à la campagne, ta mère a une indigestion.

Effectivement la mangeuse de galettes était en proie aux douloureux prodromes d'une digestion troublée. Un verre d'eau tiède, qu'elle but à longs traits, lui procura un soulagement immédiat... Fermons les yeux.

Vu l'heure avancée, d'un avis unanime, les gens de la noce résolurent de dîner au restaurant du moulin, chacun devait ensuite rentrer chez soi, et les nouveaux mariés comptaient se faire conduire à l'hôtel avec leurs bagages afin de partir le lendemain pour la province.

Le repas touchait à sa fin, comme les accords d'un bruyant orchestre frappèrent les oreilles des convives.

— Tiens, on danse ici? demande madame Pinson.

— Certainement, répond Canulard.

— Ah çà! mon gendre, si nous terminions la fête par une petite sauterie, qu'en dites-vous, entre nous?

— Y penses-tu, ma femme! dit M. Pinson, danser à la guinguette, un jour comme celui-ci!

— Et pourquoi, je vous prie, mon ami? Je ne suis pas aussi fière que vous, la société de braves gens qui s'ébaudissent ne m'effraie pas.

Il fallut en passer encore par les fantaisies de madame Pinson ; la société se rend, deux par deux, à la salle du bal.

Quand je dis salle, je me trompe.

Sous un immense hangar est dressée une estrade, où siégent des musiciens ; le reste de l'espace, couvert et non clos, est réservé aux danseurs. On y a remplacé le parquet avec de la terre fraîchement battue ; aussi la valse, dans ces lieux, est-elle un exercice chorégraphique inutile à tenter.

Tout autour du hangar sont disposés des tables et des bancs, où s'assoient les buveurs et les mères qui conduisent leurs filles en cet endroit. Ne vous y trompez point, dans le public du bal de la *Galette*, on trouve un peu de tout ; néanmoins, le prolétaire abonde. D'ailleurs le prix d'entrée est minime, et il est remboursé presque intégralement en consommations.

Enfin, il y a çà et là des arceaux de verdure et des fourrés où l'on respire le frais. Cet ensemble est éclairé *a giorno*, au moyen de lanternes vénitiennes.

Tel est le bal dit du *Moulin de la Galette*.

L'animation est grande sous le hangar où la noce apparaît. Les habitués du moulin y voient rarement des gens en vêtement de cérémonie ; or, les habits à queue de ces messieurs, les toques à plumes de ces dames et le tartan à grands ramages de madame Pinson firent sensation.

Les gamins entourent les intrus, les petites filles ouvrent de grands yeux, et la famille Pinson, cernée de toutes parts, ne peut ni avancer ni reculer.

On se précipite, on se heurte, ceux qui ne peuvent

pas approcher montent sur les tables. On cherche à se rendre compte du motif de ce remue-ménage.

Enfin le tumulte cesse, chacun regagne son banc.

La musique, même mauvaise, possède une certaine puissance électrique. Canulard entraîne sa femme dans le tourbillon d'une polka, celle-ci s'abandonne complétement dans les bras de son époux. Canulard entoure avec ivresse la taille d'Élise qu'il presse sur son sein ; une douce respiration effleure son visage, les lèvres des jeunes mariés se sont rencontrées plusieurs fois. Canulard ne croyait pas qu'on pût être aussi amoureux de sa femme.

Est-il rien, en effet, pour exaspérer les instincts voluptueux comme ces malsaines et dangereuses danses où la jeune fille livre ses charmes sans défense aux caprices d'un homme de son âge ?

Et vous, mères rigides, pères sévères, frères chatouilleux sur le point d'honneur, si je touchais du bout du doigt cette chaste enfant, ailleurs qu'au bal, vous me mépriseriez, vous me chasseriez comme un polisson, vous voudriez vous battre avec moi ; mais au milieu des danses, je me livre sur la suave créature aux plus inconvenantes démonstrations, que dis-je ? aux plus coupables tentatives, aux plus infâmes rapprochements et vous assistez sans sourciller à ce spectacle !

C'est tout bonnement insensé.

Ceci me remet en mémoire un propos que j'entendis tenir dans un bal par un petit monsieur fort apprécié du sexe faible, car il est la plus acerbe critique de l'impudeur et des dangers de nos danses dites de caractère.

— Je vais valser avec madame X..., disait à ses amis le mauvais plaisant. Je me permettrai quelque *larcin*.

Eh bien, franchement, j'aurais eu à la réunion, soit une femme, soit une sœur, que je les eusse immédiatement conviées à décliner toute espèce d'invitation de la part de ce drôle.

Ceci dit, revenons à la noce :

Madame Pinson est étourdissante de lyrisme, elle interpelle son gendre !

— Dansons-nous le premier quadrille?

— Avec plaisir, belle maman.

Le grave beau-père dut faire vis à vis avec madame Canulard, Fortuné invita Joséphine, et Agnelet se mit en quête d'une danseuse.

— En place, messieurs, en place! vocifère déjà le majordome de l'établissement.

Les couples se casent ; mais avant que le chef d'orchestre ait donné le signal, le préposé aux recettes fait sa tournée et chaque cavalier est tenu d'exhiber ses vingt centimes sous peine de quitter la place.

Madame Pinson se sent des démangeaisons dans les jambes. Il y a une éternité qu'elle n'a dansé : « Pinson est si drôle ! » Quant à lui, se mêler à l'ébattement général, c'est presque s'offrir en holocauste; il entre en lice avec une mauvaise grâce significative.

Le gendre et sa belle-mère s'élancent avec enthousiasme l'un vers l'autre.

— A toi, maintenant, Pinson, lui crie sa femme.

Plus elle interpelle le pauvre homme, plus elle lui donne de conseils et plus il s'embrouille.

Quant à Canulard le quadrille l'a transporté, il se croit à Bullier, il oublie qu'il fait vis à vis à sa femme et à son beau-père.

Dans cette situation d'esprit, le jeune homme se livre, dans une mimique pittoresque, aux gestes les plus désordonnés, il envoie le pied à la hauteur du nez de madame Pinson et passe la jambe par dessus la tête de sa belle-mère; on fait cercle autour de l'intrépide coryphée, des applaudissements éclatent. Canulard, étourdi par cette ovation, se pique d'amour-propre et au moment où l'on s'y attend le moins il exécute un grand écart foudroyant.

Madame Pinson n'a pas voulu rester en retard, elle aussi se démène de son mieux, mais ses pas sont lourds, ses gestes empruntés, sa désinvolture manque de *galbe*, elle n'est que ridicule, les plaisanteries pleuvent autour de la *vieille*. M. Pinson est désolé de voir sa femme se donner en spectacle, il l'engage à se soustraire à la risée de la plèbe. Madame Pinson ne veut rien entendre et tandis que son mari entraîne bredi-breda sa fille hors du groupe, Canulard et sa belle-mère exécutent le galop final avec un brio étourdissant.

Ainsi finit la noce, on sonne la retraite et chacun va retrouver cahin-caha ses dieux lares.

XXVIII

LA VERTU RÉCOMPENSÉE

> « On LES aime d'abord, on vous
> « épouse après. »
> (Sonnet à une grande dame qui
> méprise l'ouvrière.)
> LÉON CHARLY.

Il est temps de donner au lecteur des nouvelles d'Henriette. Agnelet flairait en elle une maitresse, mais l'intéressante ouvrière ne laissa au jeune homme aucun espoir de ce côté.

— Si vous le désirez, je vous présenterai à ma vieille tante, dit-elle au docteur, autrement il ne saurait y avoir entre nous rien de commun.

Depuis qu'elle vit dans les ateliers, Henriette a vu trop d'exemples de ces unions éphémères, entre individus des deux sexes, avec une suite de catastrophes tournant sans cesse au préjudice de la femme facile, pour se laisser entrainer par le courant. De plus son cœur honnête repousse toute pensée de relation inavouable.

Dire qu'elle n'aimait pas Agnelet serait faux, mais elle voulait que sa tante connût le jeune homme.

Il arrive fréquemment que la femme dont la possession est entourée de difficultés provoque chez un homme l'amour violent. Agnelet sentit grandir son affection pour Henriette du jour où elle affirma devant lui ses prétentions.

— Au fait, pensa celui-ci, je ne vois pas pourquoi je n'irais pas chez la tante. Cette démarche n'engage à rien et j'aurai de la sorte le plaisir de continuer de chers tête-à-tête... Je conduirai la tante et la nièce au théâtre.

Le docteur se rend rue Saint-Benoît, chez la tante.

Représentez-vous une brave et digne femme, d'au moins soixante-dix ans; elle vit du revenu de quelques modiques rentes auxquelles s'ajoute le mince produit du travail d'Henriette.

— Vois-tu, mon enfant, lui disait l'excellente femme, quand je n'y serai plus, mon petit pécule te reviendra : avec cette dot, tâche de rencontrer un brave garçon qui t'épouse; à vous deux, vous entreprendrez quelque chose et vivrez, sinon riches, du moins à l'abri de la misère.

Avec de semblables conseils, il n'était pas étonnant qu'Henriette fût demeurée sage : il ne faut pas moins la louer de cette vertu, il en est tant qui ne savent pas profiter des avertissements.

Agnelet fut bien accueilli rue Saint-Benoît.

— Henriette m'a parlé de vous, monsieur, fit la tante. Il paraît que vous vous êtes connus à l'atelier de madame Graindorge... Je reçois peu de jeunes gens, d'abord parce que je suis vieille et que ma société n'est pas récréatrice, ensuite à cause de ma nièce.

— Vous avez raison, répond Agnelet, on ne saurait prendre trop de précautions.

La vénérable tante s'aperçut bientôt des tendres sentiments du docteur pour Henriette et des attentions de cette dernière auprès de lui.

Néanmoins elle hochait la tête.

— Un docteur, un médecin, c'est trop haut pour toi, Henriette; voudrait-il t'épouser, ma pauvre enfant, qu'il rencontrerait les résistances d'un père ambitieux de le voir s'unir à une femme riche, à une femme du monde. Toi, tu n'es qu'une ouvrière sans nom et sans fortune.

La douce fille se disait aussi :

—Ma tante a raison. C'est folie de songer à me marier avec lui ; mais je l'aime pourtant, et s'il pense à moi de son côté, pourquoi cela serait-il impossible? Ne lui apporterai-je pas un cœur pur, une vie exempte de reproches? est-ce que cela ne vaut pas une dot?

Si la naïve créature avait connu le monde, ses exigences, ses préjugés, elle eût parlé un tout autre langage.

Cent fois, lorsque pour une cause ou pour une autre, la tante laissait Henriette seule avec Agnelet, l'ouvrière ouvrait la bouche dans l'intention de demander à celui qui occupe ses pensées où il veut en venir... cent fois aussi le courage lui manquait.

Elle réfléchit :

— Je ne puis aborder ce sujet : pour qui me prendrait-il ? Si je lui faisais part de mes espérances, il ne reviendrait peut-être plus et alors je serais bien à plaindre. Autrement, je vis dans une douce erreur

De son côté le docteur s'habituait à la jeune fille et l'idée d'en être séparé quelque jour remplissait son cœur d'amertume. Il en était toujours au même point.

— Il faudra, un jour ou l'autre, pensait-il, parler ouvertement.

Faire perdre son temps à Henriette, occuper une large place dans ses rêves peut-être, la compromettre assurément, c'eût été presque une lâcheté, indigne d'un homme franc et loyal.

Les voisins et les amis de la tante jasaient au sujet du docteur.

— C'est un mari en herbe, insinuaient les uns.

— L'affaire est arrêtée, ajoutaient les autres.

— A quand la noce? demandaient la plupart.

Ces bruits étant parvenus aux oreilles d'Agnelet, il résolut de causer sérieusement avec Henriette à la première occasion.

Justement le jour où il se promettait d'ouvrir son cœur à la jeune fille, la tante se trouva seule.

Le visage du docteur exprima le désappointement et la brave femme prévint les questions du jeune homme en lui disant :

— Madame Graindorge était malade depuis un certain temps, aujourd'hui la pauvre dame a tout un côté paralysé; or, Henriette étant la seule ouvrière en qui madame Graindorge ait une entière confiance, ma nièce a été obligée de rester cette nuit à l'atelier pour diriger le travail, il y a des commandes urgentes.

— Ah! c'est contrariant.

— Réjouissons-nous plutôt, mon cher monsieur, du bonheur d'Henriette. Savez-vous ce qui arrive? Sa patronne, incapable désormais de conduire ses affaires et ayant besoin d'une personne sûre, vient de proposer à ma nièce de l'associer à ses affaires. Demain j'irai là-bas, et si la chose s'arrange, je ne demande pas mieux que de déplacer mon pauvre petit capital pour le mettre dans le fonds de la maison Graindorge.

Agnelet ému, s'écria :

— Comme vous êtes bonne, madame!

— Mais c'est tout naturel, ce que je fais là : Henriette est mon enfant à moi, je remplace sa mère. J'accomplis un devoir en lui créant un avenir, et d'abord je ne fais qu'un prêt puisque cette somme lui appartient après moi.

— Tout cela est vrai, mais il y a tant de gens plus riches que vous qui raisonnent autrement ! Mademoiselle Henriette est bien heureuse d'avoir une parente comme vous.

— Cher monsieur, la vertu de ma nièce a causé la sollicitude de la tante.

Ces prévisions furent couronnées de succès ; on signa un acte notarié: la tante émérite bailla ses dix mille francs et Henriette prit désormais la direction de l'importante maison de fleurs connue sous la raison sociale Graindorge et C⁰.

Je crois nécessaire de réfuter l'opinion de ceux qui nient, avec un scepticisme exagéré, l'utilité d'une certaine intelligence en matière de commerce : l'exemple d'Henriette me donne raison.

En effet, sitôt que l'habile fleuriste se trouva en pied dans la maison, elle devint infidèle à la routine, consistant à confectionner sans cesse les mêmes sujets de fleurs; elle s'efforça de saisir, au contraire, les occasions de produire des nouveautés. Dès lors le cercle des relations commerciales de ses prédécesseurs s'agrandit et, connaissant le détail de la fabrication, elle mit bon ordre au gaspillage des matières premières dont les ouvrières ont si peu de souci.

Au bout de peu de temps sa maison devint une des plus considérables de la place et madame Graindorge disait, en parcourant ses livres :

— Décidément, Henriette, si votre veine continue, vous nous ferez rouler voiture.

Il faut tout dire : les graves occupations de l'atelier n'empêchaient pas la fleuriste de songer à son amour. Plus sa position se dessinait sous des couleurs riantes, plus elle se rattachait à la pensée qu'elle devenait de plus en plus digne d'Agnelet.

Cette perspective l'encourageait et lui portait bonheur.

La tante a quitté la rue Saint-Benoît pour habiter auprès de sa nièce rue Saint-Denis.

Agnelet de son côté s'est créé une clientèle et dès

que ses malades lui laissent un moment de répit, il en profite pour se rendre chez ces dames.

La mère Biscotte, en voyant la jeune fille parvenue à ce maréchalat, avait prédit une débâcle. Ses tristes prévisions ne se réalisant pas, l'acariâtre ouvrière blâma les réformes introduites dans le système par la nouvelle patronne, et lorsqu'il fut question de révise l'ordre intérieur de l'atelier, elle poussa les hauts cris

Enfin, dès qu'Henriette parla de changer le genr des fleurs, d'employer des engins perfectionnés, madame Biscotte *prit ses pinces et ses ciseaux*, ce qui signifie : « Je demande mon compte. »

— Je ne travaille que dans des maisons sérieuses, dit la Biscotte, et elle partit.

Henriette ayant besoin d'une *première*, offrit naturellement cet emploi à son amie Aline.

— Vous cumulerez, ma chère, avec les fonctions de demoiselle de magasin.

Aline fut au comble de ses vœux.

Sur ces entrefaites, le mariage de Canulard avait eu lieu.

Un soir, Henriette se trouvait seule au magasin. C'était dans les premiers jours du printemps, l'atmosphère était attiédie par les rayons mourants d'un soleil fugitif, et la jeune fille regardait, pensive, à la fenêtre, la tête appuyée dans une de ses petites mains blanches.

Tout entière à ses rêveries, elle n'entendait pas qu'on marchait derrière elle, lorsque, se retournant brusquement, elle aperçut Agnelet.

— Ah ! mon Dieu, s'écria-t-elle, vous m'avez fait peur.

Jamais le jeune homme ne lui était apparu aussi beau. Cette remarque lui fit baisser les yeux et la troubla. Agnelet s'accouda à côté d'elle. Seuls et près l'un de l'autre, deux jeunes gens qui s'aiment, quel ravissant tableau !

Un charmant embarras mêlé d'ivresse, tel est le caractère habituel de ces situations naïves.

La rougeur envahit le front pudique de la jeune fille ; elle tremble. Le jeune homme ne sait par où commencer ; il a tant à dire.

Tout son sang afflue vers son cœur au contact de la frémissante créature ; mais l'obscurité rend hardi.

— Henriette, fit-il de sa voix la plus douce, en tournant vers elle des yeux expressifs, il y a un siècle que j'épie le moment de me trouver seul avec vous.

Dans sa confusion, Henriette ne trouva pas une syllabe à répondre ; elle eut comme un éblouissement. De cette conversation allait peut-être dépendre tout son avenir.

— Oui, continue Agnelet, je voulais vous dire, à vous uniquement, ce que mes yeux ont cherché à vous apprendre. Mon cœur, contenu jusqu'ici, déborde à la fin... Henriette, vous êtes la seule femme pour laquelle j'aie ressenti ce tendre sentiment qui s'appelle l'amour... Oui, je vous aime... Quoi ! vous ne répondez rien !..

Instinctivement, son bras entoure la fine taille de la jeune personne, sans que celle-ci ait essayé de se dégager de cette étreinte.

il ne se connait plus; le visage plein de passion de son amante touche pour ainsi dire le sien, leurs lèvres se rencontrent.

Ils ont cueilli un premier baiser.

— Laissez-moi! s'écrie Henriette affolée en s'échappant brusquement des bras d'Agnelet.

— Henriette, je vous ai fait de la peine?

— Qui vous dit cela? répond-elle en accompagnant ces mots d'un sourire ineffable.

— Alors, vous ne m'en voulez pas?

— Peut-on en vouloir à celui qui implore un pardon?

— Vous êtes bonne, je le savais; mais je réclame de vous un mot, un seul mot... A votre tour, m'aimerez-vous un peu?

— Vous le savez bien, dit si faiblement Henriette que c'est presque au seul mouvement des lèvres que son amant devina sa réponse.

Ivre de bonheur, il a couvert de baisers brûlants les mains de la charmante fleuriste. Les deux sylphes amoureux prolongent leur entretien délicieux tant qu'ils peuvent; ils font des projets d'avenir. Agnelet demandera, bien entendu, la main d'Henriette à la tante le plus tôt possible.

Un si doux tête-à-tête, entrecoupé d'enivrantes accolades, menaçait de durer indéfiniment, si la brusque arrivée de la bonne tante n'y eût mis forcément un terme.

Dès que le docteur se fut retiré, Henriette se hâta d'aller à sa chambre pour se trouver face à face avec sa félicité.

Ne croyez pas que sa joie se traduisît par des exaltations bruyantes et des élans vulgaires ; non. L'aimable enfant adressait chaque soir des vœux au ciel pour que celui dont elle était éprise voulût bien la fixer sur ses intentions, et le nom de sa mère revenait sans cesse dans ses prières.

Elle tomba à genoux.

— « O ma mère, vous qui me voyez, qui m'enten-
« dez, veillez sur moi. Je n'ai pas fait de mal tout à
« l'heure, n'est-ce pas ? car je l'aime, voyez-vous, et
« mon amour est pur. Intercédez pour moi, vous qui
« êtes là-haut, pour qu'il m'aime autant que je l'aime
« et pour que ce mariage s'accomplisse. »

Henriette est soulagée d'un poids énorme.

Dans toutes les graves circonstances de sa vie elle s'est recommandée à sa mère, il lui paraissait trouver par ces pieuses invocations un gage de réussite dans ses entreprises.

Heureux les enfants qui ont ainsi le respect de leur mère ! Ce culte doit en effet les assister dans la vie, car l'amour filial est le corollaire de bien d'autres vertus, et j'ai sans cesse entendu dire que la vertu est toujours récompensée.

XIX

GUET-APENS

> « Code pénal. »
> *Titre II, chap. II, art.* 298.

Aline a recueilli, depuis quelque temps déjà, la survivance de madame Biscotte. Henriette ne pouvait faire un meilleur choix, Aline joignant, à l'entente du métier, un dévouement sans bornes aux intérêts de son amie.

A l'époque du chômage, la fleuriste se hâtait de rentrer chez elle pour revoir la bonne madame Bernard et Fortuné ; une commande pressée survenait-elle, alors elle demeurait une partie des nuits à l'établi, et, dans ce cas, Henriette la faisait coucher à côté d'elle.

Il advint de la sorte que plusieurs jours se passèrent sans que Fortuné vît Aline.

De son côté, le jeune clerc ne reste pas inactif ; son

assiduité lui a valu des éloges de la part de M. Gaillard. Attaché, d'abord, en qualité d'adjoint à l'étude, il franchit rapidement les échelons supérieurs, des vacances s'étant produites. Les appointements de Fortuné sont augmentés, et M. Rigobert a répondu à son fils, dès qu'il a su qu'il gagne deux mille cinq cents francs par an.

L'avenir apparaissait à nos héros à travers un prisme, et leur prospérité relative fortifiait les sentiments d'amitié qu'ils s'étaient voués.

Un soir Aline recevait, des mains des ouvrières, les fleurs mises en bottes, les labeurs d'une forte journée. Elle disposait les paquets dans les boîtes, tout en songeant.

— Enfin, je vais tout à l'heure me retrouver chez moi. Quel bonheur ! Ce pauvre Fortuné doit être bien impatient, et madame Bernard ? Chère femme !.. est-elle bonne pour moi !

Un violent coup de sonnette a tiré la jeune fille de ses réflexions.

— Ah ! mon Dieu, s'écrie-t-elle, peut-on sonner de cette manière !

Quelqu'un a ouvert.

— Mademoiselle, fait l'apprentie, on vient pour vous.

— Qui donc ?

— Un commissionnaire.

— Voyons, faites-le entrer.

Le messager est introduit et s'empresse de s'expliquer, avec la bonhomie inhérente aux gens de cette profession, en roulant sa casquette dans ses doigts :

— Mademoiselle, c'est à seule fin de vous faire savoir qu'on viendra vous chercher, ce soir, en voiture, à six heures, pour aller à Saint-Ouen, en partie.

— Vous m'étonnez, répond Aline surprise, comment ne vous a-t-on pas remis un billet?

— Voilà tout ce que je puis vous dire, mam'zelle.

— Et encore... le nom de la personne qui vous envoie?

— Oui, mam'zelle, attendez, c'est un jeune homme très-bien, il s'appelle, il s'appelle... Et le commissionnaire se gratte le front en ajoutant:

— Ma foi, je ne m'en souviens plus.

— Ne s'appelle-t-il pas Fortuné, ce monsieur?

— Juste, mademoiselle, Fortuné... oui, que même, ça me revient, il m'a dit : « Je n'ai pas le temps d'aller moi-même avertir cette demoiselle, parce que je pars en avant. »

— Tenez, interrompt Aline, en tendant au vieux commissionnaire une pièce de monnaie.

— Non, mademoiselle, merci, la course est payée.

— Prenez toujours.

— Je n'en ferai rien, mam'zelle, à moins que vous n'ayez une commission...

Elle n'insiste pas et l'enfant de la Savoie tourne les talons.

— Comme il est aimable, mon Fortuné! pense la fleuriste. Il sait nos travaux terminés et il s'empresse d'organiser cette partie de campagne pour me procurer un peu de divertissement... sans doute, nous passerons la journée de demain à St-Ouen, c'est dimanche... Oh! nous nous amuserons comme des fous, on pêchera, on ira en canot... mais quelle drôle d'idée a-t-il eu de partir en avant... Ah! pour commander le dîner sans doute.., une nouvelle attention de sa part... et puis il est, peut-être, en compagnie de camarades, avec Agnelet, qui sait?

Henriette, voyant son amie toute radieuse, a demandé, après le départ du commissionnaire:

— Est-ce une bonne nouvelle?

— Oui, ma chère, figure-toi que je vais à la campagne, à St-Ouen, ce soir; Fortuné m'attend et une voiture sera ici à six heures.

— Tu es bien heureuse, toi.... murmure Henriette.

— Oui... mais, j'y pense, viens avec moi.

— Ma petite Aline, je te remercie... tu sais, je ne puis m'absenter. Ce soir, c'est la paie des ouvrières et madame Graindorge est incapable de me suppléer.

— Oh! quel dommage!

— Une autre fois, nous arrangerons une bonne promenade ensemble.

— Et M. Agnelet en sera, observa Aline en souriant.

A six heures précises, une voiture de place s'arrête rue Saint-Denis, en face de l'atelier. La jeune femme embrasse Henriette et s'empresse de descendre.

— En voilà une qui a de la chance, disent les ouvrières, s'en aller en voiture un samedi, à la campagne!

— Oui, ce n'est pas comme moi, ajoute Follette, une petite espiègle que nous connaissons; quand je vais dans les fortifications, le dimanche, avec maman, c'est toujours à pied et je suis obligée de porter le panier aux provisions.

— Tiens, tu vas aussi dans les fortifications, toi ? continue sa voisine d'établi.

— Que t'es bête ! crois-tu que je voudrais passer mon dimanche ailleurs qu'à la campagne ? Nous déjeunons dans les fossés, on se roule sur l'herbe, on joue au volant ou à la paume, et puis on se paie les chevaux de bois à la barrière.

— Ah ! ben, moi, j'aime pas les parties du dimanche, répond la première, parce que papa s'y grise toujours ; il nous fait avoir des raisons avec le monde, ou bien il ne *corde* pas avec maman. Le tantôt, ils se battent, ils jettent la vaisselle par la fenêtre, mon petit frère crie et c'est moi qui attrape les gifles.

Laissons babiller ces jeunes filles pour suivre Aline.

— Où me conduisez-vous ? a-t-elle dit au cocher

— On m'a donné l'ordre de charger ici pour aller ensuite de l'autre côté de l'île Saint-Ouen..

— Il nous attend là ?

— Pardine, continue le salarié de M. Ducoux, puisque le bourgeois l'a dit.

— Alors, en route, mon brave.

De la rue Saint-Denis à l'île Saint-Ouen, il y a une trotte raisonnable.

La voiture suit les rues pour atteindre le boulevard de Clichy, à la hauteur du cimetière Montmartre ; un peu plus loin, elle remonte, à droite, la grande rue des Batignolles, et l'interminable avenue de Saint-

Ouen. Arrivés au mur d'enceinte, on franchit la porte.

— Comme il fait bon quitter ce vilain Paris, songeait la voyageuse en mettant sa tête dehors ! c'est tout de même gentil, la campagne, les arbres sont d'un vert..... et puis on respire ici..... il me tarde d'être au terme du trajet :

Le jour commençait à tomber.

— Dites-moi, crie Aline au cocher, en avez-vous encore pour longtemps ?

— Une petite demi-heure.

Les chevaux en prennent à leur aise. Les «*Hi! cocotte, hi !* » que lâche plus fréquemment le conducteur, attestent le ralentissement de l'allure de ses bêtes. Tout-à-coup, elles s'arrêtent. Le cocher a beau pousser des « *Hi ! Hi ! Hi !* donc ! » Baste ! les tristes animaux sont éreintés, il ne peuvent plus avancer. Aux furieux coups de fouet du maître, ils opposent une force d'inertie invincible.

— Faut qu'y se reposent un brin, grommela le cocher en remettant gravement son instrument de torture au porte-fouet, tandis qu'il revêt son carrick et tire une pipe de son gousset de gilet ; après tout, le bourgeois m'a pris à l'heure..... il en est sept et demie, à huit heures nous serons rendus.

Aline n'est pas à son aise, seule et pelotonnée au fond de ce fiacre, dans un endroit excessivement désert, où tout prête aux réflexions les moins agréables. On stationne effectivement sous l'immense carcasse en fer des docks de Saint-Ouen, limités d'un côté par un large bassin où l'eau croupit, de l'autre par des prairies au milieu desquelles l'herbe ondule sous les efforts d'une bise glaciale. Cependant l'impressionnable jeune femme se fait une raison de cette malencontreuse circonstance. et puis le cocher n'a pas la mine trop rébarbative; il ne s'occupe nullement d'Aline et paraît, au contraire, fort affairé auprès de ses lanternes, dont il allume les bougies. Ce soin accompli, il flatte ses rosses, embrasse *cocotte* sur les naseaux et remonte sur son siége.

Le véhicule s'ébranle, mais les ombres de la nuit enveloppent déjà le paysage, le ciel s'est chargé subitement de brumes épaisses. Dans l'obscurité, le conducteur a beaucoup de peine à diriger son attelage. De plus, la route qu'il a prise est mal entretenue, c'est plutôt un chemin de traverse; les roues pénètrent, de droite et de gauche, dans deux ornières profondes, obstruées, de distance en distance, par des pierres ou des immondices. Il en résulte de violents cahots, et le maître du fiacre sacre et tempête de plus belle, non plus cette fois après ses chevaux.

— Ah! ben, je m'en souviendrai de c'te course-là, fait-il entre deux énergiques jurons.

En sortant de ce mauvais pas, on atteint un pâté de maisons où sont installées des auberges pour les canotiers. Le pont est distant d'un kilomètre. On s'arrête forcément à ce point, l'agent du fisc perçoit tant par cheval, par voiture et par individu.

Le cocher ne bougea pas lorsque le préposé aux péages réclama les droits. Aline fouille à sa poche. Elle s'aperçoit, avec terreur, qu'elle n'a pas son porte-monnaie. Dans sa précipitation, elle l'a oublié à l'atelier. En conséquence, l'homme au carrick avance la somme avec mauvaise humeur.

— Enfin, soupire Aline, nous sommes rendus. Fortuné est au bout du pont. Quel bonheur ! je voudrais déjà être auprès de lui. Malgré moi, j'ai peur dans cette voiture. Le cocher est furieux des incidents dont notre pérégrination a été semée, et tout à l'heure il m'a regardée de travers. Il me prend peut-être pour une aventurière... Ah ! voilà Fortuné.

Une ombre venait de faire signe du bord de la route. La voyageuse crut même distinguer ces mots :

— Arrêtez-vous et entrez dans la cour de l'auberge en face.

Une main invisible ouvre la portière, Aline descend ; à trois pas l'œil ne peut rien distinguer, tant la nuit est sombre. La fleuriste a eu à peine le temps de se reconnaître que le fiacre a disparu dans la direction d'une des rares maisons visibles en cet endroit.

— Fortuné ! Fortuné ! s'écrie-t-elle, où es-tu ?
— Par ici, répond une voix.
— Mais ce n'est pas lui ! fait Aline avec effroi.

Une silhouette se dresse devant elle. Deux bras vigoureux la saisissent par derrière et rendent la résistance inutile ; le long de la route existe un talus à pic ; Aline, enlevée de terre, sent le sol se dérober sous ses pas, elle pousse un cri déchirant : — Au secours, à l'aide, Fortuné !

Mille pensées se font jour dans le cerveau de la

pauvre affolée, en ce moment suprême. Elle croit tout d'abord qu'on la jette à l'eau, puis elle s'imagine que le malfaiteur va l'étrangler pour la dépouiller ensuite. En effet, ce guet-apens, Fortuné ne se trouvant pas au lieu fixé, cet individu mystérieux, cet homme qui emporte Aline entre ses bras musculeux, comme un voleur, il y a bien de quoi bouleverser une femme.

Aline se crut l'objet d'un horrible rêve, en songeant que Fortuné lui-même a pu, un moment auparavant, être la victime du brigand. Allait-elle à son tour servir de pendant à l'épouvantable forfait de tout à l'heure ?

Le sombre personnage l'a déposée, plus morte que vive, au bas de la berge, avec un éclat de rire diabolique.

— En voilà une bonne farce, s'écrie le spectre ; il a été bien exécuté, le tour, qu'en dis-tu ?

— Brisebois ! fit la fleuriste.

— Lui-même, ma chère !

— Ah çà ! dites-moi, continue-t-elle en se remettant, que signifie cette plaisanterie ? Et Fortuné est-il ici ?

— Pas le moins du monde, ma chère amie ; il n'y a que moi « dans ces prés fleuris qu'arrose la Seine. »

— Et que prétendez-vous ?

— Aline, au fait, je vais te dire — Brisebois a pris la main d'Aline en parlant — depuis que nous nous connaissons, tu m'as constamment joué ; à mon tour, à présent.

— Que voulez-vous dire ? réplique-t-elle en se reculant.

— Je veux dire que je t'aime. Tu le sais, je t'aime éperdûment, depuis cette fameuse nuit que tu demeuras chez moi... Ah ! ce soir-là vous fîtes avorter mes projets, toi et ce vilain drôle d'Agnelet... Eh ! bien, puisque tu n'as pas voulu être à moi, à Paris, j'ai pensé à te mener à la campagne, espérant dans l'air pur et serein, dans la luxuriante nature, pour te rendre plus familière.

— Vous raillez, M. Brisebois, le lieu est mal choisi. Vous m'ennuyez. Par où s'en va-t-on ? Bonsoir.

Cette réponse dilatoire ne satisfaisait pas Brisebois, qui retint Aline par le bras en disant :

— Pas si vite, j'ai mis dans ma tête que tu resterais avec moi, ici, jusqu'à demain.

— Vous êtes fou.

— Eh bien, si tu veux absolument aller retrouver, ce soir, M. Fortuné, c'est facile, puisque ça dépend de toi.

— Comment ?

— En ne refusant rien à celui qui se jette à tes pieds, car, vois-tu, je brûle pour toi de la passion la plus vive.

— Bon, de la tragédie! vous me faites rire malgré moi.

— Aline, hurle l'étudiant qui s'est relevé, je te fais donc pitié, je te parais ridicule !.. Alors je ne te ménage plus... tu seras ma maîtresse, une heure, une minute, peut-être, mais tu la seras, je le veux... oh ! n'essaie pas de résister, de te défendre. La Seine coule à nos pieds et, plutôt que de te voir m'échapper, je suis décidé à descendre avec toi dans l'abîme.

Le farouche personnage avait prononcé, entre ses dents serrées, ces paroles sinistres.

Il saisit Aline; celle-ci rassemble toutes ses forces pour s'opposer à la violence infâme dont elle va être victime. Elle essaie de crier, sa voix s'arrête dans son gosier desséché. Brisebois est doué d'une force au-dessus de l'ordinaire. La jeune femme succombera certainement malgré son énergie.

— Tu veux lutter, articule le misérable d'une voix stridente, mais, cette fois, je te tiens.

Tous deux ont roulé à terre, Aline est tranformée, ce n'est plus une femme, c'est une lionne. Elle se sert des pieds et des mains, elle mord, elle égratigne. Son séducteur a la face couverte de sang, la douleur ne fait que l'exaspérer davantage.

Aline croit remarquer que l'intention de son ravisseur est de lui attacher les mains ; alors, saisissant le moment où ce dernier fouille dans sa poche pour en retirer ce qu'elle pense être une corde. elle réunit tout ce qui lui reste de vigueur et se relève.

Brisebois est debout presque aussitôt, mais, avant qu'il ait eu le temps de reprendre l'offensive, il trébuche et culbute à la renverse.

Le bruit d'un corps tombant à l'eau s'est fait entendre.

— Miséricorde, s'écrie Aline suffoquée, au secours! personne!... le malheureux!

Elle se penche, avec une fiévreuse anxiété, sur le

bord du fleuve; elle ne voit rien, elle n'entend rien...
le silence, le vide horrible, la mort...

Seules, quelques rides concentriques s'agrandissant en fuyant à la surface des eaux indiquent qu'une existence d'homme a trouvé ses bornes là.

Un instant la jeune femme, en proie à d'inexplicables angoisses, croit apercevoir Brisebois se débattre dans les eaux, entraîné par un courant rapide, vers la pointe de l'île Saint-Ouen.

— C'est une illusion, pense-t-elle, non, ce n'est pas un homme, ça, c'est le pieu qui signale un tourbillon, l'endroit redouté des baigneurs.

Ce drame s'est déroulé en moins de temps qu'il ne m'en a fallu pour le raconter.

Aline a gravi, comme une insensée, la berge escarpée; elle ne court pas, éperonnée par la peur, elle vole vers la maison où la voiture a dû se remiser, en criant :

— Venez vite, venez vite.

Elle pénètre ainsi dans la cour de l'établissement, le désordre de sa toilette ne permet pas au cocher de la reconnaître. Le maître de la maison est accouru, aux cris de la jeune femme, accompagné de son épouse et d'un gros chien qui hurle comme un damné.

Ils ne comprennent pas, pour commencer, les étranges discours d'Aline; enfin, ils finissent par saisir qu'un homme est tombé à l'eau et qu'il faut aller le repêcher.

— Ah! ben, dit l'aubergiste, je ne sais pas si je dois me mêler de ça, moi; vous savez, c'est grave, qu'en dites-vous, cocher?... et puis, il est ben sûr noyé à l'heure qu'il est, s'il ne s'est pas retiré tout seul.

— Je suis de cet avis-là, grogne le cocher.

— Moi, je dis que ça ne nous regarde point. C'est l'affaire des mariniers... mais l'histoire me semble louche, continue la femme, en observant Aline du coin de l'œil...

Et l'hôtelier disparait en disant :

— Je vas, tout de même, aller rôder par là.

Il a échangé avec son épouse un regard d'intelligence.

— C'est pas tout ça, interrompt à son tour le cocher, va falloir, maintenant, ma petite mère, me payer mes quatre heures, et comment que vous ferez puisque vous n'avez pas le sou?

XXX

UNE FAUTE DE JEUNESSE

« *Mea culpa.* »

A quelques kilomètres de Pont-de-Beauvoisin, en Dauphiné, existe, sur la rive gauche du Guier, rivière qui sépare l'Isère de la Savoie, un maigre bourg du nom de Romagnieu.

Romagnieu accuse une origine romaine, c'est assez dire que ce territoire n'est pas habité d'hier.

On retrouve encore, sur le sommet d'un coteau dominant le village, les débris d'un donjon et des pans de murailles ruinées, où le lierre et la mousse ont poussé leurs racines insouciantes, entre chaque jointure de la maçonnerie.

Jadis s'élevait là un antique manoir, habité par la noble famille des comtes de Romagnieu. Ils exerçaient leur suzeraineté, depuis un temps immémorial, sur les fiefs environnants, et descendaient, en droite ligne, d'un Lantelme, qui avait illustré son nom, pendant les croisades, sous la bannière de Raymond de Saint-Gilles, comte de Toulouse.

Parmi les débris du château se voyait, il y a vingt ans, sur une pierre sculptée, l'écu des anciens seigneurs. Des archéologues ont relevé ces symboles : *Un lion d'argent, armé et lampassé de gueules, couronné d'or à l'antique, sur fond d'azur.*

Les héraldistes prétendent que le lion signifie : force et courage ; couronne antique : noblesse qui se perd dans la nuit des temps. N'oublions pas de citer aussi la devise gravée au-dessous du cartouche sur une banderolle : *GENEROSVS ET ANIMOSVS*: magnanime et courageux.

Les descendants de Lantelme tenaient une place honorable dans la noblesse dauphinoise. Quelques-uns siégèrent aux États généraux de cette province, d'autres se distinguèrent dans les armées. Un Romagnieu fut conseiller au parlement de Grenoble, sous Louis-le-onzième.

Une heure formidable sonnait : 1789.

Les descendants de cette famille émigrèrent.

Pendant les années qui suivirent 1789, on vit une foule de vieilles demeures féodales crouler sous la pioche dont s'était armée la vengeance d'un peuple secouant son ilotisme.

Le château de Romagnieu fut abattu.

En 1814, les émigrés rentrèrent en France; vingt-cinq ans d'exil ne les avaient pas appauvris, mais les rangs de la maison de Romagnieu s'étaient considérablement éclaircis. Du père, de la mère et des quatre enfants, qui étaient partis, deux seules personnes avaient survécu : la comtesse douairière de Romagnieu et son fils Gaston.

M. le comte Gaston de Romagnieu se trouvait à la tête d'une belle fortune, augmentée graduellement par suite de la mort de ses oncles et tantes.

En 1814, Gaston de Romagnieu a vingt-cinq ans ; c'est un bel homme et surtout un galant cavalier.

Son nom, ses richesses et ses belles manières l'ont naturellement désigné pour un emploi à la cour ; puis, en raison des services rendus par ses ancêtres à la monarchie, le roi Charles X l'appelle dans les gardes du corps. Madame la comtesse meurt et laisse son fils possesseur d'environ 50,000 livres de rentes.

Gaston mena grand train ; il mangeait même, disait-on, le fonds avec le revenu lorsque, tout d'un coup, le brillant officier du roi se retira du monde. C'était vers les dernières années du règne de Louis-Philippe. On n'entendit plus, dès lors, parler de lui. M. de Romagnieu vivait seul et retiré dans un bel appartement de la rue du Bac. On jasa bien un peu dans les salons, et l'on se racontait, tout bas à l'oreille, une histoire galante dont il était le héros ; mais, peu à peu, ces bruits s'assoupirent. Il ne fut plus question du comte, l'homme à la mode des hôtels du faubourg Saint-Germain.

Le dernier rejeton de l'illustre famille n'est plus jeune, à l'époque où nous le faisons apparaître dans le cours de ce récit Il approche de ses soixante-dix ans. Travaillé par une goutte opiniâtre, le vieillard maudit sa destinée.

— A quoi me sert la fortune, s'écriait-il, dialoguant avec le vide, dans l'état où je suis? Personne n'est là pour m'entourer ! pour me donner des soins !... Mes domestiques, je les déteste ; hélas ! je pourrais avoir une femme et des enfants qui m'appelleraient leur père. Mais rien, le néant, la solitude !... et cet argent, à qui le laisser ?

Le vieillard retombait alors dans une morne tristesse. Il cherchait à tuer le temps, soit par la lecture des feuilles quotidiennes, soit en recevant des amis.

Les gazettes ne l'intéressaient plus, les amis lui semblaient froids et ennuyeux.

Pendant près d'un an, un siècle ! M. le comte de Romagnieu fut couché sur un lit, abandonné aux mains de deux ou trois serviteurs. Il leur avait recommandé de ne plus lui apporter aucun journal et de défendre sa porte à âme qui vive, sinon au médecin. Le malheureux, une fois enseveli dans cette solitude claustrale, tomba dans un marasme complet ; et, voyant la vie fuir à grands pas, il pria un jour le docteur de l'éclairer franchement sur son état.

Celui-ci ne lui laissa pas ignorer qu'à sa place il penserait à mettre ses affaires en ordre.

— Merci, monsieur, répondit le comte.

Le hasard voulut que le notaire de ce personnage ne fût autre que Me Gaillard. Il le fit donc appeler en vue de rédiger son testament.

Fortuné accompagna le notaire et ils pénétrèrent dans la chambre du malade.

— Je vous ai demandé, monsieur, fit le comte avec un œil languissant, dans le but de vous dicter mes dispositions testamentaires. Mais, auparavant, je vous poserai une question de droit qui nécessitera préalablement toute une confession.....

Le vieillard tournait, en même temps, ses regards du côté de Fortuné.....

— Ce jeune homme quel est-il?

— Mon deuxième clerc, monsieur le comte.

— Dans ce cas, il peut m'entendre..... Messieurs, continua le vieillard avec énergie, je n'ai pas besoin de vous dire à quelle famille j'appartiens, vous le savez, il est inutile d'ajouter que je fus un de ces heureux d'autrefois, entouré d'honneurs, de considération, de fortune; tout me souriait alors: une place à la cour m'était réservée, des décorations de tous les ordres possibles scintillaient sur mes brillants uniformes, j'avais un fringant équipage dont desséchait de dépit plus d'un pair de France, enfin les journées étaient trop courtes pour la consommation de mon bonheur.

Le temps des vanités et le goût des oripeaux passèrent.

Alors je ne fus plus le même homme. Je ne parus jamais aux Tuileries, mes habits brodés, mes plaques, ne sortirent plus des armoires, je vendis mes chevaux.

Il fallait que je payasse ma dette de tribulations ici-bas.

Une jeunesse orageuse et folle m'avait préparé une vieillesse pleine d'austérités et toute hérissée de rhumatismes. Et puis, ah! ma confession la plus douloureuse commence..... ici, messieurs, pardonnez-moi, mon cœur se déchire.....

Et le vieillard cacha sa tête entre ses mains.

— Je fus bien coupable, messieurs, je commis une faute de jeunesse, faute irréparable..... presque un crime.

M⁰ Gaillard et Fortuné frissonnèrent.

— Oh ! rassurez-vous, poursuivit le comte avec un accent majestueux, ce n'est pas un crime dans l'acception littérale du mot, dans le monde ceci est réputé *une escapade* : or, pour ne vous rien céler, je connus une jeune fille, elle était belle comme le jour ; orpheline dès l'âge le plus tendre, son oncle et tuteur l'avait confiée aux soins d'une gouvernante..... je séduisis cette jeune fille.

— Ah ! fit M⁰ Gaillard en respirant.

— Oui, je fus assez lâche pour abuser de tant de charmes, pour flétrir l'innocente et je creusai, à ma victime, un tombeau en agissant ainsi. La jeune personne, sentant qu'elle allait être mère, me fit part de cette circonstance et se jeta à mes pieds, en me suppliant de lui rendre son honneur. J'aurais dû l'épouser. Je restai sourd à ses prières, je fus assez infâme pour refuser la réparation et assez sot pour demeurer l'esclave des préjugés d'un certain monde, qui m'interdisaient l'union avec une fille de la roture.

Oh ! mais le ciel devait me punir.

Avec de l'argent, on tranche les difficultés même insurmontables. Je m'arrangeai de façon à ce que la jeune fille pût s'éloigner de son oncle et surtout de sa gouvernante, dans les derniers mois de sa grossesse.

Elle fit ses couches à cent lieues de Paris, et pour effacer toutes les traces de la triste aventure, j'avais décidé d'avance cette mère à se séparer immédiatement du fruit de ma faute.

L'enfant m'est amené, à Paris, par des gens à moi

J'avais mis dans mes projets de le faire élever le mieux possible et de lui fournir les moyens de vivre plus tard sinon riche, du moins dans une honnête aisance, lorsque la personne chargée de me remettre le précieux dépôt m'apprit en même temps la mort de la jeune mère.

Je perdis la tête, une nouvelle aussi inattendue me bouleversa, toute l'horreur de ma conduite m'apparut. Vous l'avouerai-je, j'eus peur du retentissement donné à ma criminelle équipée, et je résolus de me défaire de mon enfant.

A ce point du récit, Me Gaillard et son clerc deviennent de plus en plus attentifs.

— Savez-vous ce que j'eus le courage de faire, messieurs ?.. Eh bien, je l'avoue à ma honte, j'abandonnai la pauvre créature sur la voie publique.....

Fortuné releva la tête, il pensait à l'infortunée Aline dans ce moment, elle aussi avait été jetée de la sorte sur le pavé de Paris.

Le vieillard continua :

— Oui, par une nuit sombre, je descendis furtivement dans la rue, tenant un paquet sur les bras, et au détour d'une des voies de la capitale, je ne sais plus laquelle, j'eus la barbarie de déposer mon enfant au coin d'une borne..... et de m'enfuir après comme un malfaiteur que j'étais. Dire que ma main ne trembla pas en commettant ce sacrilége serait mentir, mais la crainte des préjugés du monde l'emporta.....

Il y a plus de vingt ans aujourd'hui, monsieur le notaire, que j'ai fait cela, et, depuis deux ans seulement, je remue ciel et terre pour savoir ce qu'est devenu ce pauvre petit être..... a-t-il succombé, vit-il encore ?.... je ne sais.

Cependant je voudrais réparer mon forfait autant que possible, avant de mourir.

J'arrive à la question de droit, maître Gaillard, puis-je reconnaître cet enfant bien qu'il ne soit pas présent ? puis-je encore l'instituer mon légataire universel ? car, après moi, on peut encore le retrouver, qui sait ?.... alors il pourra porter le nom qui lui appartient et réclamer la fortune que lui doit son père.

Me Gaillard hocha la tête.

— Monsieur le comte, répond-il, retrouver l'enfant, après vingt années, est chose fort improbable. Maintenant, dans le cas où il existerait, quelles preuves aurions-nous de son identité ?

— Attendez, monsieur le notaire ; après ma mort on pourra donner de la publicité à mon testament ; je joindrai une pièce probante pour secourir vos investigations. Si l'enfant existe, certaines particularités vous aideront..... celle-ci, par exemple.

En même temps le comte de Romagnieu sortit d'un portefeuille, caché sous son oreiller, un carré de papier plié en quatre.

— Qu'est-ce que cela ? dit Me Gaillard, en examinant la pièce.

Fortuné s'est approché, un éclair illumine ses traits. D'une main convulsive, il arrache au notaire la preuve sur laquelle le moribond fonde un si grand espoir.

— Ah çà ! que vous prend-il, monsieur Fortuné ? dit M⁰ Gaillard avec gravité.

— Oh ! murmure le jeune homme, en se laissant retomber sur sa chaise.

Il ne peut en dire davantage, il ressent une telle émotion qu'il est près de se trouver mal. Fortuné s'efforce de surmonter son agitation, et se précipitant vers le vieillard, les yeux humides, il s'écrie :

— Monsieur le comte, le ciel a exaucé vos vœux... votre enfant existe... il vit, entendez-vous... je le connais... il sera près de vous tout à l'heure.

M. de Romagnieu examine le jeune homme avec incrédulité.

— Vous ne me croyez pas, continue Fortuné, mais si je vous avais raconté l'histoire de la jeune fille dont je parle, si je vous avais entretenu de l'autre fragment de l'almanach des 500,000 adresses, avant d'avoir entrevu celui-ci... alors vous ne mettriez nullement en doute mon affirmation, n'est-ce pas ?

L'accent du clerc de M⁰ Gaillard frappe le vieillard, le doute commence à se glisser dans son esprit, il pâlit, sa figure se décompose.

— Parlez, jeune homme, s'écrie-t-il, parlez, quelle est cette jeune personne que vous connaissez, car l'enfant était, en effet, du sexe féminin, et je ne crois pas vous l'avoir dit encore ?

— La malheureuse enfant dont je parle a été

trouvée, par une froide nuit d'hiver de l'année 1844, sous les piliers des Halles... et l'on découvrit, attaché à sa petite robe, le fragment de feuillet qui se rapporte à celui-ci.

— Mais alors, interrompt le notaire, il est de toute nécessité que cette personne soit amenée devant monsieur le comte, et nous prendrons connaissance de son état civil, auquel on a dû annexer le document opime.

Le moribond n'y tint plus.

— Doute horrible ! fit-il, est-elle réellement ma fille, celle-là ?... et cependant vous me dites des choses qui sont vraies et que je n'ai point rapportées dans mon récit... effectivement, je m'en souviens, c'était près des Halles !... Mais courez... courez vite, monsieur, amenez-la moi... Oh ! si je la retrouvais... et quel nom a-t-elle... que fait-elle ?

— On l'appelle Aline, monsieur le comte, elle est ouvrière fleuriste.

— Ouvrière ! articule le vieillard avec un accent douloureux.

— Et elle habite chez une brave dame du nom de Bernard.

— Madame Bernard ! madame Bernard ! reprend le comte.

Fortuné disparaît, Me Gaillard trouve le temps de lui glisser ces mots à l'oreille :

— Hâtez-vous, le comte est excessivement mal, les émotions pourraient précipiter la catastrophe.

Exprimer les sentiments divers dont Fortuné est assiégé ne peut se rendre. Pour lui Aline et la fille du comte de Romagnicu ne font qu'une. L'important était d'établir de suite l'identité de la jeune femme.

Il prend une voiture et donne au cocher cent sous de pourboire, en l'invitant à dévorer l'espace ventre à terre.

Arrivé à destination, Fortuné se précipite dans l'escalier et frappe à la porte d'Aline.

— Elle n'y est pas, répond madame Bernard intervenant, vous la trouverez à l'atelier.

— J'y cours, madame.

— Qu'avez-vous ? votre figure est sens dessus dessous !

— En effet, j'ai une si grande nouvelle à lui apprendre.

— Une grande nouvelle.

— Son père est retrouvé et se meurt.

— Ah ! mon Dieu.

— Oui, Aline est la fille du comte de Romagnieu.

Fortuné, en achevant sa dernière phrase, a descendu l'escalier, il n'a pas entendu l'exclamation de madame Bernard, mais, arrivé en bas, il se retrouve avec elle.

— Monsieur Fortuné, s'écrie la brave dame, vous avez prononcé tout à l'heure un nom que je vous prie de répéter.

Le jeune homme désigne de nouveau M. le comte de Romagnieu.

— Et il demeure ? réplique madame Bernard.

— Rue du Bac, 17.

Nous savons qu'une voiture attend le clerc de notaire, il y monte et se fait conduire à l'atelier où il apprend que la fleuriste est partie la veille au soir pour Saint-Ouen. Malgré l'invraisemblance de cette histoire, le jeune homme est forcé de se rendre à l'évidence, Henriette lui affirmant la chose.

— Comment sortir de là? pensait-il; courir à Saint-Ouen et m'informer... mais si le comte meurt durant cet intervalle... sort funeste ! nous arriverons peut-être trop tard.

Prenant aussitôt son parti, Fortuné trace quelques lignes à l'adresse de M⁰ Gaillard pour l'informer de ce contre-temps, puis il donne un second pourboire au cocher en l'invitant à courir rapidement vers Saint-Ouen.

Une fois en route, il s'était dit :

— J'ai peut-être tort de m'en aller de ce côté, cependant la première inspiration est toujours la bonne, dit-on, suivons-la.

Il ne comprenait rien encore à cette aventure. Henriette a raconté qu'un commissionnaire est venu la veille au soir trouver son amie de la part de Fortuné, qu'un fiacre s'est arrêté à six heures rue Saint-Denis, que la jeune femme y est montée et que depuis on n'a plus eu de ses nouvelles. Mais la grave confession du vieillard l'absorbe au point qu'il ne cherche même pas à démêler l'énigme de Saint-Ouen.

Ne suspendons pas l'attention du lecteur en rapportant des détails oiseux. Disons simplement que Fortuné entra dans toutes les auberges de Saint-Ouen en demandant si une dame n'était pas arrivée la veille seule en voiture.

Personne ne sut lui répondre, et il s'en retournait

à Paris lorsque, en désespoir de cause, il s'informa auprès du gardien du pont.

— En fait de fiacres, lui répond l'homme, il en est passé un hier, effectivement, avec une dame... et même que les gendarmes ont emmené cette personne, le cocher et la voiture.

— Ce n'est pas cela, interrompt Fortuné.

— Attendez, monsieur ; on dit que cette femme avait ici rendez-vous avec un homme... l'homme a été noyé on ne sait comment, et ils ont arrêté la femme

— Tout cela m'est bien égal, mon brave, merci.

— On ajoute que c'est une fleuriste du Faubourg-Saint-Denis.

Fortuné tressaillit.

— Vous dites ?

— Que c'est une ouvrière fleuriste.

— Ciel ! s'écrie le jeune homme devenu blême, c'est Aline.

— Oui, monsieur, c'est ce nom-là.

Il pensa devenir fou en entendant cette révélation. Quoi ! Aline le trompait ! Elle travaillait soi-disant, mais elle venait en cachette à Saint-Ouen. Malédiction ! une accusation terrible pèse, à présent, sur elle.

— Mais non, c'est impossible, elle n'est ni menteuse, ni criminelle, et cependant des preuves l'accablent... que faire ?.. où aller ?.. à qui s'adresser ?

Le pauvre désespéré voit le maire et acquiert la certitude que la nommée Aline, ouvrière fleuriste, a été arrêtée, avec un cocher, sous la prévention de complicité de meurtre sur la personne d'un jeune homme noyé dans la Seine, mais dont le corps n'a pas pu être retrouvé. Les prévenus ont été dirigés, par la gendarmerie, sur le dépôt de la préfecture de police

Ces démarches ont pris un temps considérable, et lorsque Fortuné est de retour à Paris, il y a juste six heures qu'il a quitté le vieillard.

Peut-il lui conter ces incidents ? non, rien que le récit de cette aventure serait capable de faire revenir le moribond sur ses premières intentions. Un père coupable et repentant veut bien reconnaître son enfant, mais il repoussera assurément une fille traînée en cours d'assises, sous l'inculpation d'assassinat.

La situation est horrible. néanmoins Fortuné ira jusqu'au bout.

A la préfecture de police, vu l'heure avancée, Fortunée a une peine inouïe à trouver quelqu'un à qui s'adresser. Enfin il est introduit auprès d'un homme de bureau auquel il parle d'une dame arrêtée, d'affaires urgentes, de dispositions *in extremis*, etc... puis il termine en sollicitant sa mise en liberté provisoire.

— Vous dites une dame ? répond l'employé de la rue de Jérusalem, mais on n'a pas arrêté de dame ; la gendarmerie appréhenda hier au pont de Saint-Ouen une fille du nom d'Aline, se disant ouvrière fleuriste, et qui n'est en réalité qu'une coureuse de bals fort connue de la police des mœurs... voyez si c'est votre affaire.

— Monsieur, répond Fortuné blessé au cœur, je vous dirai que cette *fille* est mandée par son père mourant, M. le comte de Romagnieu.

L'employé sauta au plafond.

— Mais, monsieur, on se sera trompé sans doute... une ressemblance, une similitude de nom. Néanmoins satisfaire à votre demande est chose concernant le parquet. Nous sommes impuissants... je regrette, adressez-vous au garde des sceaux, ministre de la justice...

— Puis-je au moins la voir, monsieur ? continue Fortuné au désespoir.

— Les prévenus sont au dépôt.

L'employé se sentait très-mal à l'aise, ses attributions ne lui permettant pas de prendre sur lui une aussi grave mesure, puis il engagea Fortuné à rédiger séance tenante une requête en vue d'expliquer les circonstances exceptionnelles de l'affaire.

Force lui fut ensuite de se retirer.

En proie à l'inquiétude la plus vive, Fortuné court rue du Bac.

Hélas ! les domestiques de M. le comte de Romagnieu lui apprirent que leur maître avait rendu le dernier soupir à six heures du soir.

XXXI

L'EXPIATION

> « Mané, Thécel, Pharès. »
> (Festin de Balthazar.)

Madame Bernard n'eût pas été plus vite quand elle eût eu des ailes. Sitôt que Fortuné l'eût quittée pour courir sur les traces d'Aline, la bonne dame elle-même s'empressa de se rendre rue du Bac, 17, chez le comte de Romagnieu.

On ne voulait pas, tout d'abord, la laisser entrer ; mais elle mit en avant des affaires si importantes à communiquer au maître du logis, que les portes s'ouvrirent à deux battants.

— Annoncez madame Bernard, dit-elle.

Le notaire est toujours là. Au nom de « Bernard » le moribond a essayé de se soulever, pâle, l'œil atone ; une sueur froide perle sur son front décharné.

— Madame Bernard, madame Bernard ! s'est-il écrié.

— Oui, monsieur le comte, interrompt celle-ci, c'est moi ; je me suis empressée d'accourir à la nouvelle de votre maladie.

Le vieillard eut comme un tressaillement convulsif.

— Madame, fit-il d'un accent douloureux, la dernière fois que je vous vis, ce fut dans une terrible circonstance... il y a longtemps de cela.

— Hélas! monsieur le comte, vous l'avez dit, la pauvre enfant que j'adorais, que vous connaissiez, n'était plus.

— Vous n'avez jamais su la vérité, reprend avec force le comte, mais le moment des révélations est arrivé. Cette jeune fille mourut, madame, en donnant le jour à un enfant.

— Que m'apprenez-vous! dit madame Bernard.

— La triste réalité, et cet enfant, dont personne ne connut la naissance alors... j'en étais le père. .

Madame Bernard crut rêver.

— Oui, continua M. de Romagnieu, la fille de la pauvre morte a été abandonnée à la charité publique.

— Infamie!

— Vous l'avez dit ; mais, par un hasard miraculeux, on m'annonce qu'elle vit, qu'elle est retrouvée... dans quelques minutes, elle sera ici.

— Et cette jeune fille se nomme?

— Aline.

— Ciel! M. Fortuné m'a parlé de cela, je ne pouvais en croire mes oreilles... et cependant, cette ressemblance frappante m'explique tout... Monsieur le comte, je la connais aussi, cette Aline, votre enfant... elle est le portrait vivant de sa mère

— Mon Dieu ! murmura faiblement le vieillard.

— Regardez, monsieur le comte, interpella madame Bernard, en sortant un médaillon de son sein, voici le portrait de la mère.

— Oui, c'était bien cela, poursuivit-il ; pauvre ange ! quelle douceur dans les yeux, quel ineffable sourire !... Ah ! si belle et si bonne...

Le malheureux couvrit de baisers la froide image, tandis qu'un sourire impalpable errait sur ses lèvres à demi-mortes.

— Prenez cela, maintenant, et comparez.

Madame Bernard présentait une photographie d'Aline.

Le comte de Romagnieu la dévore des yeux. Il ne peut parler, comme hébété il examine alternativement le médaillon et la photographie.

Cet atavisme est la plus éloquente des preuves.

— Monsieur le notaire, Aline, mon enfant, ne parait point... si nous rédigions toujours les deux actes... en ce qui concerne mon testament :

« Je donne et lègue à mademoiselle Aline, ma fille, ma fortune entière et mes biens, quels qu'ils puissent être, dont je puis disposer, révoquant par ce présent toutes dispositions antérieures. »

Mᵉ Gaillard prit la plume et procéda d'abord à la confection d'un acte, par lequel M. le comte Gaston de Romagnieu reconnaissait pour sa fille mademoiselle Aline, ouvrière fleuriste, âgée de 22 ans, demeurant à Paris, etc.., née l'an 1844, etc., etc.

Le testament est établi ensuite, le tout en présence de témoins que l'on avait pris n'importe où.

D'une main convulsive, le vieillard signe les deux titres qui assurent à l'enfant trouvée, à l'ancienne étudiante, à l'ouvrière, le titre de comtesse de Romagnieu, l'écu *d'azur au lion d'or, armé et lampassé*... et les 25,000 livres de rentes, dont jouissait le dernier membre de cette illustre famille.

Aussitôt le départ de Fortuné, M⁰ Gaillard a mandé un clerc de son étude, il l'a envoyé d'urgence prendre copie de l'acte de naissance d'Aline. Les recherches devaient porter sur les actes enregistrés en décembre 1844, Aline ayant été recueillie à cette époque, du côté des Halles.

Effectivement, l'envoyé de M⁰ Gaillard revenait au bout de deux heures, nanti d'une expédition de l'état civil de la jeune femme. Le fragment de feuillet de l'almanach se trouvait annexé aux registres, et mention en était faite dans l'acte.

Le comte de Romagnieu n'avait eu qu'une crainte. Cette Aline, dont on lui parlait, était-elle réellement l'enfant trouvée en décembre 1844? L'arrivée de madame Bernard et la production des deux portraits ne laissaient plus subsister le moindre doute dans l'esprit du comte.

— Monsieur le notaire, je puis mourir tranquille à présent, répétait le vieillard avec bonheur... Mais elle ne vient pas !... Y a-t-il longtemps que vous la connaissez, madame Bernard ?

— Six mois à peine, monsieur le comte ; la pauvre demoiselle était malade...

— Elle était malade ! gémit le moribond.

— Si malade même, que les médecins la condamnèrent.

Le vieillard tordit ses mains de désespoir

— Elle était malade, condamnée, et moi je ne pensais pas à elle, mon enfant ! Oh ! je suis un grand coupable.

— Non, monsieur le comte, vous n'êtes pas coupable, mais vous avez été malheureux.

Il tourne vers M⁰ Gaillard, qui venait de prononcer ces mots, un œil languissant, comme pour le remercier.

— Oui, monsieur le notaire, je suis né sous une mauvaise étoile. La mère mourut pour moi, l'enfant fut misérable à cause de moi... Me pardonnera-t-elle, au moins, ma fille ?

— Elle vous bénira, monsieur le comte, fit madame Bernard, parce qu'elle est juste et bonne.

— Elle est bonne, elle est juste !... Ah ! vous avez raison, madame ; non-seulement elle a le visage de sa mère, mais elle en a le cœur... Elle n'arrive pas, mon Dieu ! ayez pitié de mes souffrances !... Je ne veux cependant pas mourir avant de l'avoir embrassée, avant d'implorer mon pardon... Ce n'est pas à elle à recevoir la bénédiction d'un père mourant, c'est au père à recevoir l'absolution de ses mains...

Le docteur survint. L'état d'exaltation du comte l'effraya ; les progrès du mal arrachèrent à l'homme de l'art un aveu pénible, lorsque le comte lui demanda :

— Croyez-vous que je doive réclamer les secours de la religion?

— Il vaut mieux trop tôt que trop tard, monsieur le comte, fit le docteur avec angoisse.

C'était l'ami dévoué de M. de Romagnieu.

Me Gaillard se retire en emportant l'acte de légitimation et le testament.

Autant que possible, il essaya de calmer le malheureux vieillard, que ces atermoiements torturaient ; mais ce dernier lui répondit :

— Votre main, cher monsieur, que je la presse... C'est la dernière fois que nous nous voyons... je le sens. Je vous recommande mon enfant, Aline... évitez-lui les procès. Je veux m'éteindre avec l'assurance qu'elle sera heureuse.

— Reposez-vous de ce soin sur moi, monsieur le comte ; mademoiselle Aline de Romagnieu était votre fille devant Dieu, depuis une heure elle l'est pour toujours devant les hommes.

— Merci, monsieur, prononce doucement le moribond.

A partir de cet instant, le pauvre vieillard eut le délire ; il balbutia des mots sans suite.

Madame Bernard, entourée des serviteurs du comte, s'efforçait d'adoucir ses derniers moments. L'agonie fut affreuse. Dans ce dernier combat de la nature contre la mort, par intervalles, il soulevait sa tête chenue sur l'oreiller :

— Aline! criait-il, Aline, ma fille, viens... Je suis ton père... ne me repousse pas... Tu m'en veux?...

C'est mal ! Tiens... je suis à tes pieds... je te demande pardon.

Puis il retombait dans une somnolence passagère, jusqu'à nouvel accès. Alors la même scène déchirante se reproduisait.

On ne recevait aucune nouvelle de Fortuné, Aline ne paraissait pas, et le malheureux comte de Romagnieu expira dans les bras de madame Bernard, en prononçant le nom de sa fille, qu'il n'eut pas la consolation d'embrasser.

XXXII

LA COMTESSE DE ROMAGNIEU

> « *D'azur au lion d'argent armé et*
> « *l impassé de gueules, couronné d'or*
> « *à l'antique.* »
> (ARMORIAL DU.....)

Nous avons abandonné Aline dans une maison de Saint-Ouen, où pâle, échevelée, hors d'haleine, elle criait à l'aide.

Au lieu de se porter au secours du noyé, le propriétaire de l'auberge s'est rendu chez le maire, pour l'informer de l'événement. En route il rencontre deux gendarmes en tournée et leur fait part de la catastrophe. Les militaires se transportent du côté d'Aline. Ils l'interrogent et dressent procès-verbal. Les réponses de la jeune fille leur semblent ambiguës, de plus le désordre de sa toilette ne plaide nullement en sa faveur

Aline et le cocher sont mis en état d'arrestation et expédiés au dépôt de la préfecture de police.

En remontant dans la voiture, Aline se sent prise d'un serrement de cœur horrible.

— Est-il possible! s'écrie-t-elle; non-seulement je suis attirée ici dans un piége infâme, je subis la violence de Brisebois, mais encore on me traîne en prison sous l'inculpation d'un crime.... Dieu est juste, il fera connaître aux juges mon innocence, la vérité percera, car enfin on ne condamne que les coupables.

Le malheureux cocher, lui aussi, n'est pas à son aise. Autant qu'Aline, il a intérêt à ce que la lumière se fasse sur le lugubre épisode de la soirée.

Arrivés à la préfecture, les deux prisonniers subissent un interrogatoire. Aline indique son nom et sa profession.

— Je vous connais moi, interpelle tout-à-coup un des assistants, vous vous dites ouvrière fleuriste, ce n'est pas de ce travail-là que vous vivez.

— Monsieur, répond-elle en tremblant comme la feuille, on peut s'informer à mon atelier.

— Votre atelier, interrompt l'homme, c'est Bullier et les *caboulots* du quartier latin.

— Mais, monsieur, qui êtes-vous donc?

— Je protége les mœurs.

Aline pâlit affreusement, et fait un mouvement de dégoût.

— Oui, la belle! poursuit l'homme; ainsi vous voyez qu'il ne sert à rien de nous *la faire*.... Je m'y connais et si vous sortez d'ici, j'aurai l'œil sur vous.

—Oh mon Dieu, pense la malheureuse, que Fortuné n'est-il ici ! on ne me traiterait pas de la sorte devant lui... mais je ne suis qu'une femme et cet individu me connaît.

Aline avait raison de redouter cet homme.

Les attributions de ce fonctionnaire sont connues et l'on se garde de confondre l'employé de police en uniforme, qui veille à l'ordre de la rue, avec certains salariés dont la mission consiste à réprimer les abus d'une prostitution brevetée comme à l'administrer.

Se rencontrera-t-il donc sans cesse de ces êtres endurcis et sans virilité pour qui la femme n'est qu'une chose, un gibier qu'on traque, une proie qu'on saisit !

Une forme humaine s'embusque, par une froide nuit d'hiver, au coin de la rue. C'est *lui*.

Il attend, la tête enfouie sous le col crasseux d'une redingote boutonnée et les rats des égoûts ont fui à son approche.

Une jeune fille paraît comme une vision, timide, le teint hâve, l'œil éteint, le visage amaigri par la souffrance et les privations ; la misère hideuse, l'âpre faim toujours assise à votre table, une mère qui vous roue, un père qui se grise, c'en est assez pour fuir le toit inhospitalier.

Et voilà comment la frêle créature a été induite à errer à cette heure, sur le pavé de la grande ville.

Si le bon ange se présente, elle le suivra ; si le démon le devance, elle le suivra aussi.... il faut manger.

Et dire que nous avons des missionnaires qui font la moitié du tour du monde et s'en vont par delà l'Asie pour sauver des petits Chinois tandis que, dans le pays qui se place à la tête de la civilisation, nous apercevons l'homme cité plus haut. Contraste écœurant !

Le préposé à la *morale publique* a vu la femme accoster un jeune homme qui passe, elle a faim. Le jeune homme ne s'est pas arrêté, mais le gardien de nos vertus a bondi comme un chat-tigre. Il a saisi, dans ses serres de vautour, le corps diaphane de la jeune fille.

Elle sent près de son visage le souffle empesté de l'oiseau de nuit.

— Que me voulez-vous ? s'écrie-t-elle en se débattant.

— Je vous emmène, parbleu !

— Et pourquoi ? je n'ai pas volé

— Je t'apprendrai qu'il n'est pas besoin de voler pour aller passer une quinzaine à Saint-Lazare.

Le vandale emporte son butin ; il est tard, les citoyens sont couchés ; pas de danger qu'un cœur compatissant vienne s'interposer.

Et la farce est jouée.

Huit jours plus tard, la pauvre enfant est immatriculée sur d'immondes tablettes et condamnée pour la vie à traîner un boulet infâme.

Il n'y a pas de réduction de peine pour les forçats de la prostitution.

Mais la femme *honnête* est préservée, assure-t-on, par ce moyen, des séductions. Et la santé publique? Ah! comme elle s'en trouve bien! Et les maris donc? L'adultère a déserté les ménages depuis la merveilleuse trouvaille de la prostitution tolérée et brevetée. Et la jeunesse? Comme ça la sauvegarde de la corruption, l'institution de ces hideux repaires, de ces asiles de turpitude où le vice est enseigné à tant le cachet!

En voulant tout réglementer, même l'immoralité, on ne circonscrit pas le mal, on l'aggrave.

Laissons donc les hommes libres, de crainte qu'on ne dise de nous ce qu'on a dit des Romains, lorsque la dépravation des mœurs florissait :

« Vous êtes un peuple en décadence. »

J'adjure le lecteur de me permettre de détourner les yeux de cet épouvantable tableau, véritable cloaque où croupissent tant d'ordures sociales. Retournons auprès d'Aline.

Elle fut jetée au dépôt, avec des voleuses et des récidivistes.

Nuit affreuse! Vingt fois elle a été sur le point de faire connaître, à Fortuné et à madame Bernard, sa situation; mais la honte de l'aveu, la crainte de compromettre ces amis chers l'ont empêchée de tenter cette démarche.

Toujours elle espère que les portes de son cachot vont s'ouvrir, qu'on lui dira : « Allez, vous êtes libre, » puisqu'elle est innocente.

Une nuit, un jour d'angoisses se passent, rien!... Plusieurs fois, les geôliers sont venus tirer des prisonniers de leur sépulcre, et à chaque grincement des verrous le cœur d'Aline bat à tout rompre... mais ce n'est jamais son tour.

— Allons, il faut coucher encore une nuit dans cette sentine infecte, avec d'horribles compagnes de captivité, pensait Aline ; j'entendrai quelques heures de plus leurs propos odieux, leurs plaisanteries lascives.

Ce voisinage surtout la contristait profondément.

On lui refusa de la transporter ailleurs. Il fallut se résigner.

— Ça sera pour demain, ma poulette, fit à Aline une femme déguenillée, contaminée par la vermine et à figure atroce ; nos places sont retenues pour *le panier à salade* (1) de demain, et l'on nous prépare des chambres à Saint-Lazare : on y est plus *chouettement* qu'ici, mais il faut *turbiner* (2), là-bas.

Ce langage glace Aline d'épouvante.

— Et voilà les compagnes qu'ils me destinent ! songeait-elle en pleurant à chaudes larmes.

Il y a juste quarante-huit heures qu'elle est enfermée au dépôt, lorsque la porte s'ouvre : un homme s'approche.

Aline est plus morte que vive.

— Mon tour est arrivé ? dit-elle en gémissant. Je suis prête.

Mais le porte clés se tient à distance respectueuse.

---

(1) Voiture cellulaire.
(2) Travailler péniblement à tourner la roue. On appelle *turbine* une roue à hélice mue par un courant d'eau

— Vous êtes libre, mademoiselle, fit-il le chapeau à la main.

— Comment! s'écrie Aline, vous êtes sûr? Mon Dieu! quel bonheur!

Aline a bondi comme une chèvre légère, les gardiens se rangent sur son passage; plusieurs s'inclinent profondément et la regardent avec curiosité; on l'introduit dans le bureau où elle a subi son interrogatoire.

— Mademoiselle, lui est-il dit, une ordonnance de non-lieu a été rendue aux poursuite et diligence de vos amis; il n'y a pas eu de meurtre commis à Saint-Ouen, puisque la personne tombée à l'eau déclare elle-même au parquet que sa mésaventure est le résultat d'un accident fortuit. Nous sommes désolés qu'une erreur des plus regrettables, un soupçon mal fondé ait amené ici une personne de votre rang. Mais en apprenant qu'il ne s'est noyé aucun homme à Saint-Ouen, nous savions seulement qui vous étiez.

Aline crut à une vision ; une *personne de votre rang!* et puis, Brisebois s'était donc tiré tout seul de l'abîme !

— Au surplus, mademoiselle, ajouta-t-on, quelqu'un est là qui vous atend,

Fortuné reçoit Aline dans ses bras; il l'entraine ; une voiture stationne sur la place Dauphine. La jeune femme veut entreprendre le récit de sa triste aventure.

— Je sais tout, répondit-il; maintenant, je vous ferai une question : Vous sentez-vous assez forte pour apprendre une nouvelle capable de faire devenir fou de bonheur?

— Fortuné! s'écria Aline, ton air solennel m'effraie... pourquoi me dire *vous?*

— Parce que vous allez peut-être agir de même avec moi.

— Jamais, jamais, Fortuné, je t'aime trop et...

— Si vous aviez vingt-cinq mille francs de rentes, si vous étiez la fille d'un grand seigneur, si vous vous appeliez mademoiselle la comtesse de Romagnieu?...

— Quelle plaisanterie, Fortuné; quand même je serais reine, je ne t'en aimerais pas moins... A présent, voyons la nouvelle.

— La nouvelle, je viens de la dire... votre père est retrouvé, vous êtes riche, vous êtes comtesse, vous êtes...

— Fortuné, c'est mal de rire à mes dépens.

— Aline, sur l'honneur, je jure que je parle en cet instant à mademoiselle la comtesse de Romagnieu...

Malgré les circonlocutions mises en œuvre par Fortuné, l'émotion fut encore trop forte. Aline se trouva mal.

La voiture s'arrêta, Fortuné demanda un verre d'eau sucrée dans un café et ranima la jeune femme.

Mais avant de la conduire rue du Bac, il voulut encore la préparer à apprendre la mort de son père.

Il y avait bien de quoi faire perdre la tête à la pauvre fille. Jamais, pensera-t-on, soldat élu au rang d'empereur, jamais aveugle à qui la lumière est rendue, jamais condamné à mort à qui on fait grâce, n'ont n'éprouvé un bonheur plus accentué que celui dont Aline se trouva inondée par cette révélation inattendue.

Eh bien, non ! une chose étonna Fortuné, c'est le calme avec lequel la jeune fille envisagea sa nouvelle position. Le titre de comtesse surtout ne l'enorgueillit pas outre mesure. En cela elle faisait preuve de bon sens et de sagesse.

La vraie noblesse n'est-elle pas la noblesse du cœur ? Dieu merci, nous n'appartenons plus à ces sociétés qui mesuraient la valeur individuelle au nombre des quartiers, ou à une généalogie infinie.

On connaît la réponse qu'un jeune abbé fit à François Ier, elle est toujours bonne à citer, comme le meilleur argument à opposer aux contradicteurs. Le monarque chevaleresque voulant élever l'abbé à certaine dignité ecclésiastique, lui demanda quelle était son origine.

— « Sire, répondit-il, ils étaient trois fils de Noé
« dans l'arche, je ne sais pas au juste duquel des trois
« je descends. »

Aline se réjouissait plutôt à l'idée de se voir à la tête d'une fortune, on devine aisément pourquoi : elle pensait à Fortuné et avait foi dans son héritage pour décider la famille de son amant à ne plus mettre obstacle à leur mariage.

C'était prouver une certaine connaissance des replis du cœur humain.

Dès que Fortuné eut introduit Aline dans l'appartement du comte de Romagnieu, il ne l'appela plus que mademoiselle la *comtesse*, et les domestiques s'inclinèrent bien bas devant elle.

Une fois en présence du cadavre de son père, elle s'agenouille si naturellement, et prie avec une telle ferveur que les assistants sont émus.

Les yeux baignés de larmes, elle se relève lentement et considère les traits décomposés du vieillard. Les mains crispées du mort tenaient quelque chose, l'attention de la jeune femme fut attirée de ce côté.

C'était le médaillon et la photographie dont le malheureux n'avait pas voulu se séparer à l'heure suprême. Aline crut reconnaître ces objets, et en se retournant elle aperçut madame Bernard.

— Mademoiselle la comtesse, lui dit celle-ci en la pressant sur son cœur, vous venez de prier pour votre père qui n'est plus, vous pourrez désormais prier pour votre mère, morte également... Ce médaillon renferme son portrait et j'étais la gouvernante de votre mère.

— Vous avez connu ma mère, vous pourrez me parler d'elle! murmure Aline. Oh! Dieu juste et bon!

Et les deux femmes, mêlant leurs larmes, se tiennent toujours embrassées.

Mᵉ Gaillard est annoncé sur ces entrefaites.

— Mademoiselle la comtesse, fit-il en entrant, vos parents, informés par mes soins de la mort de monsieur votre père, seront ici dans une heure et l'on procédera à l'ouverture du testament.

Madame Bernard n'est point restée inactive depuis que ces événements incroyables se sont accomplis. Elle fait passer Aline dans une pièce voisine, salon richement meublé. Là se trouve une toilette de deuil complète dont elle revêt la jeune comtesse.

Cette dernière n'a pu s'empêcher de dire :

— Comme c'est beau ici !

— Oui, et tout cela est à vous, mademoiselle, répond madame Bernard avec une intention marquée.

— Ah ! interrompt négligemment Aline, c'est vrai... tiens ! ces portraits de grands personnages.

— Vos aïeux, mademoiselle la comtesse.

Et Aline les contemplait comme si elle les eût reconnus.

— Décidément, pense madame Bernard, elle était digne de devenir comtesse de Romagnieu.

Dès qu'elle fut prête, madame Bernard la conduisit dans une autre chambre où M⁰ Gaillard attendait avec trois personnes.

— Mes parents, songea la comtesse ; ayons du courage..... montrons-nous digne du nom que je porte.

Un neveu et deux cousins, tels étaient les seuls parents connus du comte de Romagnieu. Depuis de longues années ces messieurs ne voyaient plus le vieillard morose, qui du reste les avait pour ainsi dire congédiés. Ils n'attendaient donc qu'une seule chose de lui : son héritage.

L'apparition de cette jeune femme de noir habillée glaça d'épouvante les bons parents. Ils se regardèrent tous trois, avec un effroi mêlé de surprise, mais ils se levèrent et saluèrent.

— Maintenant, messieurs, fit le notaire, avant d'ouvrir le testament, je crois devoir vous dire que M. le comte de Romagnieu n'est pas décédé sans enfants, comme on le croyait.

Comment! s'écrièrent les trois voix n'en faisant qu'une, et trois regards de bête féroce poignardèrent Aline, qui baissa les yeux en rougissant.

—C'est l'exacte vérité, messieurs, car voici mademoiselle la comtesse de Romagnieu.

Cinquante bombes éclatant à l'improviste au milieu de ces déshérités n'eussent pas produit un effet plus terrifiant.

— Ceci demande une explication, s'écrièrent-ils en chœur.

— D'abord l'illustre défunt ne se maria jamais, que je sache, ajouta l'un d'eux.

— Enfin, dit un autre (le neveu), mon oncle, de son vivant, m'a toujours promis de me faire jouir, après sa mort, par substitution, du titre de comte de Romagnieu.

— Messieurs, reprend Mᵉ Gaillard, écoutez, je lis l'acte de légitimation de mademoiselle la comtesse de Romagnieu.

Les trois parents écoutèrent bouche béante et le notaire achevait à peine de leur donner connaissance du testament qu'ils se levèrent furieux.

— Nous attaquons ce testament, il y aura procès, c'est une infamie... un tissu de mensonges habilement groupés pour nous frustrer...

— Messieurs, interrompt sévèrement le notaire, vous oubliez que vous êtes chez mademoiselle la comtesse de Romagnieu et qu'elle entend vos propos. Je egrette que vous me mettiez dans l'obligation de vous e rappeler.

Ils se retirèrent tout penauds.

Quelques jours plus tard on pouvait lire dans les feuilles quotidiennes, à l'article « *Nécrologie.* » une biographie du comte de Romagnieu, et l'histoire de la reconnaissance tardive de mademoiselle Aline de Romagnieu s'y trouvait racontée avec maints détails.

Comme il y a toujours des gens disposés à se poser en thuriféraires de la fortune et de la noblesse, certains chroniqueurs vantèrent les grâces de la jeune héritière, son incontestable beauté, sa distinction hors ligne, son intelligence peu commune, etc., etc.

Ils pouvaient se tromper, mais on n'y regarde pas de si près, me direz-vous.

Cette histoire fut l'événement de la semaine, partout on ne parlait que d'Aline.

Une seule chose m'étonne, c'est que les folliculaires n'aient pas fait ce que je tente aujourd'hui :

Un roman avec ce sujet.

Les scellés furent apposés chez le comte de Romagnieu, de suite après son décès, et les obsèques ayant eu lieu, M⁰ Gaillard provoqua, en sa qualité d'exécuteur testamentaire, les jugements nécessaires pour mettre Aline en possession définitive des titres et de la fortune de son père.

Une fois seule dans ce vaste appartement de la rue du Bac, entourée des anciens serviteurs du comte et de madame Bernard, qui avait promis de ne pas la quitter, Aline tomba dans une tristesse profonde.

— Je suis comtesse maintenant, pensait-elle, j'ai

à dépenser dans une semaine plus que je ne gagnais jadis dans une année... Mais Fortuné ne m'aime plus! Il m'a fait entendre que nous ne devions pas nous revoir. Pourquoi cela? Ah! il faudra bien qu'il me donne une explication; je le veux. Oh! j'en mourrai, si Fortuné me délaisse.

Cette explication, la comtesse l'obtint.

— Fortuné, lui dit-elle avec émotion, tu ne m'aimes plus?

Le jeune homme courba la tête.

— Voyons, réponds-moi, continua la pauvre désespérée; je ne puis vivre sans toi, tu le sais...

Et elle reprenait avec ce ton câlin dont les femmes ont le secret :

— Non, tu ne voudrais pas réduire au désespoir ta petite Aline... Tu ne parles plus de notre mariage... J'ai une dot à présent... digne de toi, mon Fortuné... Tu écriras cela à tes parents, n'est-ce pas?... Allons, faisons la paix, embrasse-moi... Tu me repousses? Ce n'est pas bien de me faire pleurer... Non, je ne puis pas pleurer... Mais je souffre, vois-tu, je n'ai jamais été aussi malheureuse que maintenant.

Fortuné eut le cœur ulcéré, il répondit :

— Aline, nous serons désormais deux bons amis, il le faut... Je vous aurais donné mon nom lorsque vous étiez la petite ouvrière fleuriste, malgré mon père, malgré ma mère, malgré le monde, malgré tout; mon seul amour me guidait. Aujourd'hui, si j'épousais mademoiselle de Romagnieu, noble et riche, le monde dirait ce que vous avez dit tout à l'heure... « il y a une dot!... » Eh bien, non, cela ne se peut;

vous devez oublier Fortuné avec Aline, l'ouvrière fleuriste.

— Fortuné, vous m'épouvantez... Est-ce sérieux, ce que tu me dis?... Quoi! tu veux que j'oublie mon enfance, le temps où j'avais la misère pour compagne inséparable, le jour où je t'ai trouvé sur ma route comme l'ange gardien qui devait me sauver!... Oublier les années passées au travail, les bonnes camarades d'atelier!... je n'en suis pas capable. Et puis ne plus t'aimer ! allons donc, c'est impossible !

Fortuné fut inébranlable, il repoussa au-dedans de lui un amour dont il était maître et laissa la pauvre Aline fort agitée.

— C'est fini, songeait le jeune homme, je ne la reverrai jamais... Elle m'a fait de la peine... Il ne manquera pas de gens qui se présenteront pour la distraire. Bientôt je serai loin de son cœur sans doute, et j'aurai agi en honnête homme. Personne ne pourra me jeter au nez que j'ai spéculé sur l'héritage de la famille des Romagnieu.

XXXIII

CONCLUSION

« Vale. »

Depuis près d'un mois Fortuné n'a pas revu mademoiselle de Romagnieu ; cependant il ne saurait s'écouler une heure sans que le souvenir d'Aline vienne torturer son cœur.

Sur ces entrefaites, qui fut surpris ? Fortuné, un beau matin, lorsque son père se présenta chez lui.

— Mon père ! s'écrie le jeune homme, par quel hasard ?

— Ah çà ! embrasse-moi d'abord, mon cher fils.

— Vous ne m'en voulez donc plus ?

— T'en vouloir, et pourquoi ?

— Oh ! à cause de mes projets de.. mariage ; mais je vais vous satisfaire. Me ralliant à vos avis, j'y renonce... il n'en sera plus question... Tout est rompu, et je reste garçon... je ne me marierai jamais.

M. Rigobert parut consterné.

— Tu ne veux plus te marier, Fortuné? Cependant tu n'ignores pas que ta mère et moi désirons te voir établi; seulement nous sommes ambitieux, nous te voulons une femme riche et de bonne famille, et si tu trouvais cela... eh bien, tu aurais tort de te vouer au célibat.

— Mon père, vous m'adjurez d'épouser une femme riche... en ai-je le droit?

— Comment... mais je le crois bien. Tu paies de ta personne; tu es assez bien tourné, les femmes se prennent par les yeux... C'est à toi de faire le galant, et tu réussiras.

— Malheureusement, mon père, j'ai d'autres idées sur le mariage. Je ne tromperai jamais une femme.

— Je ne te dis pas de tromper la femme que tu courtiseras. Enfin, jouons à jeu découvert, j'en sais plus long que tu ne penses... Pourquoi as-tu brisé tes relations avec la personne dont tu fus épris si ardemment autrefois?

— Parce que... parce qu'elle est riche aujourd'hui, parce qu'elle est heureuse.

— Mon cher ami, tu es fou et tes raisonnements sont absurdes... Écoute, je connais l'histoire de mademoiselle de Romagnieu; si elle veut encore de toi, tu dois l'épouser.

— Mais, mon père, vous oubliez qu'elle a été ma maîtresse.

— Tu n'as que faire de dire cela à personne.

— Qu'elle n'a pas toujours mené une conduite exemplaire.

— Je défie âme qui vive de s'en souvenir à présent.

— Qu'elle n'a aucune instruction.

— On lui donnera des maîtres.

M. Rigobert eut beau dire, son fils avait des opinions trop arrêtées pour qu'il lui fût possible de l'entamer.

Des jours, des semaines, des mois se sont écoulés péniblement depuis la dernière entrevue de Fortuné avec Aline.

Une unique pensée assiégeait continuellement cette dernière : viendra-t-il ? Puis elle se creusait la tête en vain pour chercher un moyen de revoir son amant.

— Puisque ni mon nom ni ma fortune ne l'ont pu séduire... j'ai une idée... essayons... Je donnerai des réceptions, j'inviterai nos anciennes connaissances, de cette façon j'aurai de temps à autre de ses nouvelles.

Aline communique ses projets à madame Bernard.

Une circonstance se présenta tout à coup pour les faciliter.

Madame Graindorge mourut en laissant sa maison à sa jeune associée, Henriette, et bientôt Agnelet faisait part à ses amis de sa prochaine union avec la charmante fleuriste.

N'étaient-ils pas pris dans les engrenages de l'amour ?

Aline insiste tellement auprès d'eux qu'elle les décide à accepter chez elle le déjeuner de noce.

Il y eut dans la circonstance comme un complot de tramé contre Fortuné.

On ne l'avertit de rien, et force lui fut de se rendre chez mademoiselle de Romagnieu après la cérémonie.

Les vêtements de deuil de la comtesse formaient une gracieuse antithèse avec le blanc mat de sa figure ; ses yeux étaient mélancoliques ; un sourire imperceptible laissait apercevoir, lorsqu'elle entr'ouvrait ses lèvres, une double rangée de petites perles.

Aline, quoique triste et rêveuse, n'avait jamais été aussi belle.

Dès qu'il se trouva en face d'elle, Fortuné fut très-mal à l'aise.

La comtesse lui tendit la main en accompagnant son geste amical de ces mots :

— Vous allez bien ?

A ces simples paroles prononcées avec froideur, une pensée triste se fit jour dans le cerveau de Fortuné : Aline lui disait *vous !*

Cette réserve lui déplut, et cependant on se rappelle que lui-même s'était abstenu, le premier, de traiter Aline avec son ancienne familiarité.

La jeune femme ne plaça pas, à table, Fortuné à côté d'elle. Elle affecta même, durant le repas, de ne point le regarder.

Fortuné trouvait naturel cet éloignement, néanmoins il se sentit blessé au cœur par ce procédé.

Une chose le tourmentait extrêmement : près *d'elle* se trouvait un jeune homme inconnu ; ce jeune homme, distingué du reste, se montrait fort attentif auprès de la maîtresse de la maison, et celle-ci semblait trouver un certain charme dans ce voisinage.

— La vue de cet étranger m'obsède, pensa Fortuné,

mais il n'a pas l'air de produire le même effet sur Aline. Après tout, ceci la regarde .... avec son argent elle trouvera toujours des adorateurs. Oh ! tu es bien femme !

Après le déjeuner, le monsieur dont il s'agit offrit son bras à la comtesse et les convives passèrent au salon. Les mariés devant entreprendre un voyage le jour même, on remercia beaucoup mademoiselle de Romagnieu de sa fête charmante et l'on annonça qu'on allait se retirer.

Elle s'est assise, l'inconnu a repris son poste de courtisan derrière le fauteuil d'Aline, le même jeu continue absolument comme au déjeuner.

Tout soucieux, Fortuné observe, il croit un instant qu'*elle* lui jette un coup d'œil à la dérobée.

— Allons donc, se dit-il aussitôt, c'est une illusion. elle pense bien à moi maintenant ! c'est l'autre qui l'occupe.

Malgré lui, Fortuné est envahi d'une jalousie sombre pour cet étranger.

— Je ne puis aimer cette femme, cependant. songe-t-il; chassons ces images de mon esprit et fuyons...

Ce qu'il voyait le rendait trop malheureux.

Quelque chose le retient encore, il veut lui parler devant cet homme.

Aline vit de suite Fortuné se diriger de son côté. Elle eut assez d'énergie pour conserver une attitude impassible, mais au-dedans de son cœur, tout son sang reflua.

— Viens donc disait-elle; oh! je savais bien t'y amener.

— Je vous dis adieu, murmura Fortuné en proie à une émotion visible et en appuyant sur le mot adieu.

— Comment, déjà! reprit la comtesse avec indifférence; je voulais cependant vous présenter mon cousin, que voici... M. de la Ménardière.

Les deux rivaux échangèrent un regard étrange en se saluant. L'un et l'autre se détestaient cordialement. M. de la Ménardière n'avait pas été sans remarquer les distractions d'Aline et surtout l'attention qu'elle accordait aux moindres faits et gestes de Fortuné. De suite il s'était dit : voilà un compétiteur, ou je me tromperais fort.

Les candidats à la main d'une femme ont habituellement à trente ans cette clairvoyance.

Fortuné s'éclipsa.

A peine fut-il rentré chez lui, qu'il écrivit, d'une main fiévreuse, la lettre qu'on va lire :

« Aline,

« Il était inutile me faire assister au spectacle de
« vos amourettes avec M***. La plaisanterie est d'un
« goût douteux, mais je préfère mettre votre con-
« duite sur le compte de la légèreté que sur le soupçon
« d'un manque de cœur.

« FORTUNÉ. »

Cette lettre jetée à la poste, l'étudiant regretta sa démarche. Il allait peut-être faire de la peine à la pauvre fille.

Aline déplia cette lettre avec ardeur. Elle la dévora, la lut, la relut, la couvrit de larmes et de baisers.

— Il m'aime toujours ! s'écriait la jeune femme au milieu de transports de joie extravagants.

En pareille matière, l'histoire d'un seul est l'histoire de tous, à quelques variantes près. Aussi n'ai-je nullement l'intention de fatiguer l'esprit de ceux qui me feront l'honneur de lire ce dernier chapitre par les détails du rapprochement de Fortuné et d'Aline.

Il suffit de dire que ce rapprochement eut lieu.

Effectivement, Fortuné n'avait plus qu'une chose en vue : éloigner ce cousin et revoir la comtesse.

Jusqu'alors il avait simplement aimé Aline, aujourd'hui il était jaloux.

On l'a pressenti : peu de temps après, M. et madame Rigobert félicitèrent leurs fils d'être enfin rentré dans la voie de la froide raison en épousant une femme riche et de bonne famille.

— Je savais bien, répétait le pharmacien à qui voulait l'entendre, que notre Fortuné finirait par se débrouiller... Il faut que jeunesse se passe, c'est incontestable. Aussi a-t-il eu des maîtresses, comme les autres, seulement il n'a pas enterré la vie de garçon comme les autres, lui ; il a épousé la fille du comte de Romagnieu.

Fortuné et Aline avaient tenu à ce que leur mariage se fît sans pompe et sans bruit. A Paris, on n'en parla pas ; mais à Saint-Malo, les oreilles des dix mille habitants en tintèrent pendant six mois. C'est que les Rigobert étaient fiers de leur fils.

Ajoutons que la petite Kergomec eut la jaunisse à la suite de cet événement. . . . .
. . . .

Chers lecteurs, aimables lectrices, ma tâche est accomplie.

Si vous avez été choqués à certains passages de ce roman par des tableaux un peu sombres, par des scènes prises trop sur le vif de certaines mœurs mauvaises de notre siècle, ouvrez, avec moi, un livre que nous devrions tous conserver dans un écrin d'or : je désigne les *Pensées de Pascal*. Nous y lirons quelque part mon excuse :

« On se corrige quelquefois mieux par la vue du
« mal, dit le célèbre penseur, que par l'exemple
« du bien, et il est bon de s'accoutumer au mal,
« puisqu'il est si ordinaire, au lieu que le bien est si
« rare. »

Pardon, je n'ai pas encore terminé. Brisebois ne s'est point noyé à Saint-Ouen, c'est vrai ; mais une fluxion de poitrine a été la suite de sa mésaventure et le malheureux fut enlevé en quelques jours. Aline s'est informée depuis du lieu où gît sa dépouille, et chaque année elle dépose une couronne sur la pierre froide et verdie par la pluie. Il l'avait aimée.

Un jour Aline, se promenant au bras de son mari, faillit être renversée par une marchande d'herbes qui l'accrocha en passant avec sa hotte. La pauvre femme s'excusa de son mieux auprès de la dame ; puis levant la tête, elle poussa un cri de surprise... l'œil de feu de cette misérable a glacé Aline d'épouvante.

Elle vient de reconnaître Olympe !

Les maladies ont arraché un œil à la malheureuse, et le vice a labouré son visage de la façon la plus cruelle. Elle est affreuse à voir.

Fortuné soustrait sa femme à ce spectacle navrant, mais Aline a le temps de jeter sa bourse dans la hotte de l'herbière.

Nous en sommes quittes avec ces deux personnages quasi de mélodrame.

La Consolation a eu aussi une triste fin ; l'abus de l'absinthe le mena insensiblement vers Bicêtre, dont les portes se fermèrent sur lui pour l'éternité.

J'ai réservé pour le dernier paragraphe de plus douces images.

M. et madame Canulard vivent heureux en province ; ils ont pris la suite du commerce de leur père, et des petits Canulard sont nés.

Quant à la charmante Joséphine Pinson, elle a été demandée en mariage par le fils du patron de son père. Le soupirant ne court pas après les dots, il nage dans les flots aurifères d'un Pactole et n'a qu'une ambition : aimer sa femme. Or, il est épris de Joséphine, et celle-ci s'est énamourée du jeune homme.

L'union se fera, soyez-en sûrs, et M. Pinson, qui n'a jamais connu que les impériales d'omnibus, roulera un jour dans le coupé de sa fille cadette.

Madame Pinson mère reconnaît enfin que la simplicité et la douceur de Joséphine valent bien les grâces parfois arrogantes et dédaigneuses de sa sœur.

FIN DE LA JEUNESSE D'UNE FEMME.

TABLE DES MATIÈRES

	Pages
CHAPITRE I. Étudiants et Étudiantes	1
— II. Bullier	10
— III. Une Nuit au Quartier Latin	19
— IV. L'Odyssée d'Aline	29
— V. Une Affaire d'honneur	36
— VI. Le Duel	48
— VII. Ces Messieurs font la Noce	54
— VIII L'Ouvrière	67
— IX. L'Atelier des Fleuristes	74
— X. Un Complot de Fleuristes	86
— XI. Madame Biscotte est au Théâtre	94
— XII. Monsieur Simon	107
— XIII. Un Mauvais Génie	121
— XIV. Le Café à la Mort	133
— XV. Le Concert des Folies-Dauphine	143
— XVI. Le Lendemain	154
— XVII. La Famille Pinson	167
— XVIII. Une soirée chez des petits bourgeois	180
— XIX. Deux Complices	206
— XX. Fatale Rencontre	217
— XXI. Les Ames Charitables	224

		Pages.
— XXII.	Dévouement.	238
— XXIII.	Le Père et la Mère.	247
— XXIV.	Les Amis de M. Rigobert.	257
— XXV.	Folles Orgies d'un Provincial.	270
— XXVI.	Une Mariée.	285
— XXVII.	Les Buttes-Montmartre.	293
— XXVIII.	La Vertu récompensée.	308
— XXIX.	Guet-Apens.	318
— XXX.	Une Faute de Jeunesse.	331
— XXXI.	L'Expiation.	346
— XXXII.	La Comtesse de Romagnieu.	353
— XXXIII.	Conclusion.	368

DERNIÈRES PUBLICATIONS

Collection in-18 à 3 fr. 50 le volume.

AICARD (JEAN). — L'Ibis bleu. Roman.	1 vol.
ALLAIS (ALPHONSE). — Pas de Bile !	1 vol.
BARBIER (E.). — Cythère en Amérique. Illustr.	1 vol.
BERGERAT (ÉMILE). — Les Soirées de Calibangrève. Illustrées.	1 vol.
BERRY (A.). — L'An 2000.	1 vol.
BORDONE (GÉNÉRAL). — Garibaldi (Portrait et autographe).	1 vol.
CAHU (THÉODORE). — Loulette voyage.	1 vol.
CATERS (L. DE). — Revanche d'Amour. Roman.	1 vol.
COURTELINE (GEORGES). — Messieurs les Ronds-de-Cuir. Illustrés par Bombled.	1 vol.
DAUDET (ALPHONSE). — Rose et Ninette. Mœurs du jour. — Frontispice de Marold.	1 vol.
— L'Obstacle. — Collection Guillaume, illustrée.	1 vol.
— La Menteuse. Illustrations de Myrbach.	1 vol.
DANRIT (CAPITAINE). — La Guerre de demain. Ill. de P. de Semant. (Guerre de Forteresse, 2 vol. ; En Rase Campagne, 2 vol. ; En Ballon, 2 vol.)	6 vol.
DRUMONT (ÉDOUARD). — Mon Vieux Paris. Illustr. de G. Coindre.	1 vol.
FIGUIER (LOUIS). — Les Bonheurs d'Outre-tombe.	1 vol.
FLAMMARION (CAMILLE). — Uranie. — Collection Guillaume, illustrée.	1 vol.
GÉRARD (D'). — Le Médecin de Madame. Roman professionnel.	1 vol.
GINA SAXEBEY. — Cœurs passionnés. Roman.	1 vol.
KISTEMAECKERS FILS (HENRY). — Par les Femmes. Roman parisien.	1 vol.
HUCHER (FRÉDÉRICK). — Œuvre de Chair.	1 vol.
LAMBERT (ALBERT). — Sur les Planches. Études de mise en scène.	1 vol.
LHEUREUX (PAUL). — Une Langue.	1 vol.
MAËL (PIERRE). — Mariage mondain.	1 vol.
MALOT (HECTOR). — Complices.	1 vol.
HECTOR MALOT (MADAME). — Le Prince. Roman.	1 vol.
MATTHEY (ARTHUR-ARNOULD). — Sœur Angèle. Roman.	1 vol.
MENDÈS (CATULLE). — Les Lieds de France. Musique de Bruneau. Illustrations de Raphaël Mendès.	1 vol.
MICHELET (J.). — Sur les Chemins de l'Europe (Angleterre, Flandre, Hollande, Suisse, Lombardie, Tyrol).	1 vol.
MOINAUX (JULES). — Le Monsieur au Parapluie. Roman.	1 vol.
PONT-JEST (RENÉ DE). — L'Agence Blosset. Roman.	1 vol.
— Lettres volées. Roman.	1 vol.
PRADELS (OCTAVE). — Contes joyeux et Chansons folles. Illustr. de Kauffmann.	1 vol.
PUIBARAUD (LOUIS). — Les Malfaiteurs de profession. Illustr. de L. Gras.	1 vol.
ROGER-MILÈS (L.). — Nos Femmes et nos Enfants (Préf. de Legouvé).	1 vol.
SALES (PIERRE). — Le Corso Rouge.	1 vol.
SAVARI (PAULINE). — Sacré Cosaque !	1 vol.
VAUTIER (CLAIRE). — Hélène Dalton.	1 vol.
XANROF. — Chansons à rire. Illustrations et musique.	1 vol.
— Paris qui m'amuse. Illustrations par Lourdey.	1 vol.

www.ingramcontent.com/pod-product-compliance
Lightning Source LLC
Chambersburg PA
CBHW070437170426
43201CB00010B/1123